全球证券投资经典译丛
Gloabal Investment Classics

波浪理论经典

ELLIOTT'S WAVE
PRINCIPLE CLASSICS

〔美〕拉尔夫·N·艾略特／著　何平林 李艳玲 郭亦玮／译

RALPH N. ELLIOT

天津社会科学院出版社

图书在版编目（CIP）数据

波浪理论经典 /（美）艾略特著；何平林，李艳玲，郭亦玮译 .
—天津：天津社会科学院出版社，2012.1
（全球证券投资经典译丛 / 刘津主编）
ISBN 978-7-80688-736-3

Ⅰ.①波… Ⅱ.①艾… ②何… ③李… ④郭… Ⅲ.①股票投资
Ⅳ.① F830.91

中国版本图书馆 CIP 数据核字（2011）第 248757 号

出版发行：天津社会科学院出版社
出 版 人：项 新
地　　址：天津市南开区迎水道 7 号
邮　　编：300191
电话 / 传真：（022）23366354
　　　　　（022）23075303
电子信箱：tssap@public.tpt.tj.cn
印　　刷：北京金秋豪印刷有限公司

开　　本：710×1000 毫米　1/16
印　　张：22
字　　数：400 千字
版　　次：2012 年 1 月第 1 版　2018 年 8 月第 2 次印刷
定　　价：38.00 元

译者序

深入于经典，倾听于先哲

万事皆有机缘。正当我们痴痴地琢磨波浪理论的时候，有缘结识了本套丛书的出版策划者，并获得了翻译波浪理论的宝贵机会。在此序言之始，我们首先向出版者致以特别谢意。怀着那份感恩的心情，接下来的翻译工作持续了一年有余，翻译的道路上曾经碰到过山重水复疑无路的求证之苦，亦充满着柳暗花明又一村的顿悟之乐。对于即将阅读本书的朋友，请允许我们将波浪理论粗浅的三点体会向读者汇报一下。

第一，亲近善知识。

建议读者朋友们怀着对股市先哲艾略特无比尊重的感情，去研读经典。事实上我们也是怀着那样的心情扎扎实实地开展翻译工作的。有一句古话讲道：有情来下种，因地果还生；无情亦无种，无性亦无生。排斥波浪理论的朋友，是因为没有认识它的精髓。如果你戴着鄙视的有色眼镜来看波浪理论，就会把波浪理论简单地理解为数浪，并且一不小心陷入数浪怪圈不能自拔。那代表你只知波浪理论的皮毛，离深入精髓还有千里之遥。艾略特的贡献在于，他投入了数年的热情和精力，发现价格运动总是按照既定的形态涨落，该形态受到自然规律支配。他发现所有股票价格趋势，无论是一段小波动还是一轮大循环，都包含着确定数目的波浪，它们以规律性的形态有序地出现，但波动幅度和持续时间不尽相同。该理论可以用来研究个股、板块、期货、外汇以及平均价格指数等。艾略特坚持认为自然法则主宰和控制着价格运动，任何外因，例如突如其来的消息，并不足以影响任何既定波浪的波动幅度或持续时间。

第二，从战略视角上把握波浪理论。

我们始终认为，认识到证券投资学这门功课的战略学特点非常重要。一谈到战略这个词时，很多读者会认为那是在谈虚无缥缈的东西。事实上，请你翻开《孙子兵法》第一篇——《计篇》研读一下。这一篇作为全书的纲领，讲的是庙算，即出兵前在庙堂之上比较敌我的种种条件，估算战事胜负的可能性，并制定作战计划。主张从道、天、地、将、法等五个维度进行庙算，制定作战战略。甚至关于战术层面，在这一篇之中也有论述。具体而言：兵者，诡道也。故能而示之不能，用而示之不用，近而示之远，远而示之近。利而诱之，乱而取之，实而备之，强而避之，怒而挠之，卑而骄之，佚而劳之，亲而离之。攻其无备，出其不意。此兵家之胜，不可先传也。

股票投资与打仗何其相似。如果没有战略学思维，把自己的眼光局限在选股、选势或者选时这三个之中的任何一个单独层面上，不能统战全局，吃败仗在所难免。如果没有战略思维，在主力建仓之后的洗盘阶段，耐不住寂寞的人就会绝尘而去，那是多么的可惜。艾略特正是为我们提供了一个宝贵的战略思维方法。艾略特在本书之中强调，"买什么固然很重要，但是什么时候买更加重要。股票市场前进的脚步本身，就预示着它自己的未来走势。波浪通过它们的形态，暗示着市场接下来的动作"。艾略特将股票按照股龄划分成三类。他在书中说，"论及股票的生命，通常有三个阶段。第一个阶段是实验性的幼年阶段。股票在这一生长阶段，尚缺乏充分的适应性锻炼，投资者应当避免选择该成长阶段的股票。第二阶段是想象力强的青年阶段。处于这一生长阶段的股票，已经到了健康发展阶段。只要它们充分适应了市场，投资者对于它们应该求贤若渴，选定为自己的投资对象。第三阶段是充分发育的成年阶段。这一阶段意味着股票已经得到了充分发育，股利稳定，波动幅度有限。正是基于这些原因，这类股票通常成为投资组合的选择对象，但它们对于一般投资者而言吸引力太小"。艾略特认为，股票交易的第一要务是选择时机，即在何时买入，以及何时卖出。股票交易的第二要务则是选择什么股票来投资。如果朋友们从艾略特的波浪形态、波动幅度、持续时间三大维度把握他所提出的第一要务，从幼年阶段、青年阶段、成年阶段三个维度把握他所提出的第二要务，我们也就整体上抓住了观察市场的战略思维方法。

第三，法无定法，大道至简，力求管用。

首先，西方发达国家股市的年龄要比我国股市老得多，流传下来的投资学的经典理论也很多。例如，道氏理论、波浪理论、江恩理论、蜡烛图技术等，真可谓技术层出不穷，指标浩如烟海。朋友们要熟悉那些经得起历史考验的经典理论与方法，这样才会触类旁通。你看金庸大侠笔下塑造的那些英雄人物，从郭靖一直到令狐冲，哪一个不是尽学过各门各派的武功。其次，不可沉湎于某一种理论而不能自拔。古人说，尽信书则不如无书。中国股市这个年轻的市场，有一些情况可能会打破传统理论的框框。例如，重组就是我们这个市场永恒的话题，在上市公司重组的推波助澜之下，市场或许未必会走出人们预期的波浪形态。另外，我们要建议读者记住大道至简这句话。不要将简单的理论复杂化，不要拘泥于事物的表象。如来讲经说法49年，但他告诫后来人：知我说法，如筏喻者，法尚应舍，何况非法。我们要在掌握传统理论的基础上大胆创新，去粗取精、去伪存真，找到一件适合于自己的投资利器。张飞拿长矛、关公使大刀，适合最好、管用就行。

本书第1~4篇由何平林、李艳玲完成，第五、六篇由郭亦玮完成。由于我们水平有限，翻译之中错误和不足在所难免，恳请读者朋友们提出批评意见和建议。最后，祝愿读者朋友们在投资之路上精彩无限。

译者

2010年10月

目　录
CONTENTS

第一篇　波浪理论

第二篇　《金融世界》论文

第五篇　市场通讯

第六篇　指导公告

第一篇

波浪理论

第1章

自然规律

　　没有什么真理能比"万事万物皆有规律"这一点更能受到人们的普遍认可了。毫无疑问的是，没有规律支配的世界意味着混乱，而混乱无序则一无是处。事实上，航海、化学、航空、建筑、无线电、外科手术、音乐——可以说整个世界，在论及有生命和无生命的东西时，它们都会遵循某种固有的规律，自然界本身也是按照其自身规律运行的。既然规律的重要特征是有序性和固定性，那所有发生过的事情就可能会重演。一旦人们掌握住事物的固有规律，它们将变得具有可预测性。

　　哥伦布预言地球是圆的，他坚信从欧洲向西航行，最终必定能够带领他的船队再回到欧洲大陆。那些嘲笑者们，甚至是他的船队中的一些嘲笑者，目睹他的预言变成了现实。哈雷计算出1682年彗星的轨道，预测到它还会回来，在1759年该预测得到了证实。马可尼深入研究了电子通讯，预言到声音不通过电线也能传输。众所周知的是，如今的人们能够足不出户收听到大洋彼岸的音乐及其他节目。所有这些人同其他学科之中数不清的科学家一样，注重研究事物规律。事物规律一旦被人们所掌握，预测其发展趋势就变得易如反掌，因为规律可以运用精确的数学加以计算分析。

　　尽管有时人们对某种现象背后的成因无从知晓，但这并不影响人们通过观察而预言它会重演。数千年前，人们就预测过太阳会在固定的时间升起，而这一现象背后的成因多年后才逐渐被人们掌握。印第安人根据月亮的出现来确定月份，但是这种天象为何呈现有规律性的间隔，数年之中曾经使人们感到迷惑。春种夏长，世界轮回，但又有几多农人了解这种季节变迁轮回的原因呢？在这些例子之中，自然界的规律终究会被人类所掌握。

人与太阳及月亮一样，都属于自然界的一种物体。分析人类行为应当遵循一个思路，那就是它总是会有规律地重演。尽管人类活动的复杂多样性令人叹为观止，但如果探究其内在规律，我们还是能够找到既精确又合情合理的答案，这些答案解除了人们心中的困惑。既然人类行为受规律的支配和影响，那通过对其活动规律的分析就可以预测未来。尽管如此，要对未来确定性地预知还无法做到。

人类行为方面的研究已经证明，与社会经济相关的所有人类活动都遵循某种规律，它们在一系列相似且恒定的、有着明确浪数和形态的波浪驱动之下不断循环重演。就其强度而言，这些波浪连同它们的驱动力量以及它们持续的时间呈现出一种稳定的关系。为了更完美地解释这种猜想，有必要在人类活动的各个领域中举出一些例子，而且这些例子要能够具备充分可靠的基础数据。基于这种考虑，最好的例子莫过于股票市场了。

本书以股票市场为例进行深入研究，基于两个原因：首先，在其他领域之中并没有确切记载的预测纪录，并且没有明确定量的结果可供人们验证。而经济学家、统计学家、技术分析人员、企业家以及银行家都曾经多次预测过纽约交易所股票的未来走势。众所周知，它已经发展成为以市场预测为明确使命的一种专门职业。然而1929年的过山车行情，股市从历史上最大的牛市跌落到历史上最大的熊市，这使所有的投资者措手不及。在市场预测研究上耗费了成千上万美元的顶尖投资机构，也猝不及防地输了很多钱，股票账户资产缩水日复一日地持续了很长时间。

本书以股票市场为例，深入研究这种经济活动规律的另一个原因在于，成功的股票市场预测会带来巨大的经济利益，甚至只是某只个股预测的偶然成功，也能够带来巨大收益。例如1932年7月至1937年3月的市场，30种活跃的具有代表性的股票上涨了373%；就在这一轮持续五年的价格运动期间，个别股票的涨幅百分比更加惊人。五年的上升行情，并不是以直线形式笔直上升，而是通过一系列兼有上升和下跌运动，或是持续数月的锯齿形运动共同完成的。其中这些小规模的价格波动，甚至蕴藏着更大的波段盈利机会。

即便是研究股票市场，百发百中的预测和随之而来的收益也并不一定是必然

的。究其原因，那些试图研究股票市场运动的人们得明白一个关键问题：市场是一种心理现象。人们通常不能抓住上述这一本质，而一味坚持市场波动是有规律的，也就是股票价格运动受制于规律或有序法则的支配。正如这一领域的行家里手们所深知的那样，百发百中的市场预测纯属偶然，极不可信且毫无价值。

然而，就像世界上其他物体一样，市场毕竟有它自身规律。如果没有规律支配，价格的运动也就失去了章法，市场也将因此消亡。相反的是，市场每天都会出现一些从表象上看起来毫无规律的、混乱的价格波动，这些波动并没有明显地暴露它的原因和规律。然而，诚如本书随后各章将要论述的那样，对市场的仔细研究注定不能停留在表象。波浪运动中的规律，或者称之为法则，都终将被识别出来。只有从恰当的角度去观察市场，然后用特定的方法去分析研究，才能掌握市场背后的规律。我们可以通俗地讲，股票市场毕竟是人类自己创造的，因此人性的特点必定在市场之中留下深刻烙印。在本书随后的各个章节之中将会详细论述波浪理论，其中的规律同样适用于人类社会各种事物的运动之中。

波浪规律在所有人类活动之中都发挥作用。不论是否有合适的记录工具将其运动足迹记录下来，不同浪级的波浪都会出现。当下面陈述的这些情况都具备时，波浪的形态就会相当完美，并且研究者在绘制波浪图时也相当便利。

（1）所有权广泛分散的公司所开展的大量商业活动；

（2）存在一个公开的市场，所有买方和卖方均可通过中介快速接触；

（3）数据记录可靠并且交易信息公开；

（4）人们可以获知与公司相关的所有事项及历史统计资料；

（5）所有浪级的波浪发生时，高低价格均可以用走势图反映出来。

股票交易的日价格变动情况的公开记录开始于1928年，而记录每小时变动的记录开始于1932年。为了详细研究小浪与细浪，这些记录是非常有必要的。这一点对于一个快速动荡的市场尤其重要。

波浪理论并不需要像道氏理论那样，必须要求两种平均价格指数相互确认。每一种平均价格指数、股票板块、个股或者任何个体的行为，都可以通过研究它自身的波浪图形来进行分析。波浪行为的研究已经足够深入并日趋成熟，但是谈到它的具体应用还处于初级阶段。

第 2 章

股市波浪

正如上一章所论述，人类的心理波动是有规律的，它们总是以特定数目的波浪前进并且方向明确。所有的人类活动都不例外，不论是企业、政府还是娱乐业。这种现象在公众自由参与的交易市场的价格波动中体现得尤为突出。诸如债券、股票和商品的价格运动，用波浪理论来研判与分析显得尤为合适。本书运用股市价格运动来阐述波浪现象。本书中我们所论述的全部原理，同样适用于可以记录下所有人类活动的各个领域。

一轮完整的波浪运动由五浪构成。为什么会是五，而不是其他的数字，这是宇宙的秘密之一，我不会详细解释它。根据我们观察，数字五在自然界其他事物的运动变化中也相当常见。我们就拿人体来讲，从躯干开始就有五个延伸之处，即头部、两条腿和两条手臂；从头部开始又有五个延伸之处，即两只耳朵、两只眼睛和鼻子；从每个手臂开始又有五个延伸之处，即以五指的形式出现。而每个腿又有五个延伸之处，以脚趾形式出现。一个人固有五种物理感觉，即味觉、嗅觉、视觉、触觉以及听觉。这种现象在其他许多领域都会近似地出现。无论如何，对于整个社会演变趋势来讲，五个浪是最为基础的，人们不必追究其原因就可以接受此观点。

形成一轮完整运动的五个浪之中，有三个浪的运动方向与主要运动方向相同，另外两个浪在相反的方向上前进。第一浪、第三浪和第五浪代表着向前的驱动力，我们称之为驱动浪；第二与第四浪代表着向后的驱动力，我们称之为调整浪。换句话说，以奇数表示的波浪运行在主方向上；以偶数表示

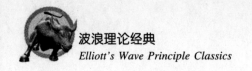
的波浪则与主方向相反。具体如图 1 所示。

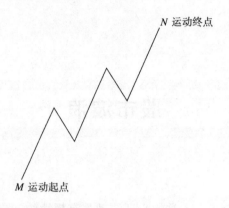

图1

　　一个浪级的五个浪，将构成下一个更大级别波浪的第一浪。举例来说，如图 1 所示，市场从 M 点开始运行，至 N 点走出了五个浪。然而进一步如图 2 所示，M 至 N 点的运动，只不过属于 M 至 R 的一轮五浪运动的一个浪而已。可以依次类推，M 至 R 的运动只不过是更高级别波浪运动的第一浪罢了。

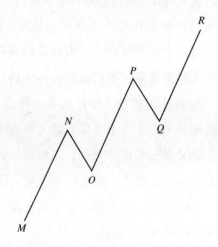

图2

第 3 章

波浪识别

在上一章中，我们只简要介绍了股票价格的波浪运动特点。上一章所得出的主要结论是：一轮完整市场运动通常由五个浪构成；一轮运动的五个浪，构成下一个更高级别波浪运动的第一浪。在这一章，我们介绍波浪运动的另一个基本规律，那就是奇数浪与偶数浪的差别。

您或许还记得，浪1、浪3与浪5是主要方向上的浪，而浪2与浪4是朝着相反方向运动的浪。浪2扮演着对浪1进行回调的作用，浪4扮演着对浪3进行回调的作用。主要方向上的浪与相反方向上的浪之间的区别是，前者可以分解成更小级别的五个浪，而后者则只能分解成更小级别的三个浪。前文讨论的 M 至 N 的波浪运动如图3所示。

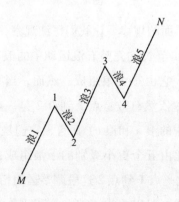

图3

我们可以把 MN 这一段价格运动进一步细分成为更小级别的波浪，如图4

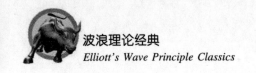
所示。请读者注意，在图4中，第二浪（点1到点2）与第四浪（点3到点4）分别都是由三个更小级别的波浪组成。然而第一浪、第三浪和第五浪分别都是由五个更小级别的波浪组成。从这幅图之中，我们可以总结出如下规律，这些规律对于整个波浪理论来讲都是最为基础性的：

（1）主要方向上的波浪，或者说是奇数浪，由五个更小级别的波浪组成。

（2）调整浪，即朝着相反方向运行的偶数浪，由三个更小级别的波浪组成。

图4

为了更详尽地解释上面的规律，让我们仔细观察一下图4中点1到点2的市场运动。这一段是从M至N的完整五浪运动中的浪二，正如所有调整运动所必然遵循的规律那样，它由三个浪组成。然而，当我们把这三个浪解剖出来逐个分析时，上述规律依然有效：点1到点2是一段清晰的调整运动；对于奇数浪（这里指图5中的浪a和浪c）而言，它们是点1到点2这段调整运动主要方向上的浪，因此由五个更小级别的子浪组成；对于偶数浪（这里指图5中的浪b）而言，它是点1到点2这段调整运动相反方向上的浪，因此由三个更小级别的子浪组成。可以看出，浪b属于点1到点2这段市场运动的一种调整。我们用更小级别的波浪来解剖点1到点2的市场运动，详情如图5所示。

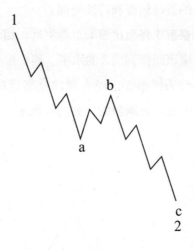

图5

为了方便讲解，我们把一轮运动中的奇数浪称作基本浪（也可以称之为驱动浪），同时把偶数浪称作调整浪。请读者记住，驱动浪包括五个更小级别的波浪，而调整浪包括三个更小级别的波浪。关于波浪理论的其他规律与要点继续论述如下。

波浪运动规律适用于股票平均价格指数，例如道琼斯指数、标准统计指数、纽约时报指数等；它还适用于股票板块分析，例如钢铁板块股票、铜业板块股票、纺织板块股票等；它还适用于个股分析。在研究个股时您会发现某些股票在上涨，而其他的股票却在下跌，或者说正在进行一种横向调整运动。尽管如此，就某一段时间而言，个股中的绝大多数通常都会亦步亦趋，这导致平均价格指数，或者称之为总体市场，会呈现出波浪运动的状态。可以看出，平均价格指数涵盖的股票越多，所呈现出的波浪形态就会越完美。

波浪的波动幅度与持续时间不会千篇一律。由五浪组成的一轮完整市场运动，总是会受到一个或者多个基本面因素的影响。但是，由三个驱动浪（浪1、浪3和浪5），以及它们的两个调整浪（浪2与浪4）所构成的价格运动，会以某种方式使自己不断适应于当前的基本面形势。波浪运动背后的基本面因素，在其对整个波浪形态的影响发挥殆尽之前通常不容易被人们识别出来。但是在波浪前进的过程之中，时事新闻对于每一浪而言都有效力，它

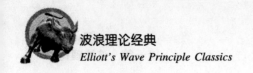
们会不断地修正每一浪的波动幅度和持续时间。

　　一般而言，我们观察浪 3 将会比浪 1 走得更远，而浪 5 将会比浪 3 涨得更高。同样道理，浪 4 不应该回探到浪 2 的水平。浪 2 很少会丢掉浪 1 已经占领的全部地盘，浪 4 很少会丢掉浪 3 已经占领的全部地盘。这就意味着一轮完整的五浪运动，在走势上通常是倾斜的，如图 6 所示。

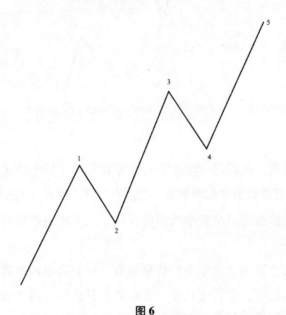

图 6

　　如果要准确地把握一轮市场走势，并正确地识别出这一轮走势之中的各段波浪，读者应当认识到，市场走势通常都是处于两条平行直线相夹的通道之中。大多数文具店都会出售平行尺，使用这样一种文具可以帮助您快速地定位通道所处的位置。

　　在浪 1 与浪 2 尚未走完之前，我们无法着手对通道进行定位。如图 7 所示，浪 1 与浪 2 已经走完，市场露出了三个明显的节点，也可以说成是明显凸出的拐点。第一个凸出的拐点是浪 1 的起点；第二个凸出的拐点是浪 1 的终点，同时也是浪 2 的起点；第三个凸出的拐点是浪 2 的终点。为了便于讲解，我们把这些节点记作 M 点、N 点和 O 点。为了画出通道的两条直线，我们首先连接凸出的拐点 M 点和 O 点绘制一条基线。接下来我们可以通过 N 点画出一条平行于基线的直线，我们把这条直线称之为上通道线。将这条上通道线向上延长到 N 点的右边。基线和上通道线画出之后，通道就会如图 8 和图 9 那样展现在您的面前。

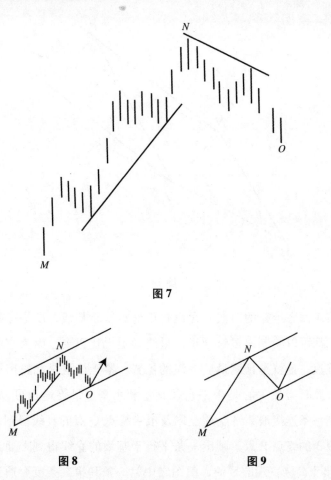

图 7

图 8   图 9

波浪 3 通常应该在上通道线位置附近停下它的脚步。如果浪 3 跑出了上通道线，则显示市场运动步伐已呈现暂时性的强劲之势；如果浪 3 在上通道线之下停步，则显示上攻力度出现暂时疲软之势。无论如何，等到浪 3 走完的时候，我们就可以放弃旧通道，而绘制新通道。新通道的具体绘制方法是：首先画出一条连接 N 点和 P 点（或者称之为浪 1 和浪 3 终点）的直线作为上通道线。接下来，穿过凸出的拐点 O 点，画出一条平行于上通道线的直线作

为基线。就在这条基线附近，应当是浪 4 停步之处。图 10 之中的虚线和实线分别代表旧通道（或称为废弃通道）和新通道。显而易见，假如波浪 3 正好在穿过 N 点的旧通道的上通道线上停步，则新通道与旧通道会合而为一。

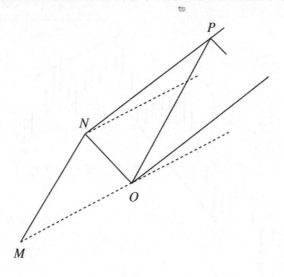

图 10

等到浪 4 彻底走完的时候，无论它正好踩着新基线，还是穿越于新基线上下，我们都可以绘制出最终通道。最终通道无比重要，因为它能够帮助我们定位第五浪，也就是预测最后一浪的位置。鉴于该浪是此轮市场运动的终点，投资者此时必然关心是否平仓及其盈利水平。最终通道可以这样得到：首先，绘制一条连接浪 2 终点 O 点以及浪 4 终点 Q 点的直线得到基线。接下来，穿过浪 3 的终点 P 点，画出一条平行于基线的直线得到上通道线，如图 11 所示。出于简洁直观的目的，前图之中第一条和第二条废弃通道，已经在图中略去了。波浪 5 通常应该在那条上通道线的附近走完。出于对这一浪的重要性的考虑，本书在后续波浪特点的讨论中会更加深入地对此加以论述。

等到第 5 浪走完时，市场往往会出现一轮向下的杀跌运动，我们称之为调整。这次调整的动作，要比前文谈论的通道中出现的那些调整浪的幅度要大。这一个调整浪，成为下一个更高级别波浪运动的浪 2。同样道理先前第一轮五浪，现在已经重新标示成下一轮更高级浪的浪 1。沿着相同的思路，我们可以从浪 2 的终点开始，继续在更高的波浪级别上进行通道分析。

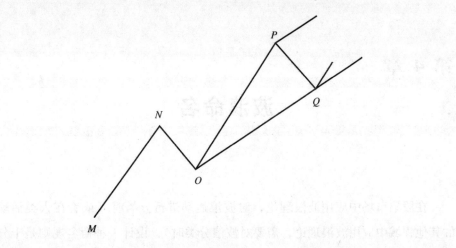

图 11

第4章

波浪命名

在股票市场中应用波浪理论，对波浪运动进行分类时（或者在人类活动的其他领域中应用波浪理论，需要对波浪分类时），设计一种命名规则是十分必要的。通过给不同波浪命名，任何一个浪级的波浪，才能与更高或更低浪级的波浪加以区分。为体现本书的实用性，本章所命名的各种浪级的波浪名称，将会贯穿于全书所有论述。以后所有分析市场趋势的人，在进行他们的研究时都可以应用到这些名称。下面给出的波浪名称，其顺序是按照级别由低到高排列。一个浪级的五个浪，将会构成下一个更高级别波浪之中的第一浪。举例来说，五个亚微浪能够组成微浪中的浪一，而五个微浪又相当于细浪中的浪一，以此类推。九个级别的波浪按顺序列举如下：

亚微浪　　　　　　　　（Sub-minuette）

微浪　　　　　　　　　（Minuette）

细浪　　　　　　　　　（Minute）

小浪　　　　　　　　　（Minor）

中浪　　　　　　　　　（Intermediate）

大浪　　　　　　　　　（Primary）

循环浪　　　　　　　　（Cycle）

超级循环浪　　　　　　（Super cycle）

甚超级循环浪　　　　　（Grand super cycle）

在市场波浪图上用符号标注波浪时，必须避免产生混淆。要使任何一个

14

浪级中的波浪，都能与其他浪级清晰区分。为此，本书专门为上面所列示的九种波浪设计了下列标志性符号。

浪级	符号	备注
亚微浪	a—e	小写字母
微浪	A—E	大写字母
细浪	1—5	阿拉伯数字
小浪	I—V	罗马数字
中浪	Ⓘ—Ⓥ	单圈罗马数字
大浪	Ⓘ—Ⓥ	双圈罗马数字
循环浪	c I—c V	前置"c"
超级循环浪	sc I—sc V	前置"sc"
甚超级循环浪	gsc I—gsc V	前置"gsc"

到此为止，读者暂时还不需要对上述波浪命名规则以及它们的标志性符号进行专门记忆。但是随着对股价波浪规律研究的不断深入，读者朋友会发现它们越来越有用。

美国股票市场的甚超级循环浪于1857年开始发动。这个甚超级循环浪的第一浪，从1857年一直运行到了1928年。这轮甚超级循环浪的第二浪，也就是意味着针对第一浪的调整浪，从1928年11月开始一直运行到了1932年。这轮甚超级循环浪的第三浪，从1932年开始正式发动，还要持续运行很多年。

1857年到1928年的甚超级循环浪，可以被称为第一浪，但它也很有可能是第三浪或第五浪了。1854年至1857年出现的大萧条，从其持续时间上来看，与1929至1932年情况非常相似。

从1857年到1928年的股市上攻，作为一轮甚超级循环浪中的浪一，它是由五个浪构成的。这五个浪组合在一起被看成是一个完整的超级循环浪（请读者注意，这里定位的是超级循环浪，与甚超级循环浪相比要低一个级别——译者注）。这一轮超级循环浪运动情况如下图所示（见图12）：

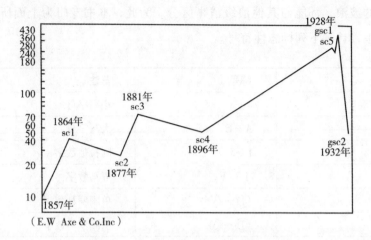

图 12　工业股价格，埃克斯－霍顿指数

1857 年～1864 年 超级循环浪的浪一；

1864 年～1877 年 超级循环浪的调整浪（浪二）；

1877 年～1881 年 超级循环浪的浪三；

1881 年～1896 年 超级循环浪的调整浪（浪四）；

1896 年～1928 年 超级循环浪的浪五；

唯一能够让我们追溯至当前甚超级循环浪开始的数据记录，是埃克斯—霍顿指数，它选择一些代表性的股票编制而成，详细记录了从 1854 年至今的价格运动。

在接下来的分析之中，让我们选取超级循环浪的第五浪，并将其进一步解剖成为更小级别的波浪。这一级别的波浪由五个浪构成，从 1896 年一直持续至 1928 年。按照本章所给出的命名规则，我们将它们称为循环浪，具体如下图所示（见图 13）：

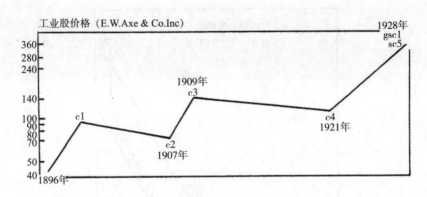

图 13

1896 年～1899 年 循环浪的浪一；

1899 年～1907 年 循环浪的调整浪（浪二）；

1907 年～1909 年 循环浪的浪三；

1909 年～1921 年 循环浪的调整浪（浪四）；

1921 年～1928 年 循环浪的浪五；

让我们仔细观察一下循环浪的浪五，也就是从 1921 年至 1928 年的波浪。现在将它解剖成为更小一级别的波浪，我们可以发现它是由五个大浪组成的（请读者注意这里定位的是大浪，与循环浪相比要低一个级别，译者注）。具体如下图所示（见图 14）：

1921 年 6 月～1923 年 3 月 大浪的浪一；

1923 年 3 月～1924 年 5 月 大浪的调整浪（浪二）；

1924 年 5 月～1925 年 11 月 大浪的浪三；

1925 年 11 月～1926 年 3 月 大浪的调整浪（浪四）；

1926 年 3 月～1928 年 11 月 大浪的浪五；

依此类推，从 1921 年 6 月运行至 1928 年的每一个大浪，又能够进一步被细分成中浪，而每一个中浪又能够进一步被细分成小浪。通过不断的细分，价格运动之中的绝大多数细浪都能够被正确地识别和解剖出来。

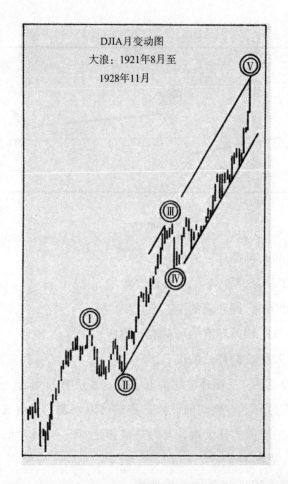

DJIA月变动图
大浪：1921年8月至
1928年11月

图 14

1928 年 11 月 28 日，由 30 支工业类股票编制而成的道琼斯平均指数达到 295.62 点，宣告第一个甚超级循环浪中的第五个超级循环浪中的第五个循环浪中的第五个大浪中的第五个微浪走完。这意味着追踪十年、年、月、周、日、时的波浪运动来研究股市规律的人，免于在过去十年市场整体趋势的任何局部运动中迷失方向。反过来，人们运用波浪规律，能够推算出大牛市走完的时间，甚至可以预测到分钟。沿着超级循环浪，逐步向下解剖直至最小的浪级。市场在达到顶峰之前，必须走完其每一个细分浪级的第五浪。指数走完 1928 年 11 月的延长的小浪五，在 1928 年 12 月出现了第一次向下调整，这是市场发出的即将反转的重要信号。

请读者注意，超级循环浪的第五浪走完，具体时间应当是在 1928 年 11 月（即传统意义上的市场顶部），而不是市场露出其最高点的 1929 年 9 月。请关注下面这些关键点（如图 15 所示）：

　　——从 1928 年 11 月至 12 月，指数走出了下跌的浪 A；

　　——从 1928 年 12 月至 1929 年 9 月，指数走出了不规则调整的浪 B（图中由三个小浪构成的一段上涨）。

　　——从 1929 年 9 月一直到 1932 年 7 月，指数走出了浪 C。浪 C 可以进一步细分为 5 个下降的波浪。市场这个不规则顶部的出现，注定了它要演绎一段快速而凶猛的杀跌。

同样的不规则调整出现在 1937 年 8 月的市场顶部。这种不规则的市场顶部运动，将在本书下一章"调整浪"专题当中详细论述。

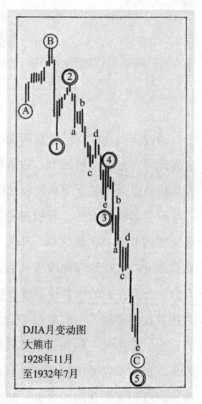

DJIA月变动图
大熊市
1928年11月
至1932年7月

图 15

第5章

波浪特征

通过前面几章，已经简明扼要地为您介绍了五浪现象。在这一章我们将更多地深入剖析波浪细节，以方便研究者们能够充分掌握波浪理论，从而在股票价格以及人类社会其他领域运动规律的研究之中能够得心应手。

股票市场的投资者和投机者都特别关注第五浪何时走完，因为这是一个最关键的节点。在此之后，市场会朝着相反方向展开类似级别的调整运动。就股票价格运动的时间维度而言，无论是运行数月的中浪、还是运行数年的大浪，都会在它的终点位置展开相当规模的反向调整。而一轮波浪走到终点，意味着我们要将手中的股票平仓。以此类推，识别出一轮调整在何时走完至关重要。理由是：就在这个节骨眼上，意味着建立股票多头头寸的机会已经到来。在本章以下内容之中，我们将对第五浪以及调整浪进行详细论述。与波浪终点相关的其他因素也一并在此章论及。

第五浪

在识别股票价格运动的终点时，读者应当谨记：一轮运动结束之前，市场必须走完它次一级的五个浪。那么以此类推，这种次一级的波浪，也将由更次一级的五个浪所构成。例如，亚微浪的第五浪结束标志着微浪第五浪的结束，从而标志着细浪第五浪的结束，并同时代表着小浪第五浪的结束，进而宣告了中浪运动的结束。在图 16 中可以看出，这个第五小浪已经细分成它的第五微浪，而这个第五微浪已被细分成它的五个亚微浪，如图 16 所示，这幅图很好地阐释了上述观点。

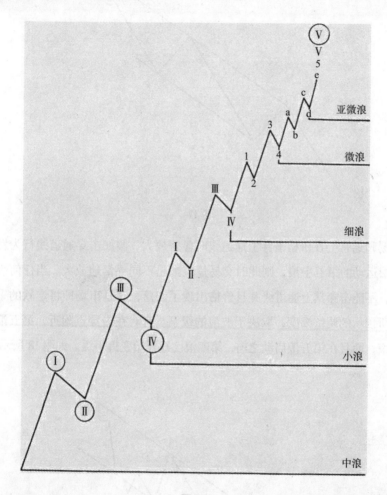

图 16

　　一轮波浪运动的第五浪，尤其是像中浪或者更高级别波浪的第五浪，一般会击穿市场的上通道线。这个上通道线在本书前文（即本书第三章）详细论述过，它是将第二浪，第三浪和第四浪的终点相连接绘制而成的两条平行直线。具体如图 17 所示。

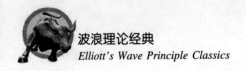
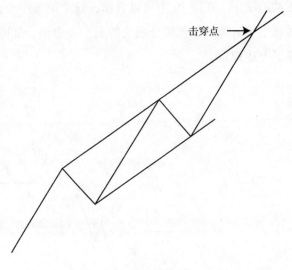

图 17

交易量通常会在价格击穿上通道线时显著放大。假如击穿通道线行为发生于一轮大浪运动的第五中浪，则此时交易量应当是不同寻常地放大。当任何级别的第五浪，不能击穿其上通道线并且价格出现了回落，这是市场即将走软的重要警告。它所预示的调整幅度，取决于波浪的级别。有时在击穿点附近，第五浪不会很快结束，而且在第五浪启动之前，第四浪已经开始变得平缓。如图 18 所示。

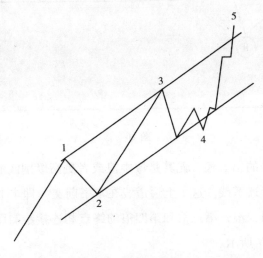

图 18

在对击穿进行定位时，我强烈建议在大盘或者个股的周 K 线走势图中使用对数刻度，而在日 K 线或小时 K 线中使用算术刻度。在大浪级和更高级别的波浪运动的市场顶部，算术刻度图上更容易出现击穿；然而恰好相反的是，在这种波浪运动的市场底部，使用对数刻度图更容易出现击穿。在上述两种情形之下，算术刻度往往更具有欺骗性，通常具有 30 点以上的出入。为了帮助读者朋友清楚地理解上述观点，我们用图 19 展示 1929 ~ 1932 年的道琼斯工业股平均指数月变动走势图，该图分别按照对数刻度和算术刻度两种尺度绘制。

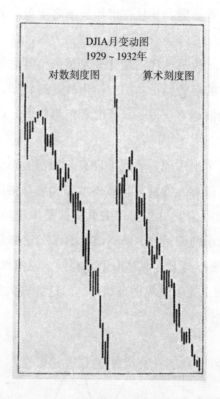

图 19

第五浪有时会扩张或拉长，本书将它定义为一种延长浪。以这种形式启动的第五浪，并不预示着以它作为最后告别演出的一轮完整波浪的结束，市场将会迎来四个小一级别的次级浪出场。这也就是意味着，第五浪已经明显

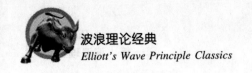
地细分成为五个浪。第五浪延长通常是一个超强市场表现出来的重要特征（相应地，向下拉长的第五浪是超弱市场的重要特征）。第五浪向上延伸的例子出现在 1921 年至 1928 年的向上运动中，这是市场 72 年以来上攻行情的最高峰。

调整浪

波浪理论相当简单易懂，并且在市场预测之中极其管用。然而也难免会有一些精细微妙之处，或许会令研究者们感到费解，这一问题在波浪的形成过程中显得尤为突出。为了解释清楚什么是精细微妙之处，最好的办法是将它们绘制在如下所示的走势图上。图中给出的这些例子，就理论学习本身而言，它们是非常完美的标本。但是，研究者应当明白，现实世界里波浪的实际形态远非如此简单。

调整浪通常由三个浪构成，一般可以被分为四大类。但是在调整浪的形成过程中，我们有时很难准确预测其具体形态和波动幅度。待到调整浪走完时，其形态将会对随后的波浪强度产生重要预警作用。在图 20 到图 23 中，展示的是一些力度较小的调整浪，所有浪级的形态轮廓都大致相同。在图 24 到图 26 中，展示的图形与上述调整浪形态相同，但浪级更大。在图 27 到图 29 中，展示的图形与上述调整浪形态相同，但这种更大级别的调整浪一般出现在中浪和大浪之中。

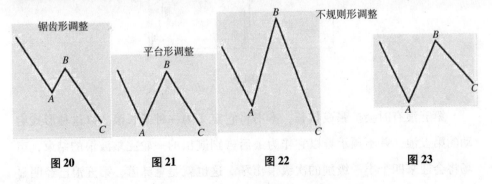

图 20　　　　图 21　　　　　　图 22　　　　　　图 23

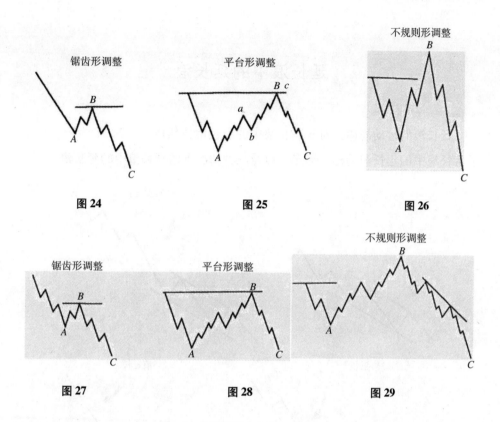

锯齿形调整　　　　　平台形调整　　　　　不规则形调整

图 24　　　　　　　图 25　　　　　　　图 26

锯齿形调整　　　　　平台形调整　　　　　不规则形调整

图 27　　　　　　　图 28　　　　　　　图 29

延长浪

延长浪有可能会出现在三个驱动浪之中，即浪一、浪三和浪五之中的任何一个。然而，延长浪极少会同时出现在两个及以上的驱动浪之中，延长浪通常会出现在第五浪。具体例子如图 30 所示。

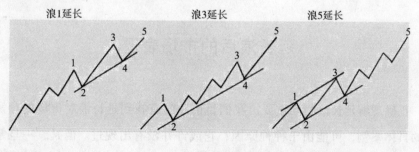

浪1延长　　　　　　浪3延长　　　　　　浪5延长

图 30

延长浪中的延长浪

延长浪的运动规律，对于延长浪中的延长浪依然成立。图 31 为读者展示了延长浪中的延长浪的标准形态，以及三种情况下的延长浪中的延长浪。

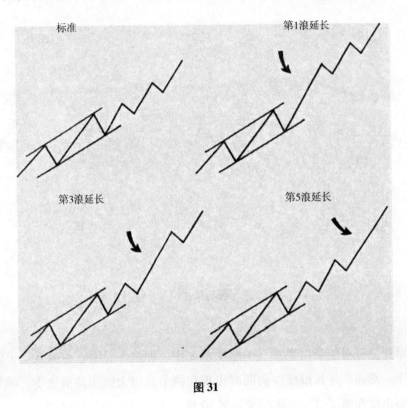

图 31

延长浪后的市场表现

正确理解延长浪相当重要。我们目前还没有找到延长浪对市场的预测作用的具体案例，可能由于种种原因，它或许并没有出现过。但是，一旦掌握了延长浪之后的市场表现规律，的确可以帮助我们避免损失并且获得利润。这些规律包括：

（1）延长浪的出现，在当前波浪级别之内开辟了新的阵地。

（2）延长浪之后，市场通常会出现两次回撤。

（3）第一次回撤会很快以三浪的方式走出，并运行至延长浪的起点附近停步（这构成延长浪的浪二）。

（4）第二次回撤与延长浪前进方向相同，并且通常会超过延长浪。

（5）当延长浪出现时，比方说此时恰好第五大浪走完（市场就要在这里酝酿重大的反转），第一次和第二次回撤就构成一个不规则调整浪的浪A和浪B。这即符合双重回撤的规律。由向下的五个浪构成的浪C将粉墨登场，它快速向下杀跌，并且很可能一路下跌至先前市场上攻之中第五大浪的起点附近。市场上这种特殊情形的调整浪并不多见，唯一一次出现在1928年11月开始的下跌，继而再度反弹至1929年9月，然后再次杀跌至1932年（见图15）。

（6）延长浪偶尔会以相似的规律出现在熊市之中。典型的案例是市场在1937年10月出现的延长浪。

（7）延长浪永远不会是一轮波浪运动的终点。但是，这并不是说没有延长浪，市场就无法走出更高或更低的价位。

（8）我们所说的回撤，指的是在两个点之间走出的线路，被市场再一次走过。举例来说，一段趋势展开回调，继而又恢复反弹就是一个双重回撤。

假如市场在一段下跌之中出现向下的延长浪，而此时交易者正持有多头头寸，他就不应该立刻卖出。这是因为，市场将很快会以三浪的形式展开回撤，然后再试探更低的价格水平。

我们把市场曾经出现过的重要的延长浪归纳如下：

工业股指数向上	工业股指数向下	铁路股指数向上
1925 年 7 月 ~ 11 月	1929 年 11 月	1936 年 2 月
1928 年 10 月 ~ 11 月	1937 年 10 月	
1933 年 7 月		
1936 年 3 月		

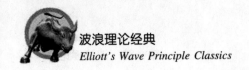
第一次回撤会很快以三浪的方式走出，而第二次回撤通常不会运行相当长的时间，它最终会在当前的波浪循环之中结束。延长浪的形态及其双重回撤如图 32 所示。

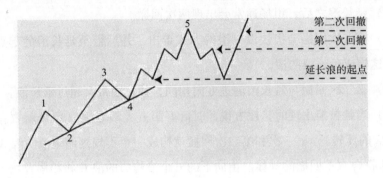

图 32

不规则调整浪

前文已经举例对调整浪进行了介绍，但是并没有把它与之前的被调整浪联系起来整体上加以论述。下面的图 33 和图 34 展示了这样的例子。我们用字母 A、B 和 C 表示不规则调整运动中的浪 1、浪 2 和浪 3。请注意，调整浪第三浪 B 超过了前一轮运动常规的市场顶部。

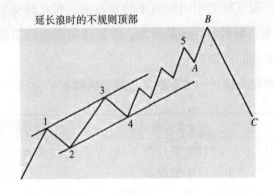

图 33

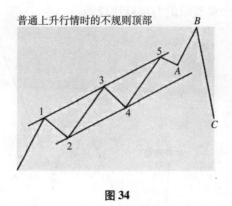

图 34

强势调整浪

调整浪对于后市强势与否的预警作用相当突出。图 35 属于一个中规中矩的锯齿形调整浪，它预示着随后的市场运动强度一般。而图 36 属于平台型的调整浪，它的出场意味着，市场还要演绎一段强劲的后续波动（读者可以结合 1933 年 7 月到 1934 年 7 月的大浪四加以具体分析）。

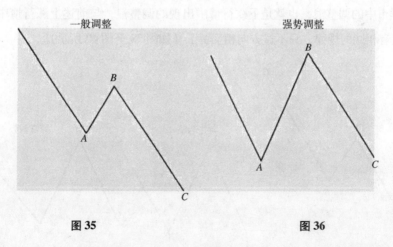

图 35　　　　　　　　　　　图 36

图 37 展示了一个调整浪的模型，图中调整浪的终点 2 显然要比调整浪 a 的终点要高，这预示着市场还要演绎一段相当强劲的后续运动。（相比较而言

图 37 所展示的第二个调整浪的力度就比较弱。)

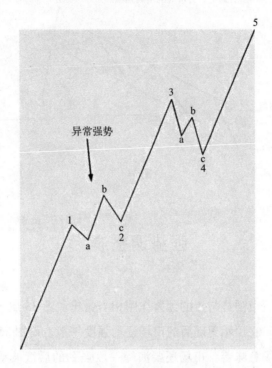

异常强势

图 37

熊市中的调整浪，也就是下跌行情中出现的调整浪，与前述上涨行情中的调整浪具有相同的规律，只不过方向相反罢了（如图 38 至图 40 所示）。

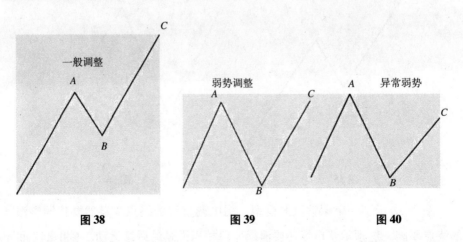

一般调整

弱势调整　　　　异常弱势

　图 38　　　　　　　**图 39**　　　　　　　**图 40**

　　熊市中也会出现不规则调整浪，但那非常罕见。如图41所示，市场经过五浪下跌的趋势之后，走出了一个不规则的调整浪。

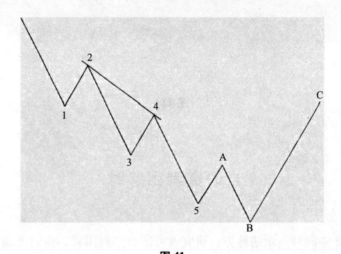

图41

失败浪

　　在图42所展示的模型中，第五浪并没像预期那样出现在人们眼前。您手中的股票应该选择在B点附近平仓。请读者注意，图中从点3的顶部位置开始算起，已经走出了五个下跌浪。然而众所周知的是，调整浪应该是由三浪组成。这原因何在？答案是，B点才是市场真正的顶部。以B点为开端市场真正开始走出了向下的三浪。这也就是说，下跌运动从上升运动中偷走了两个浪。换句话说，正常的波浪规则应当是五个驱动浪，加上三个调整浪一共八个浪。在这幅图中有三个上升浪和五个向下调整浪，同样构成了八个浪。这种模型在实践之中是非常罕见的，但它一旦出现则构成一个相当危险的看跌信号，它告诫投资者需要马上采取行动。

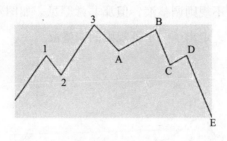

图 42

当研究者困惑时

在图 43 中问号所示的地方，研究者可能会感到困惑，他们无法判断市场下一步会朝哪个方向走。这究竟是延长浪还是不规则调整浪？此时，观察交易量或许会给我们提供答案。在本书其他章节（请读者参见本书第六章，译者注）我们曾经指出过，交易量会在各种调整浪之中萎缩（包括锯齿形、平台形、三角形调整浪）。因此，在问号之前刚刚走过的波浪中，如果交易量极度萎缩，那这就是一个不规则调整浪的浪 B。反之，如果交易量异常地放大，那么市场就在告诉我们：这里正在形成延长浪。

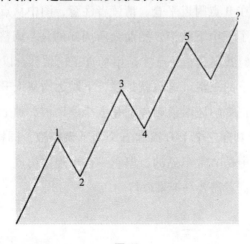

图 43

三角形浪

波浪运动有时会朝着一个点逐渐收缩，或者从一个点开始扩大它的振幅，这样就会形成三角形形态。掌握这些三角形形态很重要，因为它们能够为我们指明顶点或者靠近顶点时市场的前进方向。

三角形包括两种类型——水平三角形和倾斜三角形。水平三角形意味着就目前价格而言，市场已经踌躇不前。在水平三角形的终点附近，市场将重新启动该三角形出现之前市场运动的趋势——向上或向下。水平三角形只不过是市场步伐的暂停，它与平台形调整浪具有相同的意义。如果市场在浪 2 的位置出现锯齿形调整浪，那么平台形调整浪或者三角形调整浪就会作为浪 4 出现（如图 44 所示）。如果市场在浪 2 位置出现平台形调整浪或三角形调整浪，那么在浪 4 位置就会出现锯齿形调整浪（如图 45 所示）。

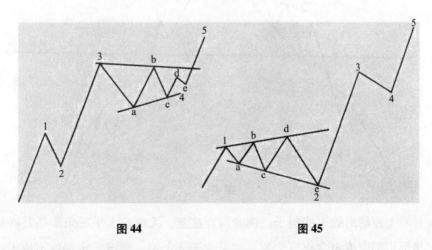

图 44　　　　　　　　图 45

图 46 展示了水平三角形的例子，它们包括四种主要类型。

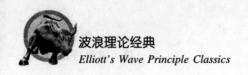

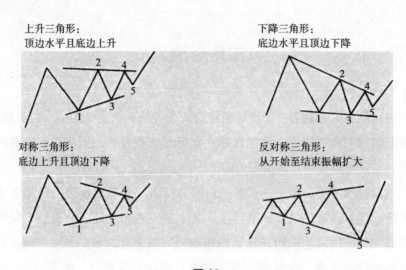

上升三角形：
顶边水平且底边上升

下降三角形：
底边水平且顶边下降

对称三角形：
底边上升且顶边下降

反对称三角形：
从开始至结束振幅扩大

图 46

图 47 展示了倾斜三角形的例子，包括两种主要类型。

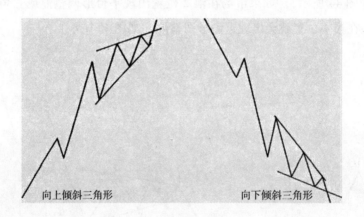

向上倾斜三角形　　　　　　　　向下倾斜三角形

图 47

　　针对上面给出的那些例子，读者需要注意，无论是水平三角形还是倾斜型三角形，都应该包含有五个浪。如果少于五个浪，则该三角形就不属于这里所论述的波浪现象的范畴，应该被忽略。

　　对于水平三角形我们要着重强调，一定要弄清楚它的起始位置在什么地方。原因是只有准确找到了浪 1 的位置，我们才能找到三角形调整浪的浪 2。而浪 2 的作用举足轻重，当三角形调整浪结束时，市场会依旧沿着浪 2 前进的方向继续运行。在图 48 中，水平三角形调整浪的浪 2 方向是向下的，这就预示着使 M 到 N 的下跌停滞的那个三角形第五浪结束时，市场将重新恢复它下跌的脚步。

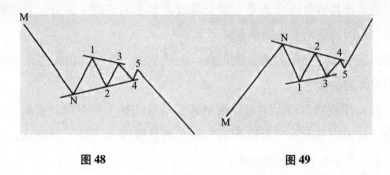

图 48　　　　　　　　　　　图 49

在图 49 中，五个三角形浪的低点依次向上。市场在 M 处见底之后，向上运动到 N 点被那个三角形叫停，之后的市场恢复了上攻的脚步。

在图 50 中，向上倾斜三角形中的第 2 浪是向下运行的。市场会在这个倾斜三角形的终点附近改弦易辙（即三角形的第 5 浪终止时），并且会一直返回到三角形底部附近。

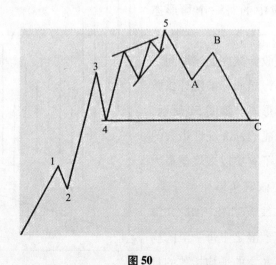

图 50

除了对称三角形之外，几乎所有三角形的第五浪通常不能触摸到它的通道线或称为边线。但是在少数情况下，正如上面那幅图中所展示的那样，三

角形的第五浪会击穿它的边线。

如果大浪级运动的最后一浪（也就是中浪的第5浪）走出了一个三角形时，投资者得做好心理准备，市场即将展开快速反转。

三角形及其所有浪应当是一段上攻或者下挫波浪的一部分。其他情形下出现的三角形纯属巧合，操作意义不大。

倾斜三角形只会作为第五浪出现，也就是说，在它之前应当走出四个与它级别对等的波浪。

当周 K 线或日 K 线的波浪逐渐填满三角形的整个框架时，这离三角形顶点出现已经为期不远。三角形的第 5 浪需要其他技术信号加以确认，而击穿边线并不是三角形成立的必要条件。

通常三角形调整形态的规模都不大，这导致它当中那些波浪不容易被人们清晰地加以识别。1937 年 10 月至 1938 年 2 月，市场第一次以一个巨无霸型的三角形出现，让人们得以看清楚它之中的五个浪均由三个小浪所构成。这五个浪中的每一个均形态各异。

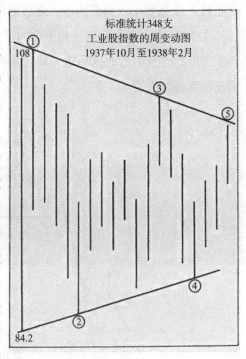

图51

道琼斯工业股指数在上述期间并没有出现三角形，然而标准统计指数却出现了三角形形态。如图 51 所示，由 348 只股票组成的标准统计指数的周波动图，走出了有史以来规模最大的一个三角形，该三角形相当完美。由于该图是周 K 线波动图，因此并没有详细显示出五个浪之中每一浪的构成。但在本书第九章的平均指数的日变动图（见图 66）之中，五浪的每一个具体细节都被展示了出来。

第6章

速度、交易量与波浪图

市场上快速拉升与快速下跌往往如影随形，价格沿着一个方向的快速前进，本身就孕育着快速调整。比如说1932年仲夏道琼斯工业股价格指数的那段上攻行情，在九个星期之内回调了40个点，可以说几乎调整了100%，这相当于每周回调4.5点。请读者观察图52，在1932~1937年每一段驱动浪之后的调整浪，其速度在逐渐降低。

对于1932~1933年这样快速前进的波浪，我们有必要详细考察它的日变动以及周变动图。否则重要的市场信号，比如说三角形浪和延长浪，很有可能会被忽略掉。

在本书的下一章当中，将会详细介绍直线运动这个概念。在平均价格指数的波浪图上，如果波浪前进的速度缓慢，只使用日K线图会导致一些关键形态被掩盖掉了。我们以1904年1月的最后一周至1904年6月的第一周这段期间为例。在这五个月之中，道琼斯工业股价格指数收盘价的日最大波动仅有4.09点（50.50点-46.41点）。在市场的日变动图之中反映出来，其外形俨然是一条乏味的直线。但是，如果把这段运动对应的周K线图绘制出来，一个完美的三角形就会呈现在我们面前。该三角形第二浪前进方向是向上的，这给投资者一个明确的信号，那就是市场会在三角形结束之后重新启动一轮向上的进攻。

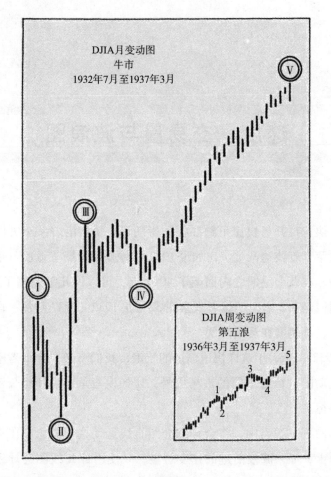

图52

交易量

不论是水平三角形、平台形，还是其他类型的调整浪，从它们的起点一直到终点，交易量会逐渐出现萎缩。当我们识别一轮运动的性质时，交易量通常能够起到神奇的作用。不过当市场反常态地交易清淡时，交易量信号则容易产生一定程度的迷惑性。

交易量变化规律如果与五浪运动结合起来分析，将能够给读者留下深刻的印象。比如对于市场在上攻和下挫的一些关键时期来说，交易量通常会在浪1运行之中放大，在浪2运行之中萎缩，在浪3运行之中再次放大，在浪4运行之中萎缩，而在第5浪运行之中再一次放大。第5浪之后的市场，交易量应当能够保持住第5浪的水平，而价格即便有一点上扬也不是很显著。这种格局往往意味着反转一触即发。

这里涉及的重要概念是交易量和换手比率。交易量是股票换手的实际数量；而换手比率是用交易量除以上市公司在纽约股票交易所交易的股票总数量计算得来。

纽约证券交易所1938年7月公布的简报，以波浪图的形式饶有兴趣地向我们展示了交易量与换手比率的对比。如图53所示，交易量从1914年开始向上走出了完整的五个大浪，这轮大浪在1929年结束。市场接着展开了向下的调整，这轮调整浪在1938年6月18日走完。无独有偶，如图54和图55所示，纽约股票交易所的席位价格，居然颇精确地以相似的走势呈现在我们面前。

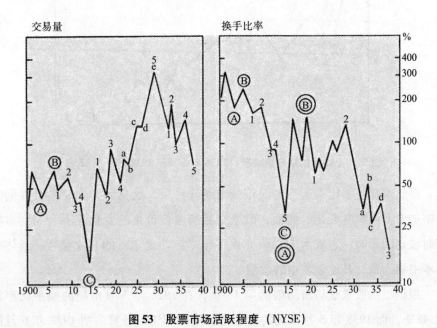

图53　股票市场活跃程度（NYSE）

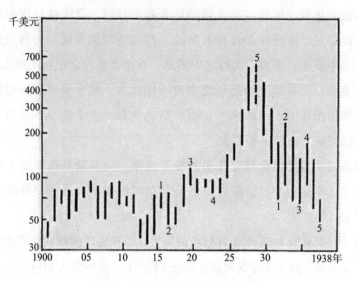

图 54　纽约股票交易所席位价格

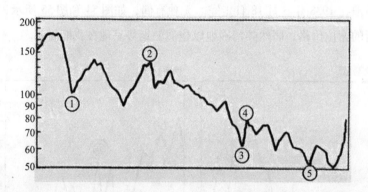

图 55　上幅图的第五浪细节（1936 年 1 月至 1938 年 6 月 15 日）

要想追踪换手比率运行的波浪细节绝非易事，这是因为交易量会伴随着价格的变动而瞬时变化。然而，股票交易所席位价格的变化并不会受到市场瞬时波动的影响，它成为人们研究换手比率波动规律时的有效参考。具体参见本书第十章，其他领域中的波浪。

根据纽约股票交易所简报的第 11 页，在 1928 年 5 月市场的换手比率是12.48%，而 1938 年 5 月市场的换手比率是 0.98%。计算表明 1938 年 6 月的前 18 天的换手比率是 0.65%；就在 1938 年 6 月 18 日星期六，市场实际的交易量是 104 000 手，相当于在五个小时内一共成交了 200 000 手。在 1938 年 6 月 18 日之前的几周里，交易量极其冷清，这导致股票平均价格指数中的一些权重股交易常出现间歇性暂停。最终导致的结果是在小时波浪图中的亚微浪走势出现混乱，一些重要的波浪形态显示不出来，而一些不重要的波浪细节却扰人视线。正是基于上述原因我们认为，交易量的小时波浪图有时具有欺骗性。非常幸运的是，这样萎靡的交易量在二十年中只是第一次出现而已。

　　在纽约股票交易所 1937 年 11 月的月度简报的第一页，展示了市场在 1937 年 8 月 14 日至 1937 年 10 月这段时期，以及其他七个同比期间的换手比率以及价格波动情况。用百分点来研究这种对比关系，我们会发现截至目前为止，还是 1937 年这一阶段的市场最可圈可点。我们从公共关系部获得的与交易资金量有关的数据如图 56 所示。1937 年 3 月到 1938 年 6 月这段时间，市场上交易量下降了 87.5%。

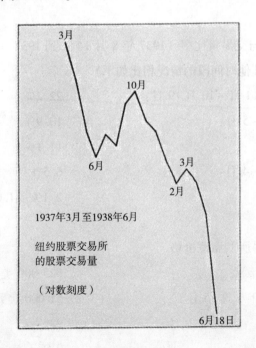

3月

10月

6月

3月

2月

1937年3月至1938年6月

纽约股票交易所
的股票交易量

（对数刻度）

6月18日

图 56

　　下面这些是对市场概况的对比分析：

最近的熊市

顶峰（1937 年 3 月 10 日）	195.59 点
底部（1938 年 3 月 31 日）	97.46 点
下降：	98.13 点，或 50.1%
时间：	一年零三个星期

NYSE 股票交易的资金量

1937 年 3 月：	2 612 000 000 美元
1938 年 5 月：	499 000 000 美元
1938 年 6 月（估计值）：	187 000 000 美元
下降：	92.9%
时间：	一年零四个月

64 天的价格与交易量比率（1937 年 8 月 14 日到 1937 年 10 月 19 日的持续下跌时间，与其他时间段的情况相比如下）

1937 年 8 月 14 日 ~ 10 月 19 日：	22.2%
1937 年 3 月 ~ 5 月：	10.9%
1929 年末：	11.1%
1934 年 2 月 ~ 4 月：	6.5%
其他时间：	2.1% ~ 1.0%

纽约股票交易所的席位价格

顶峰（1929 年）	625 000 美元
底部（1938 年 6 月 15 日）	51 000 美元
下降：	92%
时间：	9 年

交易量从 1937 年 3 月到 1938 年 6 月下降了 87.5%

第 7 章

波浪图总结

1. 对于波浪图上较大级别的波浪而言，不同指数和股票在见顶的时间上通常都不尽相同；但是在构筑底部时，不同指数和股票却几乎齐头并进行动一致。换句话说，不同的指数和股票往往会不约而同地同时出现底部。举例而言，在1932年7月，债券、股票、生产总值、保险销售额以及经济活动的一些其他领域，不约而同地同时见底（请参见本书第10章图69—图79）。当然，那是一轮甚超级循环浪2的底部，此时顺其自然地会受到所有人非同寻常的重视。

2. 当读者对波浪图上一轮市场运动的波浪数变得含糊不清时，留意一下波浪的相对大小，可能有助于将其性质与其他波浪区分开来。抓住波浪图上那些凸出的拐点（即根据它们来绘制通道线），应当有助于读者清晰地把握波浪运动的级别。

3. 请记住在波浪图上连接两个凸出的拐点，根据它们绘制通道线。

4. 请记住在波浪图上等待市场出现第四个凸出的拐点，绘制出最终通道，以此确定该轮波浪运动的顶点，定位第五浪结束的大致位置。

5. 波浪图上同一级别的波浪，通常会保持同样的通道宽度。换句话说，市场往往会保持相同级别波浪运动的通道宽度不变，除非第五浪未能达到通道的顶部。

6. 波浪的级别越高，击穿通道线的可能性就越大。

7. 在波浪图上绘制通道线时，如果是上升行情，基线在下；如果是下跌行情，基线在上。

8. 波浪主趋势的强度会在靠近基线附近时暴露无遗。本书图14中的

1927 年 1 月至 1928 年 6 月的波浪运动，就可以说明这一道理。

9. 为了更直观、更宏观地把握波浪现象及其规律，我们在此推荐一些波浪图制作的重要技巧供读者参考：

（1）绘制周 K 线的波浪运动图；考虑用对数刻度来刻画一段波浪运动；考虑将正常的波浪图放大两倍或三倍来观察波浪规律。

（2）单独准备一张纸，来展示一轮完整的五个大浪。在视觉上避免其驱动浪及调整浪遭受其他波浪的干扰。

10. 本书论述的这些方法，适用于三种主要的价格指数（工业股平均指数、铁路股平均指数、公用事业股平均指数）、股票板块以及个股。对于投资者感兴趣的三种主要平均指数、股票板块以及个股的日 K 线图而言，普通的算术刻度就能满足分析需要。

11. 我们认为，波浪的周 K 线运动非常重要。原因在于三个方面：

（1）只有通过显示周波动趋势，才可能在足够长的历史视野中观察波浪运动，从而有效定位波浪正处于何种浪级。这对于识别较大级别的波浪的性质尤其关键。

（2）日波动图上若出现所谓的直线运动，通过绘制周线图，可以将它们转换成平台形或三角形波浪形态，这些形态分别由三个浪或者五个浪构成，它们对于预测未来市场趋势非常管用。

（3）日波动图上任何可能的欺骗性，通过周线均得到有效排除。

12. 请记住始终在一幅波浪图上完整地绘制特定波浪运动。不论是细浪级、小浪级、中浪级、大浪级或是更高的浪级。否则波浪的识别、波浪的相对力度，以及波浪通道线均有可能被扭曲或混淆。

13. 对于大浪级或是更低级别的波浪运动，最佳的时间维度是周线图、日线图和小时波动图。分析波浪图时，永远不要单独把眼光局限在这三种重要时间维度中的任何一种之上，而是将它们融会贯通。在价格快速运动的行情之中，小时波浪图以及日波浪图是最好的分析工具；而在慢速运动的行情之中，日波浪图和周波浪图是最好的分析工具。

14. 自 1928 年首次出现之后，股票、债券及其交易量换手比率在 1938 年

6 月 18 日开始被人们广泛使用。投资者只有具备扎实的波浪理论基础，这些现象才能得到有效的观察与分析。

15. 在某些时候，上攻波浪似乎在第五浪之中已经开始出现下跌。这种情况意味着一个不规则顶部已经出现，而且紧接着浪 C 会由 5 个浪构成。关于具体案例，读者可参见本书"调整浪"项目下的论述。

16. 在社会生活的某些领域之中，人们可能无法获取基础数据，来绘制波浪走势图。例如房地产，它没有一个公开自由交易的中心市场，这些交易标的物不能被标准化，而且在交易中指定价格往往是名义上的而非它的公允价格。这种情况的解决方案是，可以在丧失抵押物赎回权的住房抵押贷款之中取得可靠数据。当丧失抵押物赎回权的数据处于一段时间以来的低谷时，房地产波浪运动就正处于它的顶部，反之亦然。

17. 在其他一些情况下，人们尽管可以获取可靠的基础数据，但要准确地识别小浪可谓难于上青天。比如交易量，它会随着市场的瞬时波动而进行小浪级波动。在这种情况下，解决的方案是参照纽约股票交易所席位的价格变动来对之进行分析。

18. 当事物出现季节性波动时，会给波浪研究带来诸多困难。克服这些困难的秘诀是，绘制出周变动、月变动或季度变动值与它十年平均值比率的曲线图。在这个曲线图上做波浪运动研究，使得我们的波浪分析排除了季节性等偶然因素的扰动。举例来说，我们可以得到汽车货运量的周统计数据，那么目前这一周相对于它的十年平均值的比率就能够以波浪图的形式绘制出来，这样我们就能够运用波浪理论得出相对客观的研究结论。

19. 并不常常亦步亦趋的两个事物，当它们突然出现步调一致情形的时候，这通常意味着市场要发生大事。关于这一点的详细案例，读者可参见本书第六章交易量这个话题下的论述（图 53、图 54、图 55）。

20. 通常并非所有的股票都会行动一致。尽管主要平均价格指数一直到 1937 年 3 月 10 日才出现头部，但是几个标准统计指数在 1936 年 11 月就已经开始出现头部。它们在 1937 年 3 月份走到了最高点，然后缓慢下跌至 1937 年 5 月。另一方面要提醒读者的是，股票筑底的时候往往却会行动一致。

第 8 章

波浪理论的运用

正如本书在前面章节所述，投资者与投机者最关心的事，莫过于识别出第五浪的终点，因为这是一轮行情将展开调整的标志性位置。股票市场上较高级别的波浪运动，尤其是运行数月的中浪运动，以及运行数年的大浪运动，从它的第五浪之后出现较大调整浪在所难免。这就意味着在那些终点附近将多头头寸加以平仓；反过来也很重要，即在那些调整浪的终点附近，正是再度建仓的关键区域。

投资者在股市操作时首要考虑的是，定位一下自己要在哪一级别的波浪运动中持有多头头寸。许多投资者或许更愿意在大浪一级的波浪运动中操作，这也正是本章要详细讨论的类型。提醒读者的是，这里论述的波浪运动原理，同样适用于更小或者更大级别的波浪运动。

我们假定一位投资者已经在 1921 年 6 月建立了多头头寸。基于他对其超级循环浪的判断（请读者参见本书图 12 所示），他认为市场从 1857 年开始走入超级循环浪，而且整个超级循环浪的浪 1、浪 2、浪 3 和浪 4 已经走完。第5 浪从 1896 年开始启动，到了现在（1921 年 6 月）已经接近于尾声。这是因为，在 1896 年到 1921 年中，市场已经走完了四个大浪。大浪的第 5 浪才刚刚开始，它将由五个中浪所构成。一旦中浪的第 5 浪走完，不仅会宣告着大浪的结束，而且它还会宣告着整个超级循环浪的结束。也就是说，在不远的未来，市场将上演最精彩的一幕。

正是基于他对大浪之中已经走完的浪 1 和浪 3，以及正在运行之中的浪 5

的研究，该投资者对此轮运动的波动幅度和持续时间有了一定程度的粗略估计。但是正如前文所述，那不过是大致把某个波浪区别于相同波浪级别之内的另一波浪而已。接下来我们使用一个更加有把握的分析方法，那就是通道分析法。既然市场从1857年开始启动的超级循环浪已经走完了四浪，那我们连接浪2和浪4的两个凸出的拐点，再绘制一条穿过浪3凸出拐点的平行线，向上延长这条上通道线，就能够找到超级循环浪的第5浪走完的大致位置。可以以此类推，对于从1896年开始启动的大浪，当它走完四个浪的时候，可以绘制出它的最终上通道线，这就是目前正在运行的第5大浪走完的大致位置。这样一来，那些在1921年6月买进股票并持仓至大浪走完的投资者，就会观察到一些有助于其做出卖出决策的重要规律。这些规律中的一部分在本书前面各个章节曾经介绍过，而另外一些规律在这里属于首次介绍：

1. 市场上大浪级别的运动，由五个中浪构成。除非发现四个中浪已经走完，并且中浪的第5浪已经启动，否则不要考虑卖出股票。

2. 如果中浪的第4浪已经走完，而且中浪的第5浪目前正在运行，那么它将由五个更小级别的波浪，或称之为小浪构成。因此在小浪的第5浪走完之前，不要考虑卖出股票。

3. 如果第5中浪的第4小浪已经走完，而且第5小浪目前正在运行之中，那么在五个细浪粉墨登场之前市场就不会结束。因此，在第5细浪走出之前不要考虑卖出股票。

4. 如果考虑到平均价格指数的小时波动，第5个中浪的第5个小浪的第5个细浪，也将由五个微浪所构成，而微浪的浪5很可能将由五个亚微浪所构成。因此，市场还要进攻到从1921年6月启动的大浪的最高顶部，在第5中浪的第5小浪的第5细浪的第5微浪的第5个亚微浪最后走完之前，不要考虑卖出股票。

5. 对于超级循环浪中的第5浪、循环浪中的第5浪，以及大浪中的第5浪，它们通常会击穿（或者称之为刺透）连接凸出的拐点所绘制的上通道线。正如前文所述，我们已经为第5超级循环浪和第5循环浪绘制出了上通道线。从1921年6月启动的大浪会宣告一轮循环浪的结束，以及一轮超级循环浪的

结束（请读者参见本书图 14）。我们可以据此预言，这一轮大浪在进攻到超级循环浪和循环浪的上通道线附近之前，不会轻易结束（以对数刻度分析）。同样道理，眼前的大浪的第 5 中浪，极有可能击穿我们所绘制的上通道线。

6. 超级循环浪的第 5 浪、循环浪的第 5 浪，以及大浪的第 5 浪在临近终点时候，通常伴随着巨大的交易量。此时的交易量甚至大于此前相应级别波浪运动中任何一浪的交易量。这就提醒我们，正在运行中的大浪的第 5 中浪运行到它的顶部以及顶部附近时，应当在市场看到明显放大的交易量。

投资者一旦掌握了上述规律，有效解读市场不再困难。绘制波浪的周线图和月线图，以便在每一个中浪级别的波浪启动之时，能够及时跟进市场坚持做多。周线图在图 57 到图 61 之中展示。中浪的浪 1 在 1923 年 3 月走完，它由五个小浪级别的波浪所构成，这个情况读者观察图 57 就能够一目了然。在接下来走出的中浪的浪 2，正如同所有用偶数标示的调整浪一样，它由三个浪所构成。中浪的浪 3 一直运行到了 1925 年 11 月，在它之后是众所周知的三个调整浪。

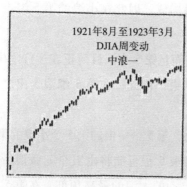

图 57

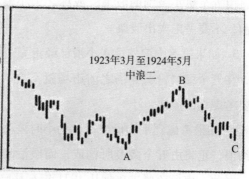

图 58

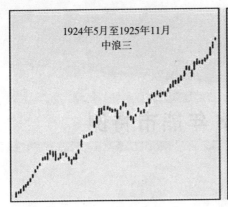

1924年5月至1925年11月
中浪三

图 59

中浪四
1925年11月至1926年5月

图 60

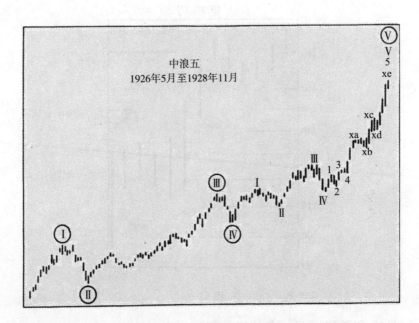

中浪五
1926年5月至1928年11月

图 61

第 9 章

1937～1938 年熊市特例

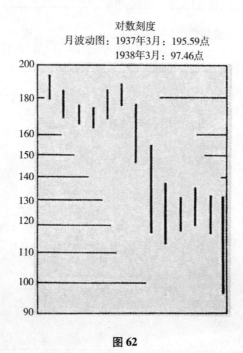

对数刻度
月波动图：1937年3月：195.59点
1938年3月：97.46点

图62

如图62和图63所示，在1937年至1938年的熊市之中，市场出现了一些异常的情况。我们详细分析如下：

平行四边形

在 1937 年 8 月 4 日的 187.31 点，曾经是常规的一波上攻行情的市场顶部。如图 64 所示，接下来市场走出了三浪下跌，以及后来冲高到 1937 年 8 月 14 日 190.38 点的三浪上升。就在这两个交易日之间，市场走出了不规则调整浪的浪 A 和浪 B。如图 65 所示，浪 C 运行速度极其迅速而且持续时间比较长，一直下跌到了 10 月 19 日的 115.82 点。市场在这里形成了一个完美的平行四边形。该形态运行速度和波动幅度都非常大，探究该形态背后的原因，并没有什么特别意义。类似这样的不规则顶部，市场在 1928 年、1929 年以及 1932 年再一次重演。

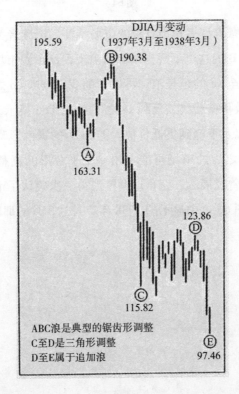

图 63

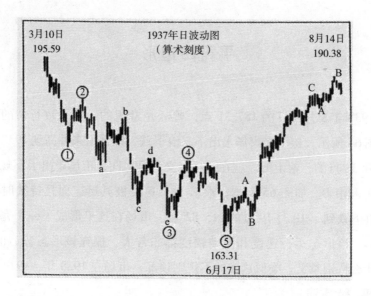

3月10日
195.59

1937年日波动图
（算术刻度）

8月14日
190.38

163.31
6月17日

图64

在图65中，蕴藏着许多相当有趣的市场特征。请读者关注图中这个平行四边形走势。OT到B的这个不规则顶部的出现，预示着市场将要展开猛烈的下跌。市场走出xa至xe的延长浪，可以帮助我们推断xb之后的市场很快出现的三浪下挫，以及价格最终跌落到xe之下。如图66所示，市场果然出现由三浪组成的下挫，以及下探到更低价位。图64中的锯齿形调整浪A－B－C意味着，图65中C点之后的市场可能走出一个平台形的调整浪或三角形调整浪。正如本书图51曾经展示，三角形调整浪再一次确认了市场会下探到更低价格水平，也就是图66之中显示的1938年2月到3月的那段行情。

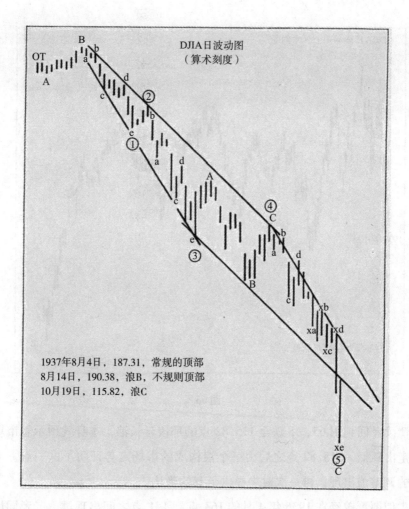

图 65

半月形

半月形是针对市场 1938 年 2 月 23 日的 132 点，以及 1938 年 3 月 31 日的 97 点之间的波浪形态所命名。这种有趣的波浪形态呈弧线型下落之势，而且到了底部时几乎处于竖直状态（如图 66 和图 67 所示）。

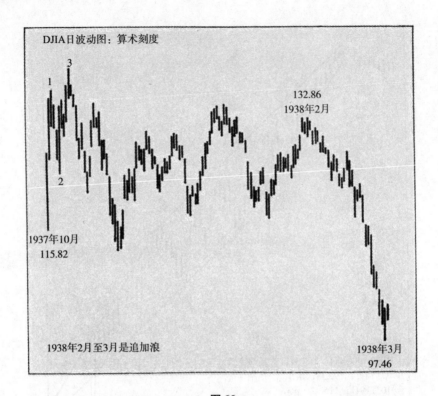

图66

请读者回到图65，下跌至115.82点的那段延长浪，本身就预示着市场可能会走出新低。115.82点之后由三个浪构成的市场走势证明了这一点。而三角形的调整浪出现，再一次对之提供了有效确认。

类似图形曾经在1936年4月的163点到141点之间出现过，二者同属于延长浪之后的市场回撤。由于波浪运行速度极快，因此参考波浪的小时运动图就显得很有必要，对于后者而言尤其如此。

在1929年9月到11月这期间，浪1从381点一直杀跌到195点并出现了延长浪，而且很快在1930年展开回撤。正如前文所述，延长浪只是出现在了浪1（参见图19，算术刻度图），市场在浪3或者浪5并没有出现延长浪。假如1932年那个延长浪是出现在第5浪而不是在第1浪，那么1929年9月到1932年7月的下跌走势，将会与1938年2月到3月的半月形走势如出一辙。

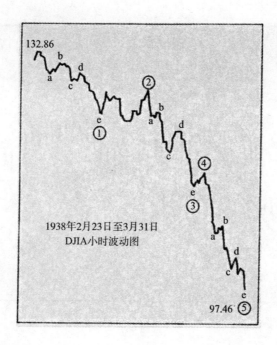

132.86

1938年2月23日至3月31日
DJIA小时波动图

97.46 ⑤

图67

追加浪

就在1938年，工业股指数出现了追加浪。读者可以在图66和图67中找到它们，正如图中1938年2月23日132点至3月31日98点的位置所示。市场在常规的三浪调整之后出现了额外下跌，走出由五浪组成的浪C，最终到达调整运动的终点。此时的市场与1932年非常相似。除此之外，市场曾经在1934年12月到1935年3月的铁路股指数和公用事业股指数中出现过类似现象。

如图68所示，市场从97.46点上攻到121.54点，走出了典型的上升五浪。它又是自1937年3月以来发动的高一级别波浪的第1浪。这同时确认了3月31日的97.46点，已运行到熊市的浪A的底部。图中5月27日的106.44点，正是121.54点启动的经典平台形的调整浪走完之处。

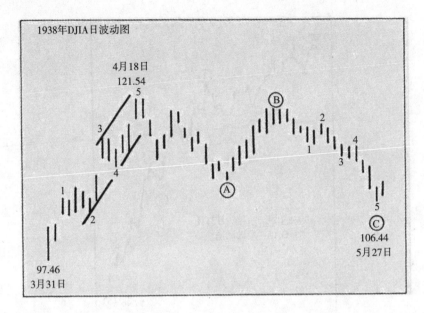

图 68

第 10 章

其他领域的波浪

多年以来波浪循环这个说法已经家喻户晓。但是，人们对于它的使用显得过于随便。谈到波浪循环，人们常常泛指向上和向下的运动。当人们谈到美国经济发展的进程时，一些经济学家认为 1921 年到 1932 年是一个完整的波浪循环；而另一些经济学家则认为，1921 年到 1924 年的年中、1924 年到 1927 年年末，以及 1927 年到 1932 年的年中分别构成三个强度状况各异的波浪运动。总而言之，人们对波浪循环这个概念的使用显然过于肤浅。根本原因是，一些颇具误导性的观念已经被深深地根植在人们的头脑和行动中，但波浪循环真正的内在规律却被人们忽略了。

本书选取股票市场作为众多运动之一例，研究了波浪循环的内在规律，论述了一个波浪如何成为另一个更大级别波浪运动的起点；而这个波浪本身就是更大级别波浪运动之中的一部分，它的次级波浪同样受到相同规律的支配。这与自然界中每一项研究相同，我们知道事物不可能永远朝着一个方向运行，但是任何事物的运动总会呈现出秩序性。不论是何种事物，潜藏在其运动背后的规律总具有固定性，规律主导着事物发展的方向。本书目的在于，首先向读者介绍波浪规律；继而讲述波浪规律在一些让人们迷惑的领域之中的实际应用。

如图 69 到图 78 所示，我们展示了一些随机挑选的图形，作为波浪理论在其他领域中应用的明显案例。这些案例足以表明，只要有波动现象出现的领域，波浪规律就会发挥作用。我们建议除股票市场之外的其他领域的学者，

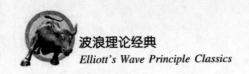
对这个问题进行深入研究。波浪理论的确有助于使他们的研究工作变得轻松自在。

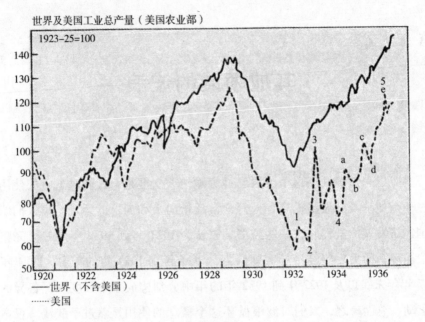

图 69

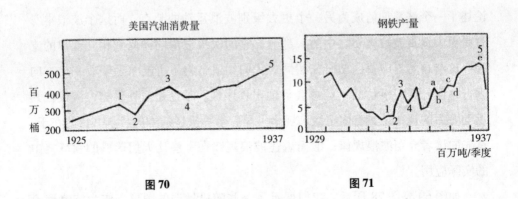

图 70

图 71

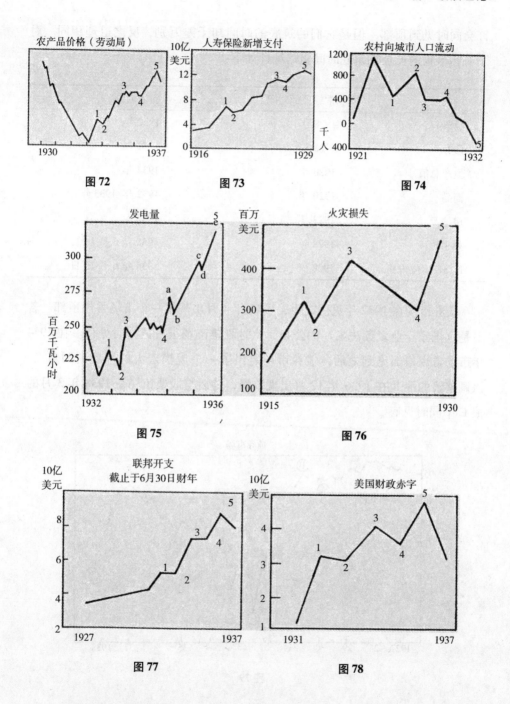

图 72

图 73

图 74

图 75

图 76

图 77

图 78

不同事物的波浪运动同时见顶并且筑底概率较低。两个或者几个事物或

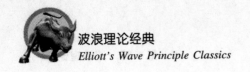

许会同时见到顶部，但是它们的筑底的时间却千差万别，反之道理相同。对于一些事物的见顶和筑底时间粗略统计如下：

	常规顶部时间	筑底时间
股票	1928 年	1932 年
债券	1928 年	1932 年
生产总值	1920 年	1933 年
商品	1920 年	1932 年/1933 年
房地产	1923 年	1933 年
换手比率	1928 年	1938 年 6 月 18 日
NYSE 席位价格	1928 年	1938 年 6 月 15 日

债券市场在 1932 年见底之后，1934 年 4 月出现了一个市场常规顶部。若不是《国家工业复苏法案》的公布，此时股票市场很可能同时见顶。在 1934 年市场常规顶部见到之后，债券市场走出了一个规模宏大的不规则调整浪。该调整浪的浪 B 在 1936 年 12 月出现波峰，随后与股票市场在 1938 年 3 月的浪 C 中同时见底。

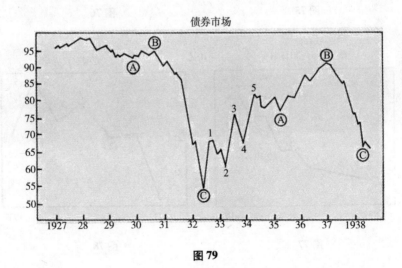

图79

第二篇

《金融世界》论文

第 1 章

波浪循环

有史以来宇宙万物总是呈现出有规律性的波动，这是不变的法则。人们不断从研究这个法则及其表现形式之中获得知识与力量。这个法则的影响力在潮汐、天体、旋风、昼夜、甚至是生命周期之中均可找到。我们将事物这种富有节奏的规律性波动称为波浪循环。

历史重要性

达·芬奇在哥伦布时代对波浪的分析，是对波浪规律进行的开创性研究。就在达·芬奇之后，许多伟大的科学家也对此进行了研究：哈雷的彗星、贝尔的声波、爱迪生的电波、马可尼的无线电波、一些科学家提出的心理波、宇宙电波以及电磁波等。所有这些的共同点是，事物都以波浪的形式存在，它们不断重复自身运动并呈现循环状态。这种波浪运动由两种力量起作用——一个向上推高而另一个向下摧毁。就像人们解释恒星运动规律那样，据说希特勒的征服时机选择就符合这种自然法则——一种向下摧毁的力量逐渐聚集，并且在合适的时机会成为人心的主宰力量，这种力量完成了历史的一轮循环。

事物会再现或者重演的现象，使得我们具体而有效地从其变化之中吸取经验教训成为了可能。交易波动以及股票市场中的熊市、牛市交替也受同样的自然法则所支配。大约是在五十年之前，查尔斯·道对股票市场一些重要

运动轨迹的深入观察，逐渐建立了现在被广泛接受的道氏理论，该理论具有
特殊的预测价值。从此以后，关于市场交易信息的记录和分析逐渐增多了起
来。可以看出，人们总可以从某些市场行为自身的运动中得出有价值的预测。

　　因为长期疾病缠身需要休养，使得作者有机会静下心来研究市场行为的
一些有效纪录。年复一年、月复一月、日复一日，股票价格永不停息地变动。
本人逐渐将那貌似狂乱的、看起来毫无表情的、显然无法控制的价格波动，
与大海波浪的翻滚模式联系起来。有了这种规律（我称之为波浪理论）作为
计量依据，预测及把握一轮大循环（小浪，中浪，大浪甚至更大级别的波浪）
的发展运动和调整变得简单轻松。

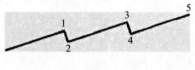

图1

　　如图1所示，一轮波浪循环的运动轨迹通常由五个驱动浪构成：三个向
上运动，两个向下运动。驱动浪的浪1、浪3和浪5位于主要趋势的方向上。
浪2对浪1构成了调整，浪4对浪3构成了调整。通常情况下，三个向上的波
浪几乎是在一个平行的平面里运动；浪2和浪4这两个调整浪也是以相似的
方式运行。

　　共同构成一轮完整大浪循环的三个驱动浪，每一个浪又可以被细分为次
一级或者被称为中浪的五个子浪。具体细分情况如图2所示。通过仔细观察
我们发现，五个次一级的中浪构成了大浪的驱动浪1、驱动浪3和驱动浪5，
以此类推，大浪2对大浪1构成调整，随后的大浪4对由五个中浪所组成的驱
动浪3形成了调整。

图2

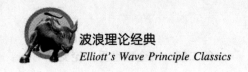
如图 3 所示，每一个向上的中浪又被细分为五个小浪。当第五个大浪的第五个中浪的第五个小浪寿终正寝时，可怕的顶部就近在眼前。在这一级别的波浪走完时，向下摧毁性的力量成为市场主导，大浪的趋势掉头向下，熊市正向人们走来。往往直到熊市已经启动很长时间之后，导致熊市的经济、政治或财务诱因，或许才会最终浮出水面。

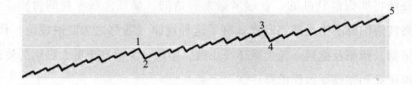

图 3

第 2 章

调整运动

前文对预测股票价格的波浪理论的概述中，我们提出一轮完整的市场运动由五个浪构成；与此同时，相同级别的五个浪构成另一个更高级别波浪的第一浪。当所有级别波浪的第五浪均走完时，在该轮市场之中就会出现一个比之前任何调整都剧烈的调整浪。

完整的波浪

市场调整运动的波浪规律，与主要趋势上的情况截然不同。波浪的这些调整运动，或者称之为浪 2 和浪 4，每一个均由更小级别的三浪构成，但是驱动浪（浪 1、浪 3 和浪 5）每一个都由更小级别的五浪构成。如图 4 所示，展示了一轮完整的波浪运动。该图与图 3 道理相同，只是浪 2 和浪 4 锯齿形的调整展示得更加具体。图中的浪 2 和浪 4 都包含三个子浪，这两个调整浪本身也自成完整的波浪循环，因此它们自身也具备五浪驱动的特征。这也就是说，调整浪中的第一个阶段 a 和第三个阶段 c，分别都由更小级别的五个子浪构成；而调整浪中的调整阶段 b，由三个更小级别的子浪构成。调整浪的一些形态和种类，在结构上显得相当复杂，以至于在这个阶段的市场，往往会使投资者感到一头雾水。正是基于这一原因，本书随后会对调整浪进行更加详尽而深入的讨论。

图4

用波浪理论预测市场运动的人，不需要像道氏理论那样，要求相应的平均价格指数之间相互确认。这是因为，波浪理论可以被应用于个股分析、不同板块的股票群分析（例如钢铁股、铁路股、公共事业股、铜业股、石油股等等）、大宗商品交易以及各种不同的平均价格指数，例如道琼斯指数、标准统计指数、纽约时报指数、纽约先驱论坛报指数、伦敦金融时报指数等等。虽然，在特定的时间范围内，人们可能会发现一些股票在上涨，而另一些在下跌。但是，毕竟多数个股在同一时期的波动会呈现出一定程度上的关联性。基于这种分析，平均价格指数的波浪走势或许会较好地反映整个市场波动的状况。平均价格指数所囊括的股票个数越多，其波浪运动的规律性形状就越明显。这也就是说，如果股票被大量投资者分散化持有，这与分散度较差的情况比起来，波浪运动有规律地周期性波动的特征要更加清晰。

使用的价格区间

不能把我们的眼光局限在每日或每周的收盘价上。恰恰是最高价与最低价及其波动范围，对随后波浪运动方向产生着重要引导作用。实际上，正是由于道琼斯公司在1928年建立并发布的日变动图以及1932年建立并发布的小时变动图，帮助我们获得了丰富且可信的基础数据，使我们得以对现象进行深入剖析的基础上挖掘规律，即形成本文所述的波浪理论。该理论基于上述一系列市场的每小时、每日和每周的实际运行状况，总结波浪运动背后的市场力量变化规律。请读者记住，仅仅收盘价并不能讲述市场全部的故事。也正是由于缺乏细节性基础数据，导致伦敦股市的波动规律就比纽约股市更加难以预测得多。

因此，对于一轮完整波浪长度的预测，应当把握住它在同一浪级或者更大浪级之间的调整运动是否走完。最小级别的波浪的长度，是朝着一个方向运行的、没有发生过任何级别调整的一段运动，即便是在小时波动图之中也是如此。假如小时波浪图之中出现两个调整浪，意味着这段市场运动已经走到了它的第五个浪也就是最后一个阶段，或者是到了高一级别波浪的第三个驱动浪。通常所谓的阻力线及其他技术工具，对于预测波浪的长度以及持续时间方面其价值微乎其微。

外因的影响

波浪理论对于一轮波浪运行的阶段具有良好的预测作用，因此市场研究的老手们会发现，新闻或者是突发事件，甚至是政府的法案，对波浪运动整体进程的影响即便是有也微乎其微。毋庸置疑，有时意外的消息或突发事件，特别是可能会使公众陷入高度情绪化的消息或事件，的确会拉长或缩短两个波浪之间的运行长度。但是，波浪数量或者波浪潜在的规律性从来不变。我们甚至可以合理推断，市场波浪的运动紊乱，由此带来了覆盖面极其广泛的社会不安定，恰是战争的原因，而非战争促成了这种市场波浪循环。

第3章

通道原理

一轮上升波浪运动的第五浪走完时，市场面临的调整压力将比该轮波浪运动中的任何一个浪都大。此时的关键在于，设法预先定位该波浪循环的顶部位于何处。一旦具备了这个对市场顶部进行定位的技能，投资者就可以采取必要的措施，对于市场即将到来的顶部建立防守型的操作策略，以期在最有利的时机将纸上财富兑现成真金白银。当调整浪运行结束以后，投资者还可以将卖掉的头寸反手做多，使自己始终处于有利的强势位置。

前文已经论述过，对于一轮完整波浪运动的长度，应当把握住它在同一浪级或者更大浪级之间的调整运动是否走完。利用本文所定义的通道原理，在这些波浪的运行过程中反复测量他们的长度，就有可能在浪4走完的时候大致估算出第5浪的顶点。

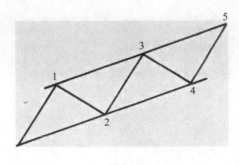

图6

如图6所示，该图展示了一轮完整市场运动，或者我们称之为波浪循环。它的浪1、浪3和浪5，每一个看起来都拥有大致相同的长度。根据我们所说的通道原理，要想预测波浪运行的顶点位置，必须得等到浪 1 和浪 2 走完。此时才可以从浪 1 的起点，穿过浪 2 的终点画出一条直线作为下一阶段市场运行的基线。如图 7 所示，穿过浪 1 的终点绘制一条平行于基线的直线并向上延长会得到一条上通道线。通常而言，浪 3 应当在那条暂时性上通道线附近走完（如图中虚线所示，之所以称之为暂时性上通道线，是因为随着浪 3 的走完可能会得到一条新的上通道线）。

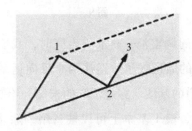

图 7

暂时性上通道线从浪 1 的顶部穿过并向上延长，平行于底部那条基线。但是，有时市场氛围可能会变得异常乐观，使得浪 3 变得具有异乎寻常的瞬间力量，那种力量超过了人们的正常预期，如图 8 所示。

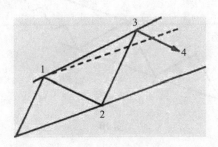

图 8

等到浪 3 走完时，连接浪 1 的顶部与浪 3 的顶部，我们可以得到一条实际上通道线。更进一步，为了预测浪 4 的反作用力调整浪会在哪个位置结束，我们有必要从浪 2 走完的点出发，画出一条平行于实际上通道线的直线并向上延长。正如图 9 的虚线所示，图中给出了我们从理论上估算的浪 4 终点，以及浪 4 实际走出的终点。

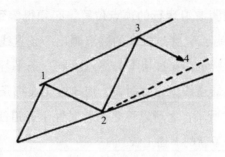

图 9

当第二次反向运动的调整浪——浪 4 走完时，我们就可以绘制出最终通道，这算得上是最重要的通道线了。连接两个反向运动调整浪的（浪 2 和浪 4）顶点，得到最终通道的基线。穿过浪 3 的末端，绘制一条平行于该基线的直线并向上延长。此时，浪 1 基本上可以被忽略，除非浪 3 驱动力出乎意料的强劲。正如前文所述，一旦绘制了基线和上通道线，第 5 浪结束的大致位置就可以估算出来，如图 10 所示。

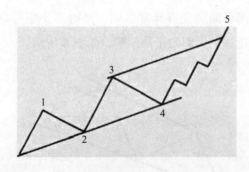

图 10

这种通道原理固然重要，但是剖析构成一轮完整波浪运动各个阶段的规律更加意义深远。浪 1、浪 3 和浪 5，它们通常每一个都由五个更低级别的波浪所构成。从理论上讲，浪 5 应在与前文所讲的上通线相交之时结束。然而，有时市场中的第五浪进攻得异常强势，这种情况下会出现击穿通道线的现象，这将在本文后续的部分中进行详细论述。

第 4 章

浪级划分

前文已经论述过，一轮完整的波浪运动由五浪构成，而这轮完整的运动恰构成一个更大级别波浪中的第一个浪。通过识别各个不同阶段的波浪级别，我们就可以辨认市场所处的相对位置，并且对于后续的市场运动进行预测。

迄今为止，美国历史上最悠久最可靠的股票市场记录，可以追溯到1854年开始发布的埃克斯－霍顿指数（发表在纽约时报年鉴上）。基于波浪理论的长期预测，只能从1857年走完的熊市作为起点来研究。美国股市上开始于1857年而结束于1928年11月28日（常规顶部）的巨大市场波动，代表着最高级别的一轮波浪运动。至于这么长时间的市场运动，它究竟属于超级循环浪的第一浪，第三浪还是第五浪？这必然得取决于1857年之前的市场情况。如果把这一系列有历史意义的市场波浪细分为五浪运动，并相应地把第五浪分解成下一个更小级别的五个子浪，研究者将会看到不同浪级市场运动的真实表现。为了避免在市场各个级别的波浪分类时产生混淆，建议研究者在各个级别中使用下表专门设计的名称和符号。

波浪级别	波浪标识	持续时间
甚超级循环浪	gsc Ⅰ（？）	1857 年 ~ 1928 年
超级循环浪	sc Ⅰ	1857 年 ~ 1864 年
	sc Ⅱ	1864 年 ~ 1877 年
	sc Ⅲ	1877 年 ~ 1881 年

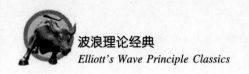

续表

波浪级别	波浪标识	持续时间
	sc Ⅳ	1881 年 ~ 1896 年
	sc Ⅴ	1896 年 ~ 1928 年
循环浪	c Ⅰ	1896 年 ~ 1899 年
	c Ⅱ	1899 年 ~ 1907 年
	c Ⅲ	1907 年 ~ 1909 年
	c Ⅳ	1909 年 ~ 1921 年
	c Ⅴ	1921 年 ~ 1928 年
大浪	((Ⅰ))	1921 年 6 月 ~ 1923 年 3 月
	((Ⅱ))	1923 年 3 月 ~ 1924 年 5 月
	((Ⅲ))	1924 年 5 月 ~ 1925 年 11 月
	((Ⅳ))	1925 年 11 月 ~ 1926 年 3 月
	((Ⅴ))	1926 年 3 月 ~ 1928 年 11 月
中浪	(Ⅰ) – (Ⅴ)	关于中浪和更小浪级的波浪运动将在后续的论文中讨论。
小浪	1 – Ⅴ	
细浪	1 – 5	
微浪	A – E	
亚微浪	a – e	

　　这些波浪中，最长的一个持续了七十多年，而且涵盖着一系列的牛市和熊市。但正是综合考虑了小时、日、周的波动情况，才完成并记录下中浪级运动和大浪级运动，这对每一个投资者来说都具有巨大实践意义。

　　当道琼斯工业股平均价格指数在 1928 年 11 月 28 日达到 295.62 的高点时，这一轮价格运动就完成了甚超级循环浪的第五驱动浪中的第五超级循环浪中的第五循环浪中的第五大浪中的第五中浪中的第五小浪中的第五细浪中的第五微浪。基于该原因，尽管市场实际的更高峰 386.10 点直到 1929 年 9 月 3 日才露面，但是那个在 1928 年 11 月 28 日到达的峰值被称作了"传统意义上的"顶部（即常规顶部）。这些术语对于大多数投资者来说，也许会觉得眼花缭乱，论文接下来我们很快就会论述到"不规则顶部"高于"常规顶部"的现象。

第 5 章

波浪与熊市

任何波浪运行的波动幅度与持续时间，都不可避免地受到之前相似或更大级别的波浪循环的影响。美国股市之中，起始于 1896 年并且历时 33 年的波浪循环，在 1929 年 9 月 3 日到达 386.1 点的历史高点，波浪运行的驱动力量如此强劲，这导致了调整浪的下挫运动也相应地异常剧烈。

有序下跌

在不到三年之中，价格就跌去从波峰位置算起的 10.5%。尽管调整速度是如此之快，此轮市场下跌呈现出一个形态清晰并且富有规律的波浪形式。更为重要的是，它始终在预先可以绘制的通道之内运行。因此我们可以据此估算熊市大致会在何处走完，而新的牛市又会从哪儿开始启动。考虑到先前波浪运行的波动幅度，新的牛市必定浪级甚大而且持续时间较长。在这样一轮波浪运动中建仓的多头投资者，应当持有头寸一直到可以估算的第五大浪结束的位置。市场快到那一位置时，则应当保持必要的谨慎。

前文论述的是关于波浪规律的理论基础，现在到了讲解波浪规律实际应用的时候了。如图 11 所示，道琼斯工业股平均价格指数 1932 年 7 月 8 日至 1937 年 3 月 10 日的月线运行情况，其完整五浪运动以算术刻度绘制出来。一系列的微浪、细浪、小浪和中浪都将能按照周、日和小时波动情况予以细分，

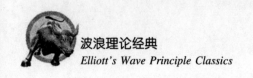
从而详细把握五大浪的每一浪。浪（Ⅰ）、浪（Ⅲ）和浪（Ⅴ）每一个都由五个明确的子浪构成，而浪（Ⅱ）和（Ⅳ）由三个明确的子浪构成，如图中A－B－C所示。每一个重要阶段的波动幅度与持续时间均在附表中列出。

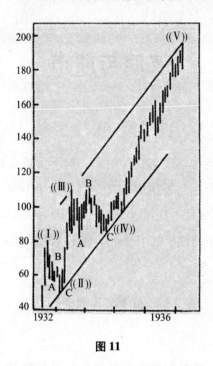

图 11

当浪（Ⅳ）结束而浪（Ⅴ）正运行时，我们需要更加细致地观察市场，此时相应地要认真绘制通道线。首先，从图中连接浪（Ⅱ）的底部与浪（Ⅳ）的底部画出基线。其次，穿过浪（Ⅲ）的顶部绘制一条平行于基线的直线并向上延伸，我们就得到上通道线。

熊市迹象

1936 年 11 月，罗斯福总统以压倒性的优势获得成功连任。从外部环境来看，形成牛市的概率极其巨大，以至于很难让人看跌。然而按照波浪理论来分析，牛市甚至已经接近到了它的尾声。从 1932 年开始的多头市场，到了

1932 年至 1937 年大浪的各个阶段

浪（(I)）从 1932 年 7 月 8 日的 40.56 点开始，浪（(V)）在 1937 年 3 月 10 日的 195.59 点结束。（道琼斯工业股月平均指数）

波浪	开始			结束	
	日 期	点 位		日 期	点 位
((I))	1932 年 7 月 8 日	40.56	至	1932 年 9 月 8 日	81.39
((II))	1932 年 9 月 8 日	81.39	至	1933 年 2 月 27 日	49.68
A	1932 年 9 月 8 日	81.39	至	1932 年 12 月 3 日	55.04
B	1932 年 12 月 3 日	55.04	至	1933 年 1 月 11 日	65.28
C	1933 年 1 月 11 日	65.28	至	1933 年 2 月 27 日	49.68
((III))	1933 年 2 月 27 日	49.68	至	1933 年 7 月 18 日	110.53
((IV))	1933 年 7 月 18 日	110.53	至	1934 年 7 月 26 日	84.58
A	1933 年 7 月 18 日	110.53	至	1933 年 10 月 21 日	82.20
B	1933 年 10 月 21 日	82.20	至	1934 年 2 月 5 日	111.93
C	1934 年 2 月 5 日	111.93	至	1934 年 7 月 26 日	84.58
((V))	1934 年 7 月 26 日	84.58	至	1937 年 3 月 10 日	195.59

1936 年 11 月 12 日已经上攻到 185.52 点的历史峰值。更重要的是，过去 53 个月中的各个浪级的第五浪，均已经来到了大浪级别的最后一浪。请读者注意，此时的价格指数离上通道线简直一步之遥。尽管如此，市场还需要四个月来走完这一轮循环。

最后一浪粗略地看起来不算太关键，但实质上它代表波浪运动终点，还是有必要引起投资者高度重视。它在 1937 年 3 月 10 日那个星期三宣告结束。就在那一个星期，工业股平均价格指数和铁路股平均价格指数都放出了巨大的交易量，创造了历史新高。这符合以往人们所广泛遵循的市场理论（即道氏理论）：两种指数相互确认，预示着市场的主要趋势依然向上。

工业股平均价格指数上攻到了 195.59 点，这与 1929 年 11 月的恐慌性的市场低点 195.35 点，以及 1930 年 2 月反弹的市场高位 196.96 点已经形成了鲜明的对照（即市场在这个价位附近形成支撑与压力）。就在那一周，市场进攻到了上通道线附近位置。罗斯福总统关于铜和钢材市场价格过高的评价言论，到了 1937 年 4 月份才出现，而在那时候熊市已经运行很久了。

第6章

波浪与牛市

在 1932 年到 1937 年的牛市之中（参见本论文的图 11），浪（（I））和浪（（Ⅲ））均迅速上攻，顺其自然，它们在很短的时间之内就偃旗息鼓了。然而浪（（V））却循序渐进地缓慢攀升，稳扎稳打使得它持续的时间比之前四个浪运行的时间之和都要长。针对这一段市场运动进行讨论时我们曾经说过，直到 1936 年 11 月这轮牛市都是处于绝对的上攻状态，只不过它还需要 4 个月的时间来完成整个波浪循环。尽管第五大浪的最长阶段已经处于强弩之末，但是最小单位的波浪细分（例如微浪等）依然正处于酝酿发展之中。如图 12 所示。

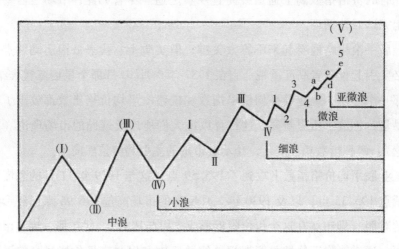

图 12　第五浪细分的各个波浪形态

图 12 展示了市场第五浪是如何细分为五个更小级别的子浪，并且推动波浪延长的。因此，一轮中浪级别运动的结束，以中浪第五驱动浪中的第五小

浪中的第五细浪之中的第五个亚微浪的结束为标志。注意图中在浪（Ⅴ）上攻的过程中，那些调整浪变得越来越小，而且它们持续的时间越来越短。对照一下1935年到1937年的市场，一个五浪结束的终点位置，恰恰是相同级别的调整浪要启动的标志性位置。

　　有时，市场会出现击穿通道线的现象，这可能使得人们在识别第五浪之中的较小级别波浪时会心生疑惑。所谓击穿通道线，是指波浪在上升运动中翻越上通道线（参见本文第三章）以及在下跌运动中跌破下通道线的现象。击穿现象发生时，交易量往往会明显放大。如果击穿现象出现在大浪运动的第五浪，此时市场通常放出异常巨大的交易量。倘若任何级别的第五浪，均未能击穿通道线并且后续伴随着持续下跌，则是市场即将走软的重要警告。市场杀跌程度，要取决于波浪的级别。有时这样的走软，也会为第五浪重拾升势奠定基础。击穿现象还有可能是波浪图绘制时的刻度因素引起的。击穿通常更有可能出现在算术刻度的上升运动中，以及对数刻度中的下降运动中。

　　有时，市场会出现第五浪延长的现象——即扩张或拉长——我们称之为延长浪。第五浪延长并不是以整个运动相同级别的波浪一浪走完，而通常是简单延展或扩张成五个更小级别的子浪。在波浪规律分析时，这样的延长浪应当从属于第五浪本身，而不是单独作为整体市场循环的一部分。延长浪的出现，通常是市场异常强劲（如果是向下运动则是异常疲软）特征的重要表现。延长浪的具体案例，出现在1921年到1928年市场向上的运动中，它代表了72年以来牛市行情的最高点。

第 7 章

调整浪及其规律

在波浪理论中，调整浪及其规律具有不易把握的特点，因此对调整浪的精细化研究显得十分必要。通过调整浪来分析市场所处的位置及其后续形势，对于它的掌握确实显得相当关键。几乎所有调整浪都以三个代表性的波浪为特征，但它们的细节和幅度变化很大，故而在实践之中会形成各式各样的调整浪形态。各种因素（比如时间、速度、之前波浪运动幅度、交易量、基本面信息等）都可能会影响并决定调整浪的具体形态。根据笔者的市场研究经验，调整浪主要有四种类型。我们分别定义为锯齿形的调整浪、平台形的调整浪、不规则形的调整浪和三角形的调整浪。我们会在本文其他部分单独讨论各种三角形的调整浪。我们把其余三种调整浪形态分别绘制在图 13、图 14 和图 15 之中。

图 13 展示了在相对较短时间走完的小调整浪；图 14 描述了更大级别运动的调整浪；图 15 则展示了大浪及中浪级别的市场调整行为及其特征。有些调整浪——尤其是一些不规则形态的调整浪，也许会延续数年之久，此中波浪甚至通常会被错误地认为是牛市运动。

这几幅图清楚地展示了锯齿形、平台形以及不规则调整浪的三浪式结构或称 A – B – C 结构。其中锯齿形的调整浪，曾经在本论文第二章（即图 4）之中简要地论述过。与其他调整浪特征不同的是，锯齿形的调整浪的第一浪和第三浪（A 和 C）都由五个较小的子浪构成，第二浪（B）由三个子浪构成。有时在高速运动的波浪之中，第一浪（A）也许会持续得很久，此时或许有必要借助于更小浪级或进行小时运动研究以挖掘波浪规律。

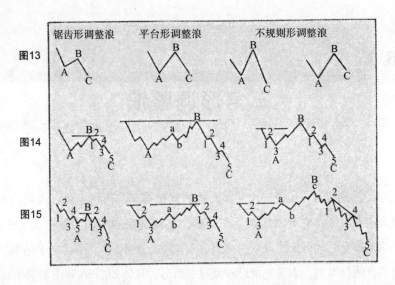

平台形和不规则形的调整浪，其第一浪、第二浪都由三个比之前运动小一级别的子浪构成。在平台形和不规则形调整浪的第二个阶段，或称B阶段的三个波浪运动中，第一浪和第三浪（a和c）都分别由五个更小的驱动浪构成。在一个平台形的调整浪中，三段波浪近乎等长。

将不规则形调整浪与其他类型调整浪区分开来的技巧是，它的第二浪或称之为B浪，会进攻到比大浪级运动所走出的常规顶部更高。因此与第一浪相比起来，第三浪或称之为浪C中的下跌会更有力度。通常浪C会运动到浪A以下更低的位置，尽管有时市场上浪C偶尔也会出现缩短的情形。在一些级别更高的重要调整浪中，比如说大浪级和中浪级的调整浪中，不规则形调整浪的第三浪或称C浪也许会由三个更小级别的五浪所构成。具体如图15所示。

通过识别那些正在前进中的调整浪的类型，研究者就获得了预测调整浪及其后续市场波动幅度的信号。通道法（参见本文第三章）有助于估算其波动幅度。本文后续会讨论这些形态在特定市场中的应用。

第 8 章

三角形调整浪

三角形的调整浪，属于一段伸展开来的犹豫徘徊的市场走势。市场的步伐也许走得太快太远了，它开始走起了小碎步，直到潜在的市场力量再次卷土重来。三角形调整浪有时运行长达九个月之久，有时也在短短七个小时之中结束。三角形调整浪有两种类型：水平三角形和倾斜三角形。具体如图 16 和图 17 所示。

水平三角形通常包括四种：上升三角形、下降三角形、对称三角形以及在市场上相当鲜见的反对称三角形。反对称三角形的顶点是三角形调整浪的开始，而其他几种三角形的顶点则是调整浪的终点。但是那些三角形调整浪也有可能在它实际到达顶点之前走完。

所有的三角形调整浪，均包括五个浪或者称之为五条腿，而其中每一浪均由不超过三个的较小级别波浪构成。不符合这一定义的调整浪则被排除在波浪理论之外。三角形中所有浪隶属于一个较大的同向运动之中的一部分，否则这个三角形的出现不过是一个巧合。

整个三角形本身构成了市场主要运动的一个浪。水平三角形通常作为浪 2 或者浪 4 出现。如果是作为浪 2 出现，那意味着市场主要运动只有三个浪。在一个水平三角形的终点位置，市场将重新恢复被三角形打断的那个主要运动趋势，而且下一步市场运动的方向，将与该三角形中的浪 2 方向相同。从水平三角形终点位置开始的突破行为，将沿三角形中的浪 2 方向前进，其启动往往较为迅速，它代表市场主要运动的最后一浪，在它之后的市场通常展开一轮反转。至于上述突破行为的波动幅度，通常与三角形最宽阔部分之间的距离大致相同。正如图 18 所示，我们展示了从水平三角形终点开始的突破行为及其波动幅度。

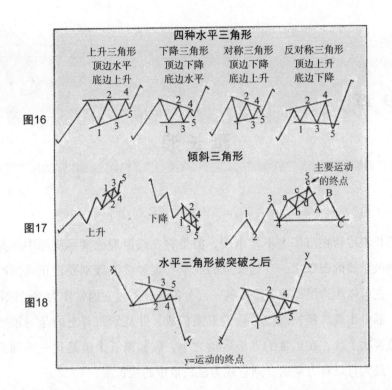

倾斜三角形向上或向下倾斜均有可能。它们可以作为市场主要运动的浪3或者浪5出现，而通常情况下，它们是作为浪5出现在四个主要波浪之后。倾斜三角形的走完，同时意味市场主要运动的结束。在倾斜三角形之中，第二浪的方向将会和市场主要运动方向相反，而且它会指明三角形结束之后市场反转的方向。在倾斜三角形的第5浪结束之时，趋势往往快速反转，通常把价格拉回该三角形刚刚启动时的价位。具体情况如图17中所示。

三角形调整浪并不是在所有的研究之中均随处可见。有时它们在周波动图中出现，却在日波动图中找不到它们的影子。有时候它们出现在比如说纽约时报指数中，而同时在其他指数中并未出现。因此对于1937年10月到1938年2月之间那段波浪运动，在标准统计指数的周波动图中形成了一个三角形，形态规模庞大且至关重要，但它在其他平均价格指数中并没有出现。那个三角形的浪2方向是向下，第5浪在1938年2月23日走完，将市场推高到了极致，而紧随其后的是3月份市场对三角形向下的剧烈突破。

第9章

延长浪

延长浪尽管在市场上不常出现，但是它在波浪理论实际应用中却是值得
关注的最重要的现象之一。延长浪的波浪长度和波浪级别要比正常情况下的
更大。它可以作为浪1或者浪3的一部分出现，不过它通常作为驱动浪的第5
浪的一部分出现。延长浪由普通的五浪构成，并且紧跟着它的是三浪回撤以
及三浪再次上攻。在正常的五浪运动之中，假如第五个浪是这一系列价格运
动之中最大且最有力量的，则它成为延长浪中的延长浪。

假如浪1和浪3短促而且中规中矩地运行在通道之内，而延长浪的第一
个调整浪在接近通道顶部附近走完，这传递出一个重要警告，市场即将要迎
来那个最强劲的第五浪。一些典型延长浪的波浪长度，也许会是初始通道宽
度的数倍。

通道法在测量延长浪的运行轨迹时十分有用。因此，在图19和图20之
中，线"b-d"代表基线，根据虚线标示的上通道线"c-e"则可以估算出
人们预期中延长浪的第一个顶部。延长浪正常五浪或称最初五浪的走完，绝
不是这轮波浪运动的终点，而是一个明显的牛市运动进入尾声的严正警告。
原因在于，市场还剩下两个具有代表性的波浪（一个向下走，另一个向上
走），来彻底释放本轮牛市的最大能量。

在延长浪的五浪走完之后，一个剧烈的调整浪（该调整浪通常包括三个
浪，但可能是三角形调整浪）就出场了。这个调整浪构成了不规则调整浪中
的浪A。浪A通常会打破延长浪通道，把市场带回到延长浪开始启动的低点

附近。尽管如此，一段拉长了的双重回撤，或许会减轻整个调整浪的剧烈程度。图 20 之中标示着 X 的虚线，代表着我们对浪 A 结束位置的正常估计。

等到浪 A 走完时，主要运动或者称为波浪循环就会在三个明显的波浪中重拾升势，并从此把市场带入一片新高地——尽管图 19 和图 20 之中的"e"点已经是牛市主要运动的市场常规顶部。但是，那个新高地或者称之为不规则顶部，才是这轮牛市终极的最高点。这个三浪式前进的上攻浪，构成了不规则调整浪的浪 B。

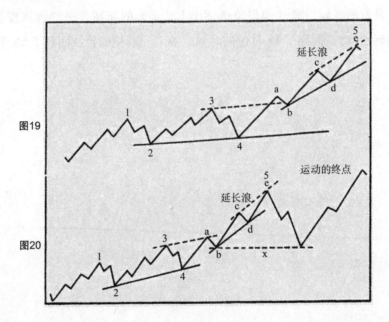

图19

图20

等到浪 B 走完时，标志着不规则调整浪的浪 C 正式启动。浪 C 是一段极其重要的熊市。浪 C 通常会借助于五个快速杀跌的浪，把市场带回到先前牛市大浪Ⅵ的底部附近。典型的案例是：紧跟着 1928 年剧烈的延长浪之后，浪 A 从 1928 年 11 月杀跌到 12 月；浪 B 反弹到 1929 年 9 月；浪 C 又跌回到 1932 年 7 月的价位。

延长浪也有可能在熊市之中出现。延长浪的第 5 浪在 1937 年 10 月 19 日到达 115.83 点时走完，市场紧接着出现了一个明显的并且持续 4 个月之久的三角形调整浪（并不是 A－B－C 结构的不规则调整浪），最终市场在 1938 年

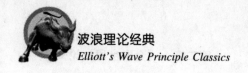

3月31日到达97.46点。这个三角形调整浪的第2浪的运动方向，与市场整体向下的波浪主要运动方向相同。

规模巨大的延长浪，同样也会出现在商品价格运动之中。最典型的案例是1937年春天的电解铜市场。

延长浪也在个股之中出现。比如国际收割机公司股票，常规的市场顶部在1937年1月出现，当时股票价格上已经攻到111－112美元；浪A在回撤与回补的运动中缓解了调整浪的剧烈性，它把股价带回到4月份的109美元；到了8月份的时候，浪B使得价格创出120美元的新高（平均价格指数在3月份达到顶点）；而到了11月份的时候，浪C重新把股价拉回到了53美元。

第 10 章

价格与时间

　　紧接着 1932 – 1937 年的牛市（参见本文第五章的图 11），市场出现了一轮三阶段组成的调整浪。第一阶段由五浪构成，它与人们的预期相符，而事实的确如此。第一阶段调整浪是一段下跌行情，道琼斯工业股平均价格指数从 1937 年 3 月 10 日的 195.59 点，杀跌至 1938 年 3 月 31 日的 97.46 点。在下面的图 21 中，我们用算术刻度显示市场在这一期间的周波动情况。尽管在某个时期高涨情绪会笼罩市场，但是波浪规律对于市场预测依然作用明显。考虑到在周波浪图中，关于日间波动或小时波动中的一些微小细节做不到一览无遗。为此，我们在这里给出组成第一阶段调整浪的重要五浪的价格和时间细节信息：

波浪循环（A）

1937 年 3 月 10 日的 195.59 点至 1937 年 6 月 17 日的 163.31 点。

波浪循环（B）

1937 年 6 月 17 日的 163.31 点至 1937 年 8 月 14 日的 190.38 点。

波浪循环（C）

1937 年 8 月 14 日的 190.38 点至 1937 年 10 月 19 日的 115.83 点。

波浪循环（D）

1937 年 10 月 19 日的 115.83 点至 1938 年 2 月 23 日的 132.86 点。

波浪循环（E）

1938 年 2 月 23 日的 132.86 点至 1938 年 3 月 31 日的 97.46 点。

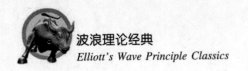

波浪循环（A）由五个小浪所组成，具体细节如下：

1. 3 月 10 日 195.59 点至 3 月 22 日 179.28 点。

2. 3 月 22 日 179.28 点至 3 月 31 日 187.99 点。

3. 3 月 31 日 187.99 点至 5 月 18 日 166.20 点。

4. 5 月 18 日 166.20 点至 6 月 5 日 175.66 点。

5. 6 月 5 日 175.66 点至 6 月 17 日 163.31 点。

波浪循环（A）中的第 3 小浪又由五个小波浪所构成。

波浪循环（B）由三个浪组成，并且构成一个不规则顶部。细节如下：

1. 6 月 17 日 163.31 点至 6 月 24 日 170.46 点。

2. 6 月 24 日 170.46 点至 6 月 29 日 166.11 点。

3. 6 月 29 日 166.11 点至 8 月 4 日 187.31 点。

上述不规则顶部在 1937 年 8 月 14 日走完，它预示着市场将要猛烈下跌。

波浪循环（C）由五个大浪组成，其中第五浪已经走成延长浪。如果不是因为出现这个延长浪，这轮调整浪第一阶段结束的位置应该在 135～140 点附近。对浪 C 细节的展示如下：

1. 8 月 14 日 190.38 点至 8 月 27 日 175.09 点。

2. 8 月 27 日 175.09 点至 8 月 31 日 179.10 点。

3. 8 月 31 日 179.10 点至 9 月 13 日 154.94 点。

4. 9 月 13 日 154.94 点至 9 月 30 日 157.12 点。

5. 9 月 30 日 157.12 点至 10 月 19 日 115.83 点。

在波浪循环（C）的向下趋势中走出了三组一共五个波浪，其中第一个、第三个和第五个小浪各自又分别由五个驱动浪所组成。浪 4 是一个极为重要的上攻浪，它呈现出我们熟悉的 A－B－C 结构。由浪 5 的第五浪运动走成的延长浪表明，市场失去的地盘终将会得到收复。第二轮的下跌中，调整浪把市场带到新低。此第二轮下跌后市场展开的正常回撤、回补，可能会形成一个三角形，而市场最后一次向下的冲击完成了这轮市场调整浪的第一个阶段，至少要走出五个大浪之后市场才会出现有意义的恢复性反转，据此我们预测出了 1938 年 11 月的牛市。

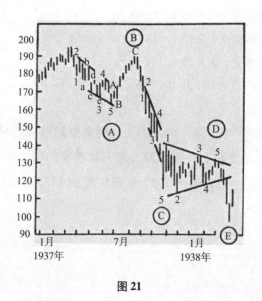

图 21

波浪循环（D），正如图中显示浪（C）出现的延长浪那样，它走出了一个巨大的三角形形态：

三角形浪 1——在三个波动中（A、B 和 C），从 10 月 19 日的 115.83 点运动到 10 月 29 日的 141.22 点。

　　A. 10 月 19 日 115.83 点至 10 月 21 日 137.82 点。

　　B. 10 月 21 日 137.82 点至 10 月 25 日 124.56 点。

　　C. 10 月 25 日 124.56 点至 10 月 29 日 141.22 点。

　2. 10 月 29 日 141.22 点至 11 月 23 日 112.54 点。

　3. 11 月 23 日 112.54 点至 1 月 12 日 134.95 点。

　4. 1 月 12 日 134.95 点至 2 月 4 日 117.13 点。

5. 2 月 4 日 117. 13 点至 2 月 23 日 132. 86 点。

在这个三角形中，没有一条"腿"是超过三浪而组成的。当第五浪完成之后，市场恢复了整个调整浪的向下运动。

波浪循环（E）由五个更小的子浪所组成，其细节如下：

1. 2 月 23 日 132. 86 点至 3 月 12 日 121. 77 点。

2. 3 月 12 日 121. 77 点至 3 月 15 日 127. 44 点。

3. 3 月 15 日 127. 44 点至 3 月 23 日 112. 78 点。

4. 3 月 23 日 112. 78 点至 3 月 25 日 114. 37 点。

5. 3 月 25 日 114. 37 点至 3 月 31 日 97. 46 点。

1932 年至 1937 年牛市第一阶段的大规模调整浪就以这样的方式走完了，而此时的市场也已经做好了准备，即将进入调整浪的第二个上攻阶段。这一轮调整浪，将市场在 1932 年至 1937 年所恢复的 155. 03 点的胜利果实打掉了 63. 3%。

第 11 章

波浪特征

在使用波浪理论作为一种预测市场的工具时，研究者应当注意把握的关键是，波浪循环之中套着波浪循环，而且必须对那些事关趋势运动大局的波浪循环及其亚循环进行深入剖析和准确定位。那些牛市之中的亚循环波浪，或者说是调整浪，往往被研究者错误地定位成熊市。1938 年 3 月 31 日至 1938 年 11 月 12 日那段看似规模巨大实际上属于亚循环调整浪的市场运动，其第一个阶段由五个重要子浪构成，它们所呈现出的上攻态势，这在过去甚至是现在，都被许多研究者误认为是一个彻头彻尾的牛市。一般来说，熊市之中出现的反弹及其延长浪，通常会包括三个阶段。这一点对于牛市之中出现的调整及其延长浪同样适用。

波浪特征

组成延长浪的各个子浪的波浪特征，受到许多因素的影响。然而对于一些缺乏经验的研究者看来，这些因素似乎并不相关。对于任何一轮完整的波浪运动进行深入研究，似乎都支持宿命论的真实性，那就是价格运动的幅度和目标价位都具有固定性，或者说是预先确定性。就整个波浪循环而言，其运行时间长短似乎也具有某种程度的固定性。但是就波浪运动的局部而言，其运行时间长短看起来却千变万化。局部波浪运行时间的长短，受制于波浪

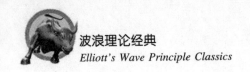

进攻速度和力度，反之亦然。也就是说，若某一段时间的市场进攻得激烈而迅速的话，下一个相应阶段的市场将会出现明显的减速运行。举例而言，1932 年到 1937 年的牛市的第一个大浪，市场在九个星期之内上涨了 40 点，换句话说，价格已经上涨了 100% 之多，平均每周上涨 4.4 点。在牛市行情的第二个阶段，市场在二十个星期之内上涨了 60 点，换句话说，价格上涨了 120%，平均每周上涨 3 点。在牛市行情的第三个阶段，在一百三十八个星期之内做匍匐状缓慢爬行 110 点，换句话说，价格上涨了 130%，平均每周才仅仅上涨 0.8 点。一轮大规模运动的末尾之浪，如果呈现极高速度，这通常使得市场在反转行情的第一浪，出现与之相类似的运动速度。关于这一点，读者通过对比 1938 年 3 月的下跌运动，和随后 4 月份的反转就不难理解。

在某些时候，交易量在分析价格运动时扮演着非常重要的角色。交易量的放大或者萎缩，在股价推动或者结束中发挥着关键作用。对时间波浪和交易量波浪的仔细研究，对于盘旋前进的价格波浪的识别与定位帮助甚大。在波浪运动的第三浪中，交易量通常会呈现出逐渐放大的趋势，在第五浪中这一事实会重演。在交易量波浪陷入其低谷时，那些高价股或者是交投冷清的不活跃股票，其价格的异动会使平均价格指数的运动呈现出暂时的杂乱无章，这给市场造成了间歇的不确定性。但是，这些交易量波浪，对于识别价格运动的波动幅度和持续时间，以及预测后续市场运动的时间、方向甚至是速度，也具有重要的帮助作用。这一点特别有助于我们研究 1938 年市场的急剧波动。我们会从交易量及时间波动与各个子浪之间的关系研究中得出很有意义的结论。原因是，所有的价格形态与交易量波浪，都颇为精确地受到波浪规律的支配。

为了具备足够的洞察力，研究者应当至少绘制两个或者更多的平均价格指数走势图。使用周波动图、日间波动图、小时波动图，并在图中标明相应的交易量信息。周波动图能更好地反映出波浪的长期趋势，但是，月波动图无疑也逐渐吸引着许多投资者的注意力。日间波动图能够让我们密切关注波浪的较小运动，它对于分析波浪的趋势不可或缺，而且在预测波浪的准确反转时间方面相当有用。

关键要点

在小时波动图上展示的波浪的微小变动，为波浪分析提供了价值连城的丰富信息。更重要的是，与日间波动等其他更长周期的波动图相比而言，在分析那些高速运动且形态难以识别的波浪时，小时波动图的作用不可替代。比如，市场在 1937 年 10 月的小时波动图之中显示的小规模的三角形形态，它的出现警示着市场很快将要加速前进，或者说会很快出现一个向下的延长浪；伴随而来的是 10 月 18 日到 19 日的市场恐慌。另一个关键要点在于，小时波动图在另外一些场合会显现出非同寻常的价值。在最终的不规则顶部到来之前，研究者可以用它来识别常规的市场顶部，据以寻找合适的时机在市场见顶时将手中的股票迅速变成现金。比如，当市场在 1938 年 3 月突破之后的第一个小时走出了五个细浪时，它给出了一个明显的确认信号，那就是市场的重要趋势已经发生了惊天逆转。

第 12 章

运用波浪理论深入分析个股

前文已详细论述了波浪理论，以及它在市场中的使用方法。分析的时间周期越长，波浪的形态就会越完美。平均价格指数的波浪运动，例如道琼斯指数、纽约时报指数、标准统计指数等，均能够反映总体波浪运动的位置。参考平均价格指数的波动规律，买进或卖出一系列分散化的有代表性的股票，将为投资者带来丰厚的利润，那是因为它们将随着平均价格指数上下起伏。然而，对于同时兼顾安全性与盈利性的投资者，囫囵吞枣地买进或者卖出一系列股票远远不够，必须对个股进行深入的分析。对个股进行深入的分析会使投资者看清，有些上市公司正走着与整个市场完全不同的波浪循环。一个经典的案例就是，美国罐头公司在 1935 年春天的波浪运动。

下面那幅图，展示了运用波浪理论对美国罐头公司的分析。如图 22 所示，市场从 1932 年 6 月一直到 1935 年 6 月完整的月波动状况一览无遗。1932 年 6 月牛市开始启动，1935 年 6 月出现了常规的市场顶部。一直到 1937 年 12 月一轮波浪循环最终结束，我们已经在图中画出了趋势线。在这样的月波动图上，如果把周波动和日间波动情况均浓缩进来，呈现出五个明显的大浪。那些相对较长周期的波浪运动图，能够实质性地帮助投资者增强市场洞察力。

这一轮波浪循环的第五大浪，在 1934 年 5 月启动。换句话说，也就是大浪Ⅳ的反作用浪走完时，要更加细致地分析此时的市场。图 23 应运而生，该图展示了第五大浪的周波动情况。当这个大浪的中浪四走完之后，关注日间波动图就变得相当关键。如图 24 所示，第五中浪从 1935 年 3 月启动，第五小浪在1935年6月走完。美国罐头公司的股票价格上攻到144美元附近时，市场呈现出该轮牛市的常规顶部已经到来的迹象。

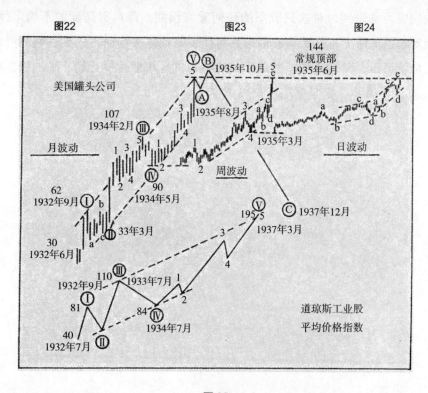

图25

就在美国罐头公司股票牛市波浪出现常规顶部之后，市场在1935年8月走出了回调性的浪Ⓐ，将价格再次拉回到136至137美元附近。接着，股价走出了一段反弹行情Ⓑ，市场在1935年10月份反弹至149至150美元附近。这是一个不规则顶部，但它却是本轮市场运动的实际最高峰。正是从这个位置开始，市场用五个中浪走出了漫长的调整浪Ⓒ，并最终在1937年12月将股价拉回到69美元。

当美国罐头公司的牛市波浪运动走出常规顶部时，投资者应当注意到，该股票的波浪运动，与整体市场的走势具有天壤之别。如图25所示，该图展示道琼斯工业股平均价格指数几个重要大浪的走势。在1935年3月，美国罐头公司的股价正处在牛市波浪运动的尾声阶段，即第五大浪的第五中浪的位

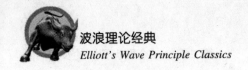

置。而道琼斯工业股平均价格指数为代表的整体市场刚刚启动它的第五大浪，它要走出五个向上的中浪。在 1935 年 6 月的时候，持有美国罐头公司股票的多头们应当意识到，对这只股票的任何看涨预期，都具有高度的不确定性；然而对于道琼斯工业股平均价格指数为代表的整体市场而言，更多利润可以说是唾手可得，同时还伴随着最小的风险。正是从那时候开始，平均价格指数大涨了近 80 点，足足上涨了 65% 之多。

第三篇

其他论文选编（1940～1942）

第1章
波浪理论的基础

(1940 年 10 月 1)

社会总是在变革之中走向文明。从起因和特征来看，社会变革总是呈现出一定的周期循环性。富有规律的一系列起伏波动，构成了一个又一个波浪循环。当一个波浪循环走完，另一个波浪循环开始。尽管波动幅度和持续时间可能不尽相同，但是新旧波浪循环就其内在规律而言却如出一辙。波浪循环总是遵循某种自然法则不断运行。

波浪行为曾经令众多经济学家、银行家和企业家们困惑不已，人们对此进行过深入的探索研究。关于这一问题，一向低调严谨的《伦敦经济学人》在最近一期刊物中评论了英国著名经济学家威廉·比佛利奇爵士对贸易周期波动所做的研究成果。评论文章这样写道：

威廉爵士的研究再一次表明，对贸易周期波动研究得越深入，似乎就越要承受各方面压力的挑战。如果说这些压力并没有完全超出人类力所能及的控制范围的话，它们至少残忍至极，它们使得政府的决策就像在风口浪尖上抓鱼一样飘忽不定。威廉爵士的研究指出，贸易周期波动无视政治而存在；他甚至坦言，贸易的周期性波动常常凌驾于政府经济决策之上。

如果追根溯源，挖掘那些波浪循环的成因的话，显然是支配世间万象（包括人类行为的各种情绪波动）的永恒法则在起作用。在长期波浪运行之中，人们对原因的关注显然不如结果重要。事物背后基础性的永恒法则，绝不会被任何法令所打乱或打断。时事新闻与政治动向对市场只有短暂性的影响力，很快就会被人们所遗忘；它们对于市场趋势的潜在影响，或许并不一定像大众所预期的那样异常显著。

支配万物变动的自然规律是不可逆转的，它影响着季节轮回、潮起潮落乃至斗转星移。实际上我们可以这样说，世界上唯一永恒不变的东西就是变化。作为一种自然法则，它当之无愧地支配着所有领域的人类活动，甚至生物科学那样相对静态的科学领域也不例外。从时间和数学角度看，自然规律也经得起历史检验，从一分钟到十年、再到一百年甚至是一千年都不例外。对波浪运动的足迹本身进行剖析，不要执著于对原因的纠缠，你会练就一套感知变化的技术，进而获得丰厚的投资回报。

本人以可用的股市基础数据，对市场进行了独立研究。经过多年的探索之后，发现波浪运行往往一再重演这一事实。很显然，那些一再重演的波浪运动背后，一定蕴藏着某种不可逆转的规律，而规律支配着波浪的运行。最终，本人总结出波浪运动的若干条规律，那些规律在许多年的股市实践中得到了反复检验。

到了 1934 年时，我学会将股市波浪运动细分成为若干单独的小趋势，那些小趋势富有规律地构成一组波浪，我称之为一轮波浪循环。一轮波浪循环总是在市场上重复出现，它不光出现在不同的股票交易记录中，还出现在大宗商品市场、工业生产、气温、音乐、颜色的变化、发电量、流入和流出城市的人口迁徙等等。事实上，它是如此放之四海而皆准，以至于对人类行为和自然界本身均具有约束力，我给这一发现取了个名字叫做波浪理论。

精通波浪规律的研究者，能够通过观察市场本身来预测一轮波浪循环的终点。波浪理论并不是一个传统的市场体系或理论，它所使用的预测方法，远远超过了既有的概念与模式。

波浪数目、波动幅度和持续时间通常符合一定的数学规律。随着时间的推移，波浪的数目除了浪级改变之外几乎不会发生改变。波浪的长度可能会受到消息等基本面因素的影响，但是波浪的数目却不会因为那些暂时性因素的影响而改变。波浪理论帮助人们预测的同时，还能够测量出不同浪级的波

动幅度、调整以及反转的时间，这些结论在市场出现明显的变盘迹象或证据之前就能够做出。波浪理论一个明显优点是，精通该理论的研究者，在任何时间都能够准确地对波浪循环的运行位置进行识别和定位，并且能够捕捉即将来到的市场反转信号。在一轮波浪循环即将走完的时候，该理论的研究者能够首先感知。对于下一轮波浪循环，研究者也能够了知于未萌。掌握该理论之后，投资者在预测一轮牛市已经结束或者一轮熊市已经启动时，能够做到胸有成竹。

迄今为止，波浪理论已经被成功地应用于投资基金管理，它成功预测过市场上重要的波浪循环或者亚循环。作者的一系列论述波浪理论研究成果的文章，已经被陆续刊登在 1939 年 6 月、7 月和 8 月的《金融世界》杂志上。

波浪理论原理及其与数学定理的关系

波浪理论的基础是斐波拉契加法数列。该数列之中的数字包括：

1，2，3，5，8，13，21，34，55，89，144，等等。

在此数列之中，任意两个相邻数字之和等于下一个更大的数字。比方说：$3 + 5 = 8$。任何波浪的浪数，均符合该数列。

在此数列之中，任意一个数字大约是下一个更大数字的 61.8%。一段波浪与其下一段波浪的波长之比大致也是 0.618。

如图 1 所示，它展示了股票市场一轮波浪循环的三组图。图中显示了牛市及其发展的过程，同时显示了熊市及其逆转过程。图中一轮波浪循环的浪数，与数个世纪以前毕达哥拉斯与斐波拉契总结的数学规律相当契合。

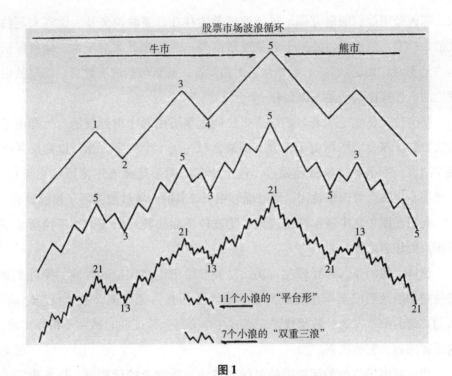

图1

在最上面的那幅图中，展示了一轮完整波浪循环的基本浪，或者称之为最大浪。图中牛市阶段有五个浪，熊市阶段有三个浪。

在中间的那幅图中，将基本浪进行了放大并且细分，目的是要剖析它们的子浪情况。图中一共有 34 个子浪。请读者注意，本图与前图之中的"五三"结构保持不变。这幅图向你展示了一轮波浪循环之中的中浪的运动情况。

第三幅图是对同样的那一轮波浪循环中的八大基本浪，或者称为对 34 个中浪进行的细分。该图包括牛市阶段的 89 个小浪，以及熊市阶段的 55 个小浪，一共有 144 个小浪。该图再一次证明，市场的"五三"结构依然没有改变。到了小浪这一级别，调整浪的规律往往会略微地发生一些变异，有时会出现数字 7 或者 11。根据小浪出现的这些形态及种类的变异，或许能让我们提前感知到市场将要发生什么事。

谈到波浪理论的数学基础，这具有古老的历史渊源。包括公元前 6 世纪的毕达哥拉斯、13 世纪的斐波拉契，以及达·芬奇、马可尼在内的许多科学

家，都曾经用他们的研究揭示过波浪现象的存在。斐波拉契是一位意大利伟大的数学家，他也以另外一个名字莱昂拉多·达·比萨闻名于世。他所提出的"动态对称加法数列"，无论从哪个角度看，甚至包括波浪数目，都与波浪理论的内在规律真的是不谋而合。

斐波拉契显然是从著名的毕达哥拉斯金字塔图形中得到灵感，推导出了加法数列。该金字塔图由十个数字构成，以一层1个数字开始，以四层4个数字结束。毕达哥拉斯曾经说过，这个金字塔图形蕴藏着宇宙万物之奥秘。这幅图不仅暗合着四季轮回，而且能够用于著名的十年波浪循环子浪的分析。

我们在图2之中展示波浪理论、斐波拉契加法数列以及毕达哥拉斯金字塔图形的相通之处。

值得一提的是，当我研究市场运动并总结出波浪理论的时候，我对于斐波拉契加法数列以及毕达哥拉斯金字塔图形尚且一无所闻。数个世纪之前，人们总结的那些古老的数学规律，能够在今天得到验证并且被用于指导实践，这让我感到由衷的高兴。

当讲到市场波浪循环持续的时间与波浪规律吻合的话题时，许多绝妙的巧合之处值得一提。

波浪持续时间或称为时间要素

在波浪原理的介绍中我们曾经指出，不同浪级的波浪及其子浪的数目，与斐波拉契动态对称加法数列的数字不谋而合。我们在此重温一下该数列：1，2，3，5，8，13，21，34，55，89，144，等等。基于这一数列的波浪理论，在辨认和测算每一个波浪，以及预测每一个波浪的波动幅度时非常管用。同时，它们对于估计不同时间周期（包括日、周、月或年）的波浪持续时间方面也具有重要价值。然而，波浪持续时间作为一个独立的问题，当把既定的数列关系套用在具体波浪持续时间的估计上时，我们也许会碰到许许多多的困惑。

波浪理论

图形	波浪	波浪数 牛市	波浪数 熊市	总波浪
顶部	大浪	5	3	8
中部	中浪	5 3 5 3 5 —— 21	5 3 5 —— 13	34
底部	小浪	21 13 21 13 21 —— 89	21 13 21 —— 55	144

斐波拉契加法数列

$$1 + 2 = 3$$
$$2 + 3 = 5$$
$$3 + 5 = 8$$
$$5 + 8 = 13$$
$$8 + 13 = 21$$
$$13 + 21 = 34$$
$$21 + 34 = 55$$
$$34 + 55 = 89$$
$$55 + 89 = 144$$

毕达哥拉斯图形

1
2
3
4

1
2
3
4
——
10

1 2 3 4 5 6 7 8 9 10

对于图形的深思

1
2
3
4
5
6　21
7
8
9
10　34
——
55

2 3 5
8 13 21
55 89 144
34

图2

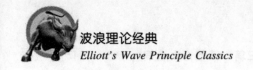
将持续时间与波浪理论结合起来分析的典型案例，莫过于1921年8月至1941年5月纽约时报成分指数（50种股票构成）。我们用算术刻度绘制出这段时间的市场波动图。这二十年之中重要的反转时间用表A列示，波浪重要拐点之间的持续时间在表B中列示。

波浪持续时间也可以与波浪分析结合起来，用于分析其他指数。如下图所示，该图展示了公司债券价格的波动趋势。数字13、21和55分别代表波浪持续的月份数目，如图中箭头所标示。长期政府债券的牛市五浪运动，从1932年1月持续到1939年6月，一直持续了长达89个月之久。

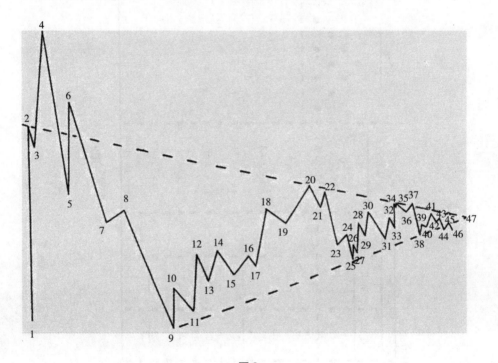

图3

表 A

重要的反转时间

编号	年份	月份	编号	年份	月份
1	1921 年	8 月	25	1938 年	3 月
2	1928 年	11 月	26	1938 年	4 月
3	1928 年	12 月	27	1938 年	5 月
4	1929 年	9 月	28	1938 年	7 月
5	1929 年	11 月	29	1938 年	9 月
6	1930 年	4 月	30	1938 年	11 月
9	1932 年	7 月	31	1939 年	4 月
10	1932 年	9 月	32	1939 年	8 月
11	1933 年	3 月	33	1939 年	9 月
12	1933 年	7 月	34	1939 年	10 月
13	1933 年	10 月	35	1940 年	1 月
14	1934 年	2 月	36	1940 年	4 月
15	1934 年	7 月	37	1940 年	5 月
16	1935 年	6 月	38	1940 年	6 月
17	1935 年	3 月	39	1940 年	8 月
18	1935 年	11 月	40	1940 年	11 月
19	1936 年	4 月	41	1940 年	11 月
20	1937 年	3 月	42	1941 年	1 月
21	1937 年	6 月	43	1941 年	2 月
22	1937 年	8 月	44	1941 年	4 月
23	1937 年	10 月	45	1941 年	5 月
24	1938 年	2 月	46	1941 年	10 月

在研究波浪持续时间时读者应当谨记，对于一轮波浪循环开始和结束的时间而言，月初、月中或者月末均有可能。正是由于这一原因，当我们使用与月份数列等值的天数或周数来预测波浪持续时间时，可能会与波浪走过的实际月份时间存在一定的出入。

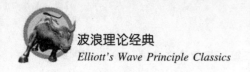
表 B

| 波浪数字 | | 持续时间 | | 波浪数字 | | 持续时间 |
起始	结束	月	年	起始	结束	月
1	2	89		20	23	8
1	4		8	20	24	
2	47		13	20	25	13
3	4	8		20	47	55
4	9	34		23	24	5
4	47	144		25	30	8
5	6	5		30	31	5
9	12	13		31	34	5
9	20	55		35	36	3
12	15	13		35	47	
20	25	13		36	37	3
20	21	3		37	46	13
20	22	5		41	46	5

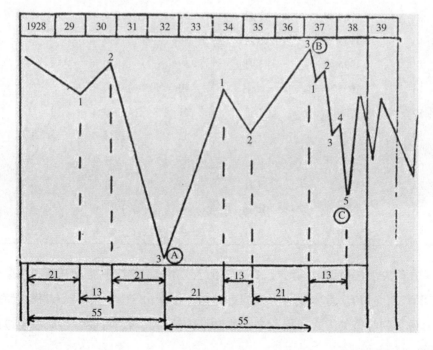

（1940年10月1日）

图 4

第 2 章

市场低迷——前因与后果

(1941 年 8 月 11 日)

纽约股票交易所的年交易量已经连续五年持续低迷。甚至从 1939 年 10 月以来，人们谈论最多的话题就是市场低迷。追溯这种市场低迷的起因，不外乎是波浪循环运动带来的影响，并且我们能够用量化的方法对之加以探讨。随着股票价格波浪的运行，投资者的市场行为也随之扩张或收缩。价格趋势的波动越长，公众投资者的持仓兴趣和股票交易量也随之放大，反之亦然。就在最近几年之中，价格趋势的波动已经渐趋地收缩，市场正呈现出人们所公认的三角形的典型特征。

如图 5 所示，从道琼斯工业股平均价格指数的月波动图上可以清晰地看出，市场是多么的缺乏信心，以及由此所导致的交投低迷。图中那两条虚线，Q－V（即连接 1930 年 4 月、1937 年 3 月以及 1939 年 9 月依次下降的顶点而成）和 R－V（即连接 1932 年 7 月和 1938 年 3 月依次上升的顶点而成）形成了一个巨大的三角形形态。在这个三角形之中，无论是波浪的波动幅度还是持续时间，每一次摆动都按照 0.618 的数学比率逐渐地收缩。

这个三角形从轮廓分析，也可以称得上是一个"比率三角形"。然而它与我在《波浪理论》一文中所描绘的"三角形"调整浪在某些重要方面差异明显。0.168 这个数学比率以及它的倒数 1.618，起源于圆的周长与它的直径的比率或 3.1416 这个数字。这一比率同时也是斐波拉契加法数列的内在特征，它在数学结果上和波浪理论的思路完全一致。这种相似性在我的论文《波浪理论的基础》之中进行过全面论述。斐波拉契加法数列中，每个数字与

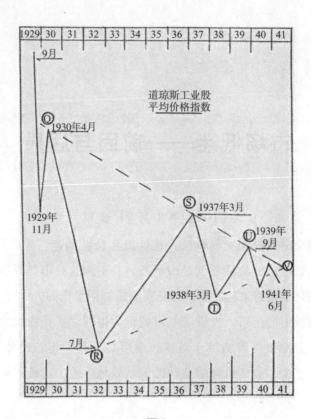

图 5

下一数字之比及其倒数值，如下表所示。

相对比率表

第一项			第二项	比率	倒数比率
2	+	3	= 5	0.60	1.67
3	+	5	= 8	0.625	1.60
5	+	8	= 13	0.615	1.63
8	+	13	= 21	0.619	1.616
13	+	21	= 34	0.617	1.62
21	+	34	= 55	0.618	1.618

续表

	第一项		第二项	比率	倒数比率
34	+ 55	=	89	0. 618	1. 618
55	+ 89	=	144	0. 618	1. 618

这些数列及其比率，一直在控制着市场运行的波动幅度，制约着市场运行的持续时间，而它们对传统上人们所普遍接受的诸如战争、政治、生产总值、货币供给量、总购买力等决定股票价值的东西置若罔闻。这个结论的正确性，将会被接下来这张 1930 年 4 月以来市场重要波动的表格所证实。

波浪循环的相对波动

波浪编号	持续时间		波动幅度		变动	比率
	开始	结束	开始	结束		
R	1930 年 4 月	1932 年 7 月	296. 0	40. 5	255. 5	
S	1932 年 7 月	1937 年 3 月	40. 5	196. 0	155. 5	155. 5/255. 5 = 60. 9%
T	1937 年 3 月	1938 年 3 月	196. 0	97. 0	99. 0	99. 0/155. 5 = 63. 6%
U	1938 年 3 月	1939 年 9 月	97. 0	158. 0	61. 0	61. 0/99. 0 = 61. 6%
						平均 62. 0%

表中特征证实，时事和政治对市场波浪循环没有影响。

既然这段别开生面的市场表现的成因，是囊括在三角形区域内的子浪之间的关联性，那么我们可以这样认为，当市场运行到快要接近三角形顶点附近的时候，应当预示着在未来相当长的一段时期之内，市场上的做多行为将会变得蓬勃起来。

借助于波浪理论，我们运用的五种测算与评估市场的方法（波浪循环趋势比率、波浪运动的相对持续时间、波浪的波动幅度、三角形的数学特性以及缘起于宇宙万象的斐波拉契加法数列）都表明：持续了 13 年之久的这个特别巨大的三角形调整浪，即将面临寿终正寝。

第3章
美国历史上的两次波浪循环

（1941 年 8 月 25 日）

1776 ~ 1857 年（81 年）

1857 ~ 1941 年（84 年）

　　人们可以获取的最早的股票市场记录，当属 1854 年开始的埃克斯 - 霍顿指数。下面的图例展示了该价格指数从 1857 年到 1929 年 9 月的长期运动情况。从 1857 年到 1929 年的市场运动，极有可能是循环浪的浪 I、浪 III、甚至是浪 V，这取决于美国股市在 1854 年之前波浪的性质与幅度。即便如此，我们仍然认为 1857 年到 1929 年这段波浪应当被视作浪 III。原因在于：首先，这段长达 80 年之久的美国历史前后经历了美国革命、内战以及已经在进行中的第二次世界大战。其次，1929 年以来的市场已经呈现出一个巨大的持续 13 年之久的三角形形态，它的波动幅度如此之大，以至于这些萎靡失败的年度很可能已经构成了整个波浪循环的浪 IV。另外，根据我的长期观察，标准的三角形形态通常担当着一轮波浪循环的第四浪。

　　为了更好地解释那个三角形被视作浪 IV 的原因，我们有必要首先回顾一下数年之前的市场状况，尤其是 1921 年至 1929 年那一段强劲有力的波浪运动。因此，我们把注意力集中在子浪的第五浪上面。正如埃克斯 - 霍顿指数图中显示的那样，整个子浪从 1906 年运行至 1929 年。子浪的第五浪也可以被称为 e 浪，它从 1921 年开始启动，一直运行到 1928 年 11 月的延长浪昭示市场顶部，它才宣告结束。在这篇论文之中，我们对它进行了进一步细分。

关于这种波浪形态，我在论文中称它为"半月形"。这种波浪形态强悍无比，伴随着它的是极高的运动速度、极大的交易量以及极其疯狂的投机氛围。更重要的是，它正是始于1857年的长期波浪循环的高潮阶段。

就像1857年至1929年这样的波浪循环，其中还涵盖从1921年至1929年的市场疯狂，无论是从价值评估的立场来看，还是从波浪运动的幅度和持续时间来看，大级别的调整浪都在所难免。市场朝着一个方向的高速运动，总是

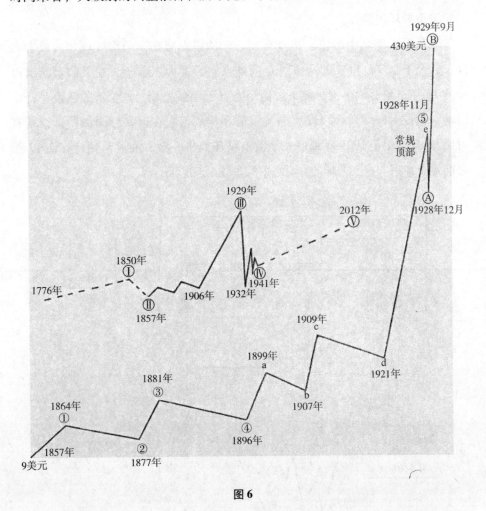

图6

会酿成反方向上几乎相似的高速调整。波浪运动的内在能量，将延续性地传递给后续的调整运动。以此类推，波动幅度、持续时间以及交易量特征，在

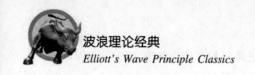

一轮又一轮的市场波浪循环中相互呼应、相辅相成。综上所述，我们对于1857 年至 1929 年这轮运动必然发生的大级别调整浪的估计是，波动幅度会越来越短，而且前进速度和交易量会逐渐减少。大自然亘古不变的法则，使得波浪与波浪之间 0.618 的比率不断地在市场重演。自从 1928 年以来（我们甚至还可以说是从 1930 年 4 月以来）的整个市场波动，形成了一个规模巨大的三角形形态。这个巨型三角形形态，可以被视作是追溯到 1776 年开始启动的一轮波浪循环的浪Ⅳ。

三角形形态之中的浪⑤进展顺利，它的终点落在三角形区域之内或者之外，已经不重要。重要的是该终点的到来，必将标志着悲观主义硝烟笼罩市场的 13 年三角形调整浪的结束。这个终点还会标志着，一轮新的波浪Ⅴ开始启动。它将由一系列级别较小的波浪循环构成，它在诸多方面的特征，均有可能与 1857 年至 1929 年那段长期波浪循环如出一辙。波浪Ⅴ预计在 2012 年之前不会结束。（参见本文图 6 之中的虚线）。

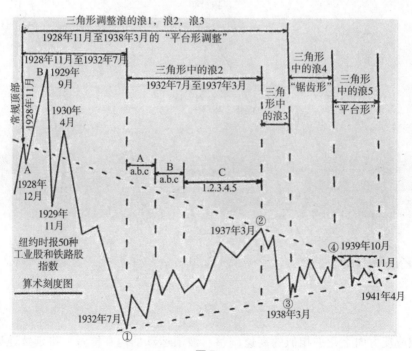

图 7

第4章

市场波浪的未来形态

（1942 年 10 月 26 日）

市场在过去的 21 年（1921 ~ 1942 年）之中走过的形态，为我们构建了一个重要的分析基础。利用这个基础，我们可以预测未来 70 年的波浪循环形态。与此同时，我们还可以对已经逝去的 1776 ~ 1850 年之间缺失的市场记录进行大致推断。

如下图所示，该图涵盖 1776 ~ 2012 年的完整的波浪循环，而且展示了级别巨大的五个浪。无论何等浪级、何等规模，一轮完整波浪循环永远由五个上升浪和三个下跌浪构成。

浪 2 和浪 4 从来都是调整浪。三角形形态通常作为浪 4 出现。据我的观察研究，三角形形态从来没有作为浪 2 出现过。从这个意义上讲，市场在 1929 年至 1942 年这段时期走出的三角形形态，属于超级循环浪中的浪 Ⅳ。浪 Ⅴ 即将要粉墨登场，并且根据浪 Ⅲ 持续时间（即从 1857 年一直持续到 1929 年）来推断，这一轮超级循环浪大致会在 2012 年左右结束。

既然我们已经明确浪 Ⅳ 从 1929 年启动，那么很显然的是浪 Ⅲ 应当同一时间走完。如图 8 所示，上面那一幅插图中的浪 Ⅲ（即从 1857 年一直持续到 1929 年）及其子浪已经在下面那一幅图中详细展示，图中使用的是埃克斯－霍顿指数。

如图 8 里面偏下方那幅图所示，第五浪于 1896 年启动。第五浪可以进一步细分成为五个子浪，而且子浪之中发端于 1921 年的那一个第五浪为延长浪。延长浪不会在一轮完整波浪循环之中出现两次。从这个意义上讲，从

1942 年至 2012 年，市场不应该再次出现这样级别的延长浪。毫无疑问的是，在 1850 年之前的浪 ① 中也没有出现延长浪，对于这个历史时期，我们找不到相应市场记录对其加以佐证。正是综合考虑了上述因素，图 8 中偏上那一幅插图里的两条虚线，即 1850 年之前和 1942 年之后的市场判断，应当是掷地有声的结论。

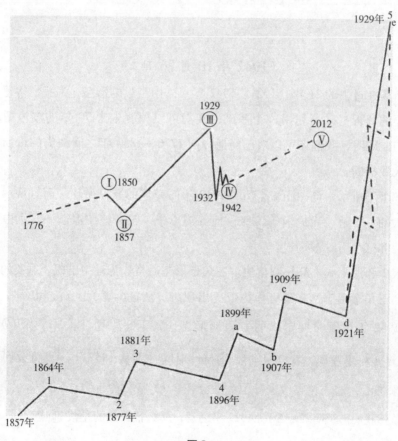

图 8

图 8 中偏上那一幅插图里的浪 ⑤，必将走出三个牛市驱动浪和两个居于其间的熊市调整浪。若从百分比来看各个子浪的波动幅度，以及交易量情况，将与图 8 中偏下那一幅图 1857 年至 1909 年的波浪极其相似。当前的在世者们，恐怕是见不到 1920 年代那样规模的牛市在未来新世纪的美妙演出了。

第四篇

自然规律

第 1 章

自然规律皆真理

没有什么真理能比"万事万物皆有规律"这一点更能受到人们的普遍认可了。毫无疑问的是，没有规律支配的世界意味着混乱，而混乱无序则一无是处。事实上，航海、化学、航空、建筑、无线电、外科手术、音乐——可以说整个世界，在论及有情生命和无情生命的东西时，它们都会遵循某种固有的规律，自然界本身也是按照其自身规律运行的。既然规律的重要特征是有序性和固定性，那所有发生过的事情就可能会重演。一旦人们掌握住事物的固有规律，它们将变得具有可预测性。

哥伦布预言地球是圆的，他坚信从欧洲向西航行，最终必定能够带领他的船队再回到欧洲大陆。那些嘲笑者们，甚至是他的船队中的一些嘲笑者，目睹他的预言变成了现实。哈雷计算出 1682 年彗星的轨道，预测到它还会回来，在 1759 年该预测得到了证实。马可尼深入研究了电子通讯，预言到声音不通过电线也能传输。众所周知的是，如今的人们能够足不出户收听到大洋彼岸的音乐及其他节目。所有这些人同其他学科之中数不清的科学家一样，注重研究事物规律。事物规律一旦被人们所掌握，预测其发展趋势就变得易如反掌，因为规律可以运用精确的数学加以计算分析。

尽管有时人们对某种现象背后的成因无从知晓，但这并不影响人们通过观察而预言它会重演。数千年前，人们就预测过太阳会在固定的时间升起，而这一现象背后的成因多年后才逐渐被人们掌握。印第安人根据月亮的出现来确定月份，但是这种天象为何呈现有规律性的间隔，数年之中曾经使人们感到迷惑。春种夏长，世界轮回，但又有几多农人了解这种季节变迁轮回的原因呢？在这些例子之中，自然界的规律终究会被人类所掌握。

人与太阳及月亮一样，都属于自然界的一种物体。分析人类行为应当遵循一个思路，那就是它总是会有规律地重演。尽管人类活动的复杂多样性令人叹为观止，但如果探究其内在规律，我们还是能够找到既精确又合情合理的答案，这些答案解除了人们心中的困惑。既然人类行为受规律的支配和影响，那通过对其活动规律的分析就可以预测未来。尽管如此，要对未来确定性地预知还无法做到。

人类行为方面的研究已经证明，与社会经济相关的所有人类活动都遵循某种规律，它们在一系列相似且恒定的、有着明确浪数和形态的波浪驱动之下不断循环重演。就其强度而言，这些波浪连同它们的驱动力量以及它们持续的时间呈现出一种稳定的关系。为了更完美地解释这种猜想，有必要在人类活动的各个领域中举出一些例子，而且这些例子要能够具备充分可靠的基础数据。基于这种考虑，最好的例子莫过于股票市场了。

本书以股票市场为例进行深入研究，基于两个原因：首先，在其他领域之中并没有确切记载的预测纪录，并且没有明确定量的结果可供人们验证。而经济学家、统计学家、技术分析人员、企业家以及银行家都曾经多次预测过纽约交易所股票的未来走势。众所周知，它已经发展成为以市场预测为明确使命的一种专门职业。然而1929年的过山车行情，股市从历史上最大的牛市跌落到历史上最大的熊市，这使所有的投资者措手不及。在市场预测研究上耗费了成千上万美元的顶尖投资机构，也猝不及防地输了很多钱，股票账户资产缩水日复一日地持续了很长时间。

本书以股票市场为例，深入研究这种经济活动规律的另一个原因在于，成功的股票市场预测会带来巨大的经济利益，甚至只是某只个股预测的偶然成功，也能够带来巨大收益。例如1932年7月至1937年3月的市场，30种活跃的具有代表性的股票上涨了373%；就在这一轮持续五年的价格运动期间，个别股票的涨幅百分比更加惊人。五年的上升行情，并不是以直线形式笔直上升，而是通过一系列兼有上升和下跌运动，或是持续数月的锯齿形运动共同完成的。其中这些小规模的价格波动，甚至蕴藏着更大的波段盈利机会。

即便是研究股票市场，百发百中的预测和随之而来的收益也并不一定是必然

的。究其原因，那些试图研究股票市场运动的人们得明白一个关键问题：市场是一种心理现象。人们通常不能抓住上述这个事实，而一味坚持市场波动是有规律的，也就是股票价格运动受制于规律或有序法则的支配。正如这一领域的行家里手们所深知的那样，百发百中的市场预测纯属偶然，极不可信且毫无价值。

然而，就像世界上其他物体一样，市场毕竟有它自身规律。如果没有规律支配，价格的运动也就失去了章法，市场也将因此消亡。相反的是，市场每天都会出现一些从表象上看起来毫无规律的、混乱的价格波动，这些波动并没有明显地暴露它的原因和规律。然而，诚如本书随后各章将要论述的那样，对市场的仔细研究注定不能停留在表象。波浪运动中的规律，或者称之为法则，都终将被识别出来。只有从恰当的角度去观察市场，然后用特定的方法去分析研究，才能掌握市场背后的规律。我们可以通俗地讲，股票市场毕竟是人类自己创造的，因此人性的特点必定在市场之中留下深刻烙印。在本书随后的各个章节之中将会详细论述波浪理论，其中的规律同样适用于人类社会各种事物的运动之中。

波浪规律在所有人类活动之中都发挥作用。不论是否有合适的记录工具将其运动记录下来，不同浪级的波浪都会出现。当下面陈述的这些情况都具备时，波浪的形态就会相当完美，并且研究者在绘制波浪图时也相当便利。

（1）所有权广泛分散的公司所开展的大量商业活动；

（2）存在一个公开的市场，所有买方和卖方均可通过中介快速接触；

（3）数据记录可靠并且交易信息公开；

（4）人们可以获知与公司相关的所有事项及历史统计资料；

（5）所有浪级的波浪发生时，高低价格均可以用走势图反映出来。

股票交易的日价格变动情况的公开记录开始于1928年，而记录每小时变动的记录开始于1932年。为了详细研究小浪与细浪，这些记录是非常有必要的。这一点对于一个快速动荡的市场尤其重要。

波浪理论并不需要像道氏理论那样，必须要求两种平均价格指数相互确认。每一种平均价格指数、股票板块、个股或者任何个体的行为，都可以通过研究它自身的波浪图形来进行分析。波浪行为的研究已经足够深入并日趋成熟，但是谈到它的具体应用还处于初级阶段。

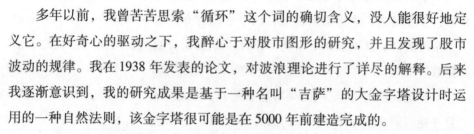

第2章

大金字塔吉萨

多年以前，我曾苦苦思索"循环"这个词的确切含义，没人能很好地定义它。在好奇心的驱动之下，我醉心于对股市图形的研究，并且发现了股市波动的规律。我在1938年发表的论文，对波浪理论进行了详尽的解释。后来我逐渐意识到，我的研究成果是基于一种名叫"吉萨"的大金字塔设计时运用的一种自然法则，该金字塔很可能是在5000年前建造完成的。

在埃及有很多金字塔，但吉萨堪称其中最为历史悠久的一座，而且它是唯一蕴含着各种神秘符号的金字塔。随后建造的其他金字塔，被用来作为安放国王及其家属遗体的地穴。早在公元前820年，土耳其的哈里发（伊斯兰教执掌政教大权的领袖的称号）阿马穆，曾经错误地猜测金字塔吉萨安放着前任法老的遗体，而且在其中可能存在数不尽的黄金等宝藏。这证明在那样的年代里，人们对于金字塔吉萨所蕴藏的种种神秘符号还处于一无所知的状态。金字塔吉萨的具体建筑时间不仅是在文字出现之前，甚至是在象形文字出现之前。人们可以在其他金字塔中找到象形文字，但没有在金字塔吉萨中找到任何象形文字。

为了揭开金字塔吉萨蕴含的各种符号的神秘面纱，大量的研究资金被投入其中，尤其是在刚刚过去的50年之中表现尤甚。在当今人们的知识可以理解的范围之内，既有研究对它们的定义非常正确。这些研究结论大部分是近年来才提出的，金字塔吉萨蕴含的各种神秘符号必定是超越大自然的。这或许也能表明，历史上曾经存在过一种文明，可以和当今人类社会的文明程度

相媲美，甚至有过之而无不及。很有可能的情况是，在西半球曾经存在过一种高度的人类文明，尤其是从墨西哥至阿根廷一线。圣经提到过的巨人，而且就在最近发掘出来的巨人，其下颚可重达 400 磅至 500 磅。

据我所知，研究埃及的学者们忽视了包含在大金字塔中的某种重要符号。例如，金字塔的高度与其底边长度的比率是 61.8%，而其高度是 5813 英寸。（读者注意在下面的斐波拉契加法数列中即将要提到的数字 5、8 和 13）。埃及的长度计量单位从过去一直到现在，依然还是我们今天大家所熟知的英寸。

金字塔侧面的轮廓看起来像是一个循环，也就是 3 条线所构成的循环三角形；金字塔由 5 个平面所构成，四个平面分布于金字塔周围，一个平面位于金字塔底部；从顶点向下俯视，你可以看到 8 条直线；平面与直线之和恰好是数字 13。

斐波拉契是 13 世纪一位享有盛誉的意大利数学家，他曾经游历过埃及，并且在他返回之后写出了如下的加法数列：1，2，3，5，8，13，21，34，55，89，144……在这个数列之中，任何两个相邻的数字之和等于下一个更大的数字，例如 5 + 8 = 13。任何一个数字与下一个更大数字的比率是 61.8%。（注意：当数字比较小的时候，计算出来的比率会有略微的变化）。总而言之，金字塔的高度与底边之比，揭示了一种支配整个数列变化的比率。

向日葵籽排列在纵横交错的一系列曲线上，其交点最多的个数为 144，这也是一个完整的股票市场波浪循环（包括牛市驱动浪和熊市调整浪）中的小浪个数。这个数列中的神奇数字，也普遍出现在人体、植物、产量、动物、音乐以及包括股票市场在内的人类活动足迹中。

毕达哥拉斯是公元前五世纪希腊著名的哲学家，他在游历访问过埃及之后，向世人揭示了本书第 2 章中将要介绍的图形和结论。

第 3 章

自然法则

人类至少在 5000 年前，就已经掌握了自然法则。埃及在公元前 1500 年的时代，正处于其最鼎盛时期，而且它属于当今国家名录之中几个最为古老的国度之一。埃及的金字塔是到底是何时建造的，并无从考证。大金字塔吉萨至少应该是在 5000 年之前建造的。某些学者已经提出证据，认为大金字塔吉萨在诺亚建造方舟来抵御洪水之前就已经存在。另外一些学者甚至坚信，它或许已经在地球上存在了 3 万年之久。

在 1945 年 12 月 3 日的《生活》杂志中，曾经刊载过一篇妙趣横生的论文，文章题目是《大金字塔的建造》。贝尔·格蒂斯（Bel Geddes）先生给出了金字塔在它的不同建造阶段的模型，并画出了它们的图形。这份报告是专门为《大英百科全书》写的。文章提到，建造大金字塔所用的材料总计达到了 3 277 000 吨，而帝国大厦（现今世界最高建筑）所使用的材料也不过才305 000 吨。

金字塔的设计者和建造者们，运用他们无与伦比的智慧、技巧、时间和汗水，为子孙后代留下了一种永恒的符号。缔造者们希望通过金字塔，彰显出那些符号的重大意义。由于那一个时代正处在文字以及象形文字诞生以前，因此符号便成为唯一记录和传递思想的工具。

几个世纪以来，对金字塔的研究已经相当深入和彻底，这一点在最近几年表现的尤其明显。个人观点认为，研究埃及的学者们忽视了一个至关重要的，或许正是最为重要的符号，那就是金字塔吉萨的外部轮廓及其线条数目。

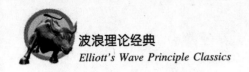
毕达哥拉斯是公元前5世纪著名的希腊哲学家。古老的百科全书之中对于他的活动有过翔实的记载。《大英百科全书》记载着一个神秘的图形和一个标题，这或许是毕达哥拉斯为后世留下的唯一记录。这幅图是毕达哥拉斯长期游历埃及之后回到希腊所画，该图形及其标题如图1所示。我们可以合情合理地推断，这幅图形所指的正是一座金字塔。

大金字塔吉萨最早的测量结果是：底边长度为783.3英尺，高度为484.4英尺，二者间的比率是61.8%；高度484.4英尺，正好相当于5813英寸。

从大金字塔的任何一个侧面来研究它，你都能看到3条线。图2中的图形形成了一个完整的循环。如图3所示，你若从四个角之中的任何一个来观察金字

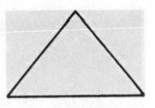

图1　宇宙奥秘

塔，都可以看到5条线。大金字塔具有5个平面——四个位于地面之上，一个位于其底部。如图4所示，你如果从金字塔的顶点来俯视它，可以看到8条直线。

斐波拉契是13世纪意大利一位伟大的数学家，他也以另外一个名字莱昂拉多·达·比萨闻名于世。斐波拉契曾经游历访问埃及和希腊，回到意大利之后，写出了如今人们所熟知的加法数列。这个数列是：1，2，3，5，8，13，21，34，55，89，144……

图2

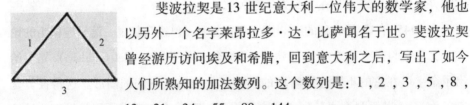

图3　　　　　　　　　　　　**图4**

在这个数列中，你可以看到任何两个相邻数字之和等于下一个更大的数字，例如 5 + 8 = 13 。任何一个数字除以下一个更大的数字其比率为 0.618，例如 8/13 = 0.618。任何一个数字除以它前面相邻更小的数字得出的答案是 1.618。当数字比较小的时候，计算得出的比率并不很精确；但出于实用性的考虑，其结果已经足够接近。为了读者阅读记忆的方便，本书将从这里开始将前一个比率记为 0.62 ，而将后一个比率记为 1.62。

请读者注意，斐波拉契加法数列中的前面五个数字 1 , 2 , 3 , 5 和 8 在金字塔的图形之中得到了最完美的体现。

已故美国艺术家杰·汉比基（Jay Hambidge），曾经游历访问过埃及、希腊和意大利，随后写出了几本非常重要且妙趣横生的书。经过耶鲁大学出版社的授权，我引用了他的著作《动态对称实际应用》中第 27 页和 28 页的原文：

植物学家运用向日葵花盘，作为叶子排列规律的一般解释。它在接近二维的空间中展现出了这一规律。这些瓜子分布在向日葵花盘上的扁菱形小孔之中，这些扁菱形小孔的组合形成了一种相当有趣的曲线结构，这看起来让人觉得它有点儿像手表壳上的老式雕花。这种呈现曲线的样式，正是向日葵瓜子排列顺序的有趣之处。

首先，这种曲线结构本身就是一种具有固定套路的曲线。事实上它特别像贝壳身上生长的纹路。它们相当规则，而且拥有某种数学特性。这些特性是向日葵整体逐渐生长的必然结果，正如本文现在将要详细解释的那样。

其次，如果我们数一数这些曲线的个数就会发现，一个五六英寸的正常向日葵花盘，上面有 89 条曲线。其中向一个方向发散生长的有 55 条线，向另一个方向发散生长的有 34 条。这也就是说，正常的向日葵花盘显示出 55 条曲线与 34 条曲线相交状态。这两个数字被记为 34 + 55。在茎部的第一朵花之下，通常长有第二朵花，它的尺寸相对较小，这些花盘上面的曲线交叉数通常是 21 + 34。茎的更低部位通常可能会有后来长出的第三朵花，这些花盘上面的曲线交叉数是 13 + 21。

在英国的牛津，人们已经培养出长有不规则花盘的向日葵。不规则花盘

上面的曲线交叉数已经从 34 + 55 增加到了 55 + 89。在这个别开生面的研究领域，顶尖的权威专家阿瑟·H·曲奇教授的研究表明，在牛津长出了一棵巨大的花盘，它上面的曲线交叉数居然达到 89 + 144。

在向日葵花盘瓜子的周围长着一种小花，它们均匀排列。与向日葵瓜子相似，这些小花也显示出曲线的交叉状态，它们的曲线数量通常是 5 + 8。

让我们从向日葵的茎的最底部开始，向上数一数其叶子的个数，直到花盘截止。随看我们的目光沿着向日葵的茎部向上推移，每当第二片叶子直接压在第一片叶子之上时，我们就记录下一个数字。我们可以发现，我们所记录的数字以及绕着茎部的旋转数，在每一个叶子叠加之间保持不变。实验让我们发现，叶子曲线交叉数与瓜子以及小花同处于相同的数列之中。

我们上面已经提到的各个数字，均同出于所谓的神奇加法数列。每一个数字都代表了这个数列中先前 2 个数字的合计。这个加法数列是：1，2，3，5，8，13，21，34，55，89，144 等等。这个数列中的每一项都能够通过将先前的两个数字相加起来获得。

如果我们取这个神奇数列之中的任何两个数字，并将一个除以另一个，比如说用 34 除以 55，我们就可以得到一个比率，并且这个比率在整个数列之中保持不变；换句话说，任何较小的数字除以紧随其后的较大的数字，产生了一个从来不变的比率。这个比率就是 0.618，它是一个无限不循环小数。如果我们把动作反过来进行，用 55 除以 34，这样我们就可以得到 1.618。请读者注意，这两个结果之间的差异是 1，这通常被人们称为单位数字。

还要请读者注意，当我们进行这两个数字的除法运算时，结果会有微小的误差。这是因为，当我们用整数来表达这个神奇的数列时，并不是非常的准确。数列之中的数字应当保有一种极其微小的小数。尽管如此，这个误差在植物的生长之中处于可以观测的范围之内，因此整个数字的真实性保持了可以被反复检验的可能。

非常令人感觉巧合的事情是，1.618 或 0.618 这种比率，正是一种使古希腊人感到极其神秘的比率。之所以如此，是因为他们毋庸置疑地认为，这个比率与植物的生长结构密切相关。他们把它称为极端和中值比率。

在中世纪的时候，这个神奇的比率曾经被命名为神的分割。近些年以来，人们将它命名为著名的黄金分割点。

根据我的经验，我认为144是一个具有极强的实用价值的数字。在股票市场一个完整的波浪循环周期之中，小浪的数量正是144个。关于这一点，详细情况参见本书第4章的图7所示。下表之中都是斐波拉契数字，而且涉及整个数列。尽管波长之间会有不同，但是波浪的个数却从来没有例外过。

波浪级别	牛市波浪数	熊市波浪数	合计（完整的循环）
大浪	5	3	8
中浪	21	13	34
小浪	89	55	144

请读者注意下面所列举的斐波拉契数字：

——人类的身体多处遵循3和5这两个数字。从躯干来分析，人有5个突出的部分：1个脑袋、2条胳膊、2条腿。每一个胳膊和腿都被天然地细分成了3个小部分。胳膊和腿的终端都是5个手指头或者脚趾头所构成。除了大指头之外，我们的手指和脚趾又被细分成了3个更小的部分。我们有5种物理感觉。

——猴子与人类情况基本相同。有一点稍微不同是，它们的脚和手一模一样。也就是说，它们的大拇指和大脚趾一样。大多数动物从其躯干来研究，有5个突出的部分：1个脑袋和4条腿，加起来正好也是5这个数字。鸟类从其躯干来研究，也有5个突出的部分：脑袋和2条腿、2个翅膀。

——音乐方面最好的例证当属钢琴键。八度正意味着8这个数字。每一个八度由8个白色键和5个黑色键所组成，加起来也是数字13。

——化学元素方面：大约有89种化学元素。

——颜色方面：基本颜色有3种（红、黄、蓝），在此基础上可以合成其他所有的颜色。

形形色色的观察

——西半球由三部分组成：北美洲、中美洲和南美洲。

——西半球由21个共和国组成，他们统称为泛美会议（或者称为泛美联

盟）。其中，北美洲由 3 个国家组成，加拿大、墨西哥和美国。而南美洲由 10 个共和国和 3 个殖民地所构成，总数是 13 个。在中美洲，以巴拿马运河为界，由 5 个共和国所构成。

——美国最初由 13 个州所组成。截至目前，美国的组成部分是 55 个：48 个州、哥伦比亚特区、菲律宾、巴拿马运河地区、波多黎各、阿拉斯加、夏威夷群岛以及维尔京群岛。（在艾略特写这部伟大的著作之时，菲律宾属于美国殖民地，后来在 1946 年 7 月菲律宾宣布独立——译者注）

——美国独立宣言有 56 个签名。最初的数字是 55，末尾一个是后加的。

——联邦政府的主要分支是 3 个。

——陆军的最高军礼，是 21 响的礼炮。

——投票的年龄限制，是 21 岁。

——权利法案内容包括 13 点。

——美国国旗的颜色是 3 种。

——美国华盛顿纪念碑（奠基石在 1948 年 7 月 4 日安放）的具体情况是：

建造总成本：1，300，000 美元	13
柱子高度：500 英尺	5
拱顶石高度：55 英尺	55
柱子底部面积：55 平方英尺	55
柱子顶部长度：34 英尺	34
底座台阶：	8
窗户：（每一面两扇）	8

拱顶石呈金字塔形，底部 34 平方英尺，高 55 英尺，比率是 0.618 这个数字。

——轴心国由 3 个同伙所组成。德国迅速占领了 13 个国家，但是受阻于第 14 个国家俄罗斯。墨索里尼在长达 21 年中担任独裁者。

——1852 年，美国海军将领佩里友好地访问了日本，并恳请日本天皇放弃闭关锁国的专制主义国策。1907 年，也就是上述访问结束 55 年之后，日本成为美国在亚洲最严峻的威胁者。1941 年，也就是在 34 年之后，同时也是 1852 年的第 89 年之后，日本偷袭了珍珠港。

第 4 章

人类的行为及其特征

　　一谈起人类的行为足迹，可以称得上是包罗万象。比如股票价格、债券价格、专利、黄金价格、人口、农村与城镇人口迁移、商品价格、政府支出、生产、人寿保险、发电量、汽油消费、火灾损失、股票交易所席位的价格、流行病以及房地产项目等等。其中，人们最感兴趣的话题当属股票的价格，这是每一个人都有必要熟悉的，或者说至少每一个人都应当掌握的一些基本常识。

　　未雨绸缪、防患于未然，对于人类来说至关重要。这一点对于诸如建筑、预先保护项目、道路、桥梁、工厂、家庭等各领域都不例外。持续性的增长与拉升，尾随而来的必然是步入周期性的低点。这均有利于企业所有者和劳动者降低其成本。经济领域的起伏波动，就像地球转动一样永无止境。

　　所有的人类行为足迹，均可从三大维度描述其变动特点：形态、时间和幅度。所有这些维度，均可以观察到斐波拉契加法数列。当人们需要运用加法数列来解释某种波动时，这种技巧可谓放之四海而皆准，它可以被运用到股票价格、债券价格、谷物价格、棉花价格、咖啡价格以及前文所有提到过的其他项目之中。

　　人类行为特征的三大维度之中，最为重要的是形态。一种形态总是在运动中形成。通常在大多数情况下，研究者总能够先知先觉地洞察到一个什么样的形态正在形成。要判断现在是什么样的形态，这要取决于先前的形态是什么。关于这一点，请读者参阅本书第 8 章：交替规律。

　　如图 5、图 6、图 7 所示，它们展示了股票市场一轮完美的波浪运动。市场通常被划分成为牛市和熊市。图 5 之中，将牛市进一步细分成为五个大浪，

同时将熊市进一步细分成为 3 个大浪。在图 6 之中，牛市①、③、⑤三个大浪，分别被进一步细分成为五个中浪。在图 7 之中的 1、3、5 三个中浪，分别被进一步细分成为五个小浪。

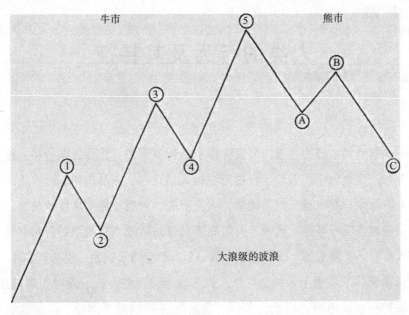

图 5

在图 5 之中，熊市由三个大浪所组成，本书分别用符号ⓐ、ⓑ、ⓒ来表示它们。在图 6 之中，向下的调整浪ⓐ和ⓒ进一步被细分成为五个中浪。向上反弹的ⓑ浪，被进一步细分成三个中浪。在图 7 之中，中浪被进一步细分成为五个小浪。

如果换个角度来理解，假如把牛市的图形颠倒过来，就会得到熊市图形。它们的不同之处在于，熊市有三个逐渐走低的大浪，而牛市却有五个逐渐走高的大浪。不论是牛市还是熊市，当其调整浪出现时，总是会让人难以判断。

鉴于这里提出的波浪原理具有原创性，我们必须要提出一些全新概念来恰当地定义它们。为了解释不同的波浪形态，我们画出了不同级别波浪相对应的精美图形。可以说，这里的"不同级别"表达出了不同波浪的相对重要性。例如，"大浪"这个级别，指的是图 5 中的波浪。"中浪"级别指的是图 6 中的波浪。"小浪"级别指的是图 7 中的波浪。请读者留意一下本书第二章中所提到过的大浪、中浪、小浪的个数。

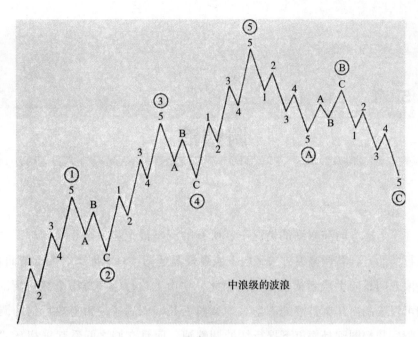

中浪级的波浪

图 6

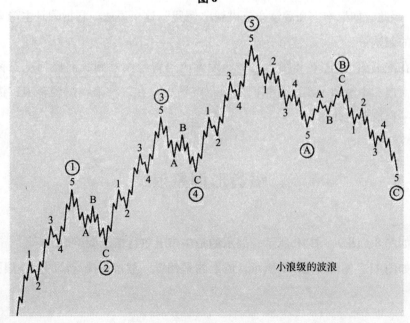

小浪级的波浪

图 7

第 5 章

调整浪

在不考虑方向和幅度的情况下，所有的调整浪走势完全相同。对于牛市上攻行情而言，其调整浪方向是向下或者横盘运动。对于熊市下挫行情而言，调整浪方向是向上或者横盘运动。因此，牛市上攻行情和熊市下挫行情，我们均可以绘制出其调整浪的图形。本章前面几幅图属于牛市上攻行情的调整浪，随后几幅图则是熊市下挫行情的调整浪，而且它们之间看起来相互"倒置"。因此，如果本书在后续章节讲到"倒置"这个说法，它指的是主趋势下挫时的调整浪。

在本书图 5、图 6 和图 7 之中，读者应当曾经注意到我们提到过三种浪级：大浪、中浪和小浪。自然而然地，市场也存在三种浪级的调整浪：锯齿形、平台形和三角形。

锯齿形调整浪

如图 8、图 9、图 10 所示，展示的是牛市上攻行情的调整浪。

如图 11、图 12、图 13 所示，展示的是倒置（熊市下挫行情的调整浪）。

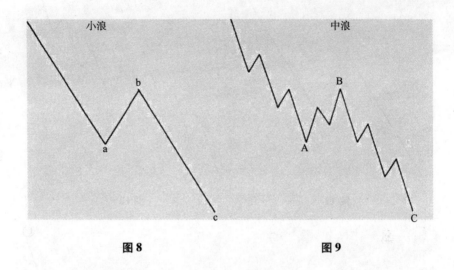

图 8　　　　　　　　　　　　　　　　图 9

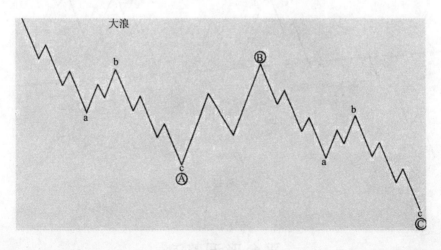

图 10

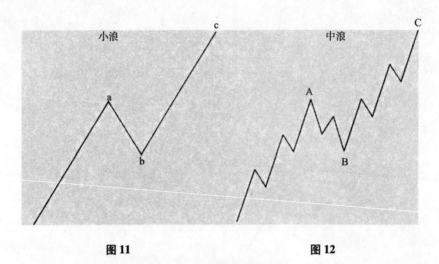

图 11   图 12

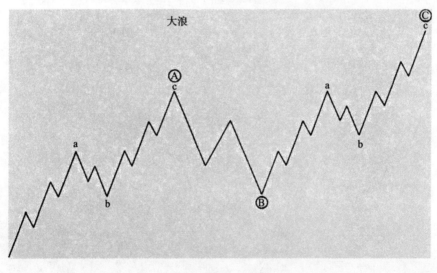

图 13

平台形调整浪

　　下面的那些例子，分别展示了小浪、中浪和大浪级别的平台形调整浪，其中包括普通的调整浪和倒置的调整浪。这些图形之所以被称为平台形调整浪，是因为它们的足迹总体上看起来较为平缓。不过有时它们也会呈现出向上或者向下的倾斜。

事实上我们可以把它们称之为"3－3－5"形态。归根结底，调整浪共有三种波浪形态，也就是A浪、B浪和C浪。不过牛市调整形态的1浪、2浪、3浪、4浪和5浪通常走出"5－3－5－3－5"形态。

人类自身的结构符合"5－3－5－3"形态。人的躯干包括五个明显突出部分（脑袋、两只手臂和两条腿）；手臂和腿可以进一步细分为3个明显的节段；手臂和腿的最后一个节段，又可以进一步细分为5个手指和5个脚趾。每一个手指和脚趾再可细分成3个明显的节段。

谈到倒置的平台形调整浪，无论其浪C是否出现延长浪，它本身仍然属于调整浪。读者通过仔细阅读本书第8章"交替规律"之中的内容，就有可能掌握浪C何时会出现延长浪。

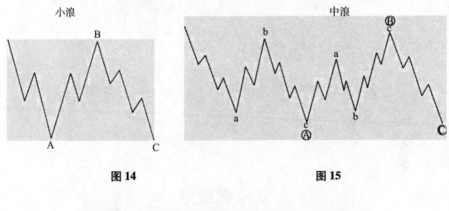

图14　　　　　　　　　　　图15

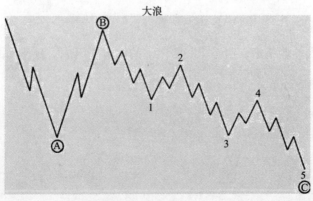

图16

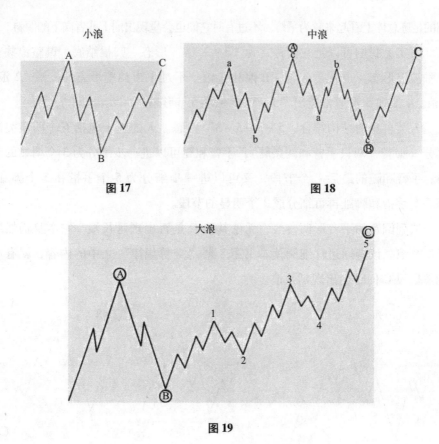

图 17　　　　　　　　　　　图 18

图 19

复杂调整浪

小浪级别的调整浪，由三个趋势向下的波浪所组成，具体如图 20 和图 21 所示。

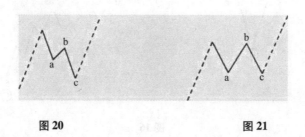

图 20　　　　　　　　图 21

双倍横盘调整浪由七个波浪所组成，如图 22 所示。三倍横盘调整浪由十一个波浪所组成，如图 23 所示。

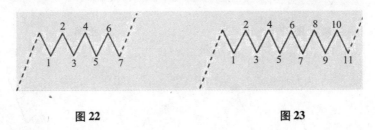

图 22　　　　　　　　　　　　图 23

换句话说，对于一段上攻行情的横盘调整浪，无论它是由一个、三个、七个或者十一个子浪所组成，其最后一浪的方向通常是向下。我专门把它们命名为：三个波浪的叫做单个横盘调整浪（Single Three）；七个波浪的叫做双倍横盘调整浪（Double Three）；十一个波浪的叫做三倍横盘调整浪（Triple Three）。

趋势向上的调整浪，其波浪数目与前述相同。具体情况如图 24、图 25 和图 26 所示。

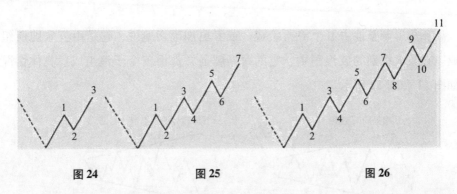

图 24　　　　　　　图 25　　　　　　　图 26

有时候，调整浪会呈现出复杂混合状态，即出现向上调整与横盘调整相混合，或者向下调整与横盘调整相混合。如图 27 和图 28 所示，这两幅图展示的是双倍横盘混合调整浪（Double Three Mixed）。如图 29 和图 30 所示，这两幅图展示的是双倍横盘调整向上浪（Double Three Upward）。

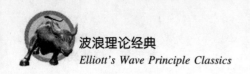
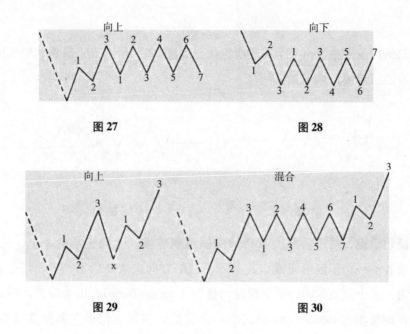

图 27　　　　　　　　　　　图 28

图 29　　　　　　　　　　图 30

三角形调整浪

　　三角形调整浪由五个浪所组成，或者更加确切地说，它是由五条腿所组成。在较大级别的波浪图中，它的每条腿通常都由三个子浪组成，具体情况如图 31 和图 32 所示。

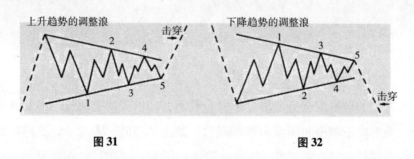

图 31　　　　　　　　　　图 32

　　在中等级别的波浪图之中，三角形调整浪的第四和第五条腿通常都只走出一个波浪，如图 33 所示。在较小级别的波浪图之中，往往每一条腿仅由一

个波浪所构成。识别三角形调整浪的主要参考依据就在
于它的轮廓，也就是抓住连接高点和低点描绘出该轮廓
的那两条直线。在第五浪启动之前，研究者们往往无法
感知市场正在走出一个三角形。

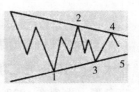

通常有三种类型的三角形，如图 34 所示。

图 33

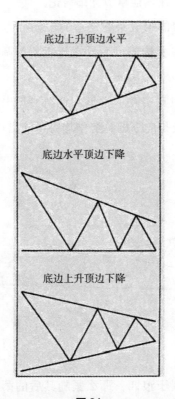

底边上升顶边水平

底边水平顶边下降

底边上升顶边下降

图 34

三角形调整浪的第五条腿，可能在三角形形态之内走完，也有可能在三
角形形态之外走完。如图 35 和图 36 所示。

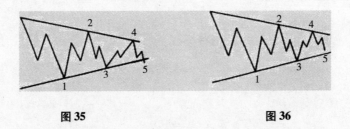

图 35　　　　　　　　　　　**图 36**

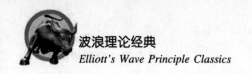
三角形调整浪的第五浪，通常应当由三个子浪组成，除非这个三角形规模太小。有时一轮三角形调整浪仅仅能够持续七个小时。而史上规模最大的三角形，出现在 1928 年 11 月到 1942 年 4 月，整整走出了长达十三年。关于这一段市场运动，本书会在其他章节详细讨论。

紧跟在三角形调整浪的第五条腿之后的市场行为，我们称之为"击穿"。击穿运动通常由五个波浪所构成，而且它与三角形调整浪第二、第四浪方向相同。

三角形波浪在市场中其实并不常见。它们一旦出现时，其位置通常是对应浪级的第四浪，向上或是向下的趋势中均有可能出现。具体如图 37 和图 38 所示。

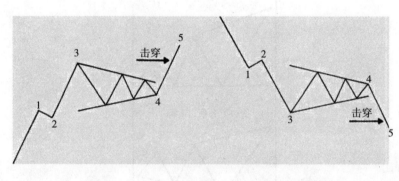

图 37　　　　　　　　　　图 38

既然三角形调整浪属于浪四，那么紧随其后的第五浪，也就是我所称之为"击穿"动作的那一浪，通常包括五个子浪，这与浪一和浪三的波浪结构情况相似。正如图 37 所示，第五浪超过了第三浪的顶点；如图 38 所示，第五浪跌破了第三浪的低点。

第6章

延长浪

延长浪可能出现于三个驱动浪，即浪一、浪三、或者浪五之中的任何一个。但是，延长浪从来都只在一个驱动浪之中出现。如图39、图40和图41所示，它们展示了牛市上攻行情中的延长浪；图42、图43和图44属于其倒置，即熊市下挫行情的延长浪。

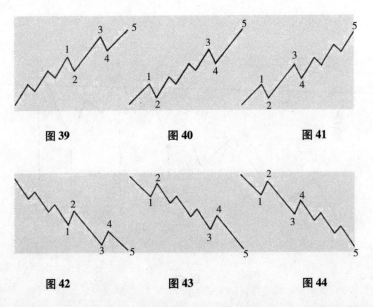

图39　　　　　　　图40　　　　　　　图41

图42　　　　　　　图43　　　　　　　图44

应该注意到，每一个例子中都是由九个浪所构成，读者应当学会把它们识别成五个波浪，而不是有一说一。只有在极少数情况下，延长浪会由九个规模相同的子浪所构成。如图45和图46所示。

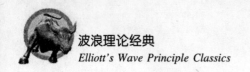
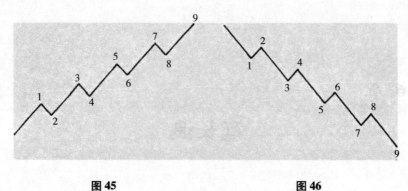

图 45　　　　　　　　　　　图 46

延长浪只会在当前的主趋势之中开疆拓土，这也就是说，它们不会以调整浪的身份出现。

延长浪中的延长浪

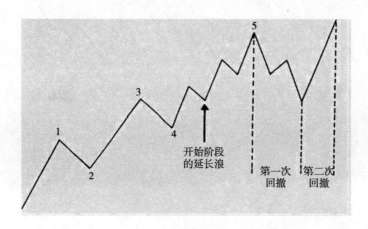

图 47

第五浪延长以及双重回撤

在延长浪之后，通常都会出现双重回撤。这也就是说，一轮调整浪会两次经过相同的价格区域，即一次下降和一次上升。当延长浪出现在第一浪或者第三浪时，没有必要考虑双重回撤的问题。只有当第五浪是延长浪时，我们才对双重回撤高度重视。如果延长浪出现在第一浪，那么浪二和浪三就自动自发地担当了双重回撤功能。如果延长浪出现在第三浪中，那么浪四和浪五就自动自发地担当了双重回撤功能。如图48所示，该图展示了第五浪为延长浪时，其后续出现的双重回撤现象。

如果是较小级别的延长浪，回撤通常会立竿见影地出现。但是如果它属于中浪或者大浪级别的延长浪，双重回撤要等到整个进攻行为完成之后才会出现。当一轮波浪运动以极高的速度前进时，市场几乎会以相同的速度在对应的价格区域中展开回撤。

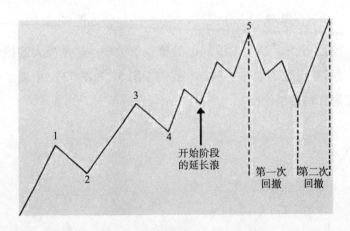

图48

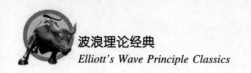
错误的数浪法

三个驱动浪第一浪、第三浪和第五浪，通常它们很少会出现长度相同的情形。它们中的某一浪必然出类拔萃，通常比另外两个浪要长许多。有一条非常关键的定律，即浪三永远都不会比浪一和浪五短。如图49所示，浪三比浪一和浪五都短的时候，就是错误的数浪法。正确的数浪方法如图50所示。

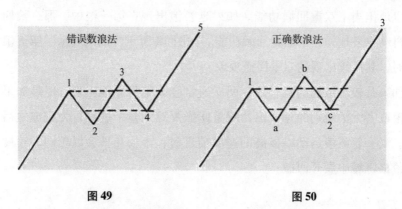

图49   图50

还要请读者注意，图中的浪四已经覆盖了浪一，这是极大的错误。覆盖意味着浪四的终点低于浪一的顶点。我们在图51和图52之中展示了倒置时（即下挫行情）的波浪情况。

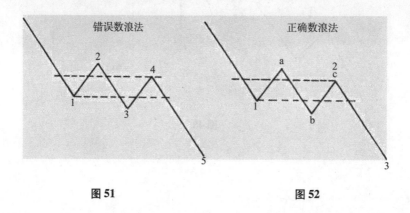

图51   图52

复杂波浪中的覆盖现象值得仔细研究。有时复杂的波浪会演变成为双倍横盘调整浪或者三倍横盘调整浪，具体参见第五章的图形。

调整浪的放大

为了知道第一波上攻运动是由三个浪还是五个浪所组成，绘制日间波浪图十分重要。周波动图或许不能揭示这一关键之处。例如在图 53 之中，日间波浪图显示了倒置的平台形运动。注意，在图 54 的周波动图之中，就没能够揭示出第一个上攻浪的具体走势。由此，研究者们可能会错误地猜测，在日间变动中它或许是由五个波浪所组成的。周波动图显示它是由七个浪所构成，然而它实际上却是倒置的平台形态，也就是 A、B（1、2、3、4、5）C，如图 53 所示。

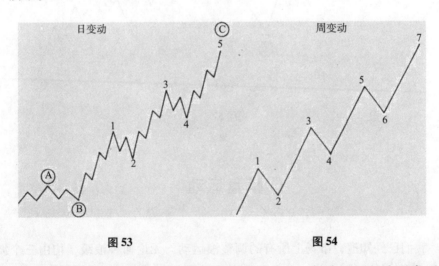

图 53　　　　　　　　　　　图 54

类似的情况还可能会出现在锯齿形调整浪之中。锯齿形调整浪通常不会延长，但是会扩大或者变成双倍锯齿形态，如图 56 和图 57 所示。无论锯齿形调整浪是单个的还是双倍的，它的调整浪特征保持不变。

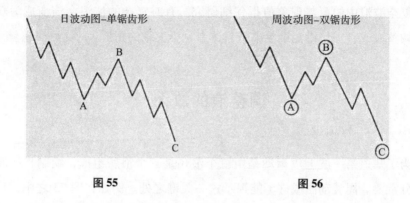

图 55   图 56

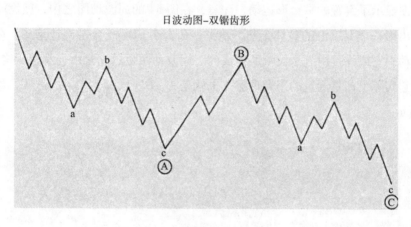

图 57

横盘运动

　　我们已经知道，市场上所有的调整浪运动，无论何种浪级，均由三个波浪所组成。横盘运动作为一种特殊调整浪，同样也符合调整浪的基本特征。在图 58 中，展示了一轮上攻趋势之后的两种样式的横盘运动。在图 59 中，展示了一轮下挫的趋势之后的横盘运动。

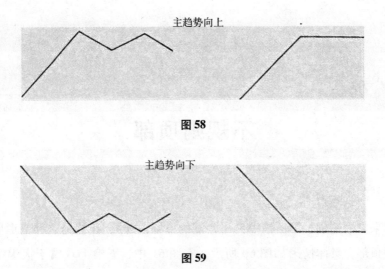

主趋势向上

图 58

主趋势向下

图 59

第 7 章

不规则顶部

如果价格超过了第五浪浪尖（常规的市场顶部），我们把这种情形称之为不规则顶部，具体情形如图 60 所示。在图 61 中，五浪上攻属于大浪级别的波浪循环。第五浪的浪尖会是常规的市场顶部（Orthodox Top）。从数字 5 那一点开始的第一轮下挫运动由三个浪所组成，这段行情我们用字母 A 标示。接下来的反弹运动，市场超过了数字 5 代表的顶部，这一段行情我们用字母 B 标示。和浪 A 相类似，它也由三个浪所组成。接下来的市场运动走出了五个下跌浪，这段行情我们用字母 C 标示。

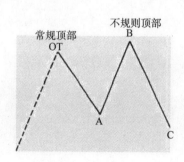

图 60

尽管浪 B 的浪尖看起来会高于浪五，但事实上浪 A、浪 B 和浪 C 整体上一起构成了一轮调整浪。市场在 1928 年 11 月到 1932 年 7 月就曾经上演过这一出。对这种市场特征的充分理解与透彻把握十分重要。

如果浪 A 是一个简单的锯齿形调整浪，浪 B 就会上演倒置的平台形调整浪。这是交替规律给予我们的启发。"交替"规律将在下一章详细论述。

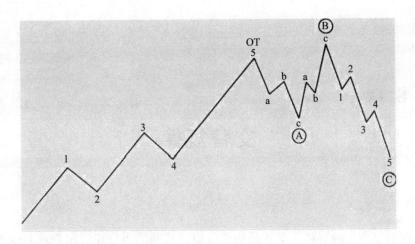

图 61

第8章

交替规律

根据字典上的解释，交替是指两件事情或两类事物轮流出现或者轮流起作用。交替是大自然的恒定法则。举例来说，树叶或者树枝通常首先在主干的一侧长出，接着在另一侧长出，其位置交替出现。人体之构成也遵循同样的规则：5－3－5－3。这样的例子不胜枚举，但是本章要讨论的主题是人类行为之中呈现的交替规律。

牛市和熊市交替出现。一轮牛市由五浪所组成，而一轮熊市由三浪所组成。在此之中，数字五和三相互交替。同样的规律，对于所有浪级的波浪全部有效。

一轮牛市由五浪所构成。浪一、浪三和浪五是上升浪，浪二和浪四是下降浪或者是横盘运动。在此之中，奇数与偶数相互交替。

浪二和浪四属于调整浪。这两个浪在形态上呈现交替规律。如果浪二是简单浪，那么浪四就会是复杂浪，反之亦然。简单浪在较小级别的波浪中是指由单独一个向下的浪组成。复杂浪则是指由三个向下或是横盘的浪所组成。如图62和图63所示。

在较大级别的波浪之中，例如一轮完整的牛市和熊市，调整浪的规模相应地也较大。等待市场最后的杀跌，过程通常显得冗长而艰难。价格先是呈现中规中矩的一段下挫，我用字母A来标示。紧接着是一段向上的反弹，我用字母B来标示。第三个也就是最后一个出场的，才是向下的杀跌运动，我用字母C来标示。浪A可能会是锯齿形波浪，在这种情况下，浪B将会是一个倒置的平台形波浪。如果浪 A 走出了一个平台形波浪，浪 B 将会是倒置的锯齿形波浪。（在任何情况之下，浪 C 均由向下的五浪所构成，它往往表现得异常凶悍，并且通常将市场打回到先前牛市的起点）。在此之中，浪 A 和浪 B 呈现交替规律。

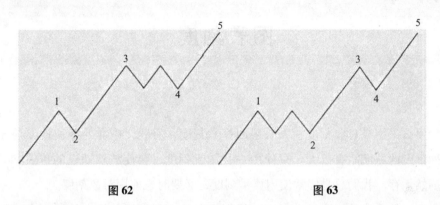

图 62　　　　　　　　　　　　　　图 63

持续了十三年的三角形调整，为我们提供了交替规律的又一个生动案例。从 1928 年 11 月到 1938 年的 3 月 31 日，市场走出了一个平台形波浪。从 1938 年的 3 月 31 日到 1939 年的 10 月市场走出了一个倒置的锯齿形波浪。从 1939 年的 10 月到 1942 年的 5 月又走出了一个平台形波浪。

在本书第七章我们已经论述过，一个不规则顶部是指浪 B 超出了之前牛市第五浪浪尖的现象。即便是这些不规则顶部，居然也符合交替规律。例如，1916 年的市场顶部是不规则的，而 1919 年的市场顶部是规则的，1929 年又走出了不规则顶部，而 1937 年的市场顶部是规则的。

一直到 1906 年，铁路股价格指数成为带动市场走牛的领袖。而在接下来的 34 年（斐波拉契数字）中，即从 1906 年一直到 1940 年，工业股指数担当了带动市场上攻的领袖作用。然而从 1940 年起，铁路股价格指数开始重新领涨市场上攻步伐。其中的交替规律可见一斑。

第 9 章

图表刻度

要么采用半对数刻度、要么采用算术刻度，实践之中非此即彼地专注于一种刻度的习惯贻害巨大。只使用一种图表刻度，会使波浪理论的价值和效用荡然无存。我们总是经常使用算术刻度，必要时也使用对数刻度。

在一轮上攻的五浪运动之中，我们沿着浪二和浪四的终点绘制一条直线作为基线（Base Line）。接着，我们从浪三的终点再绘制一条平行线得到通道。具体如图 64 所示。

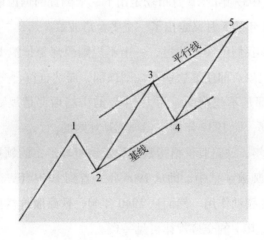

图 64

当我们使用算数刻度时，第五浪通常会在平行线通道附近止步。然而，如果第五浪气势汹汹地跑出了平行线，并且波浪结构显示它还没有最后走完，那么此时，从第一浪开始的整个波浪图应使用半对数刻度重新绘制。这样的

话，浪五的末端可能会触摸但不会击穿平行线。举例来说，如果以两种刻度
为基础描绘相同的图形，结果就会如图 65 和图 66 所示。

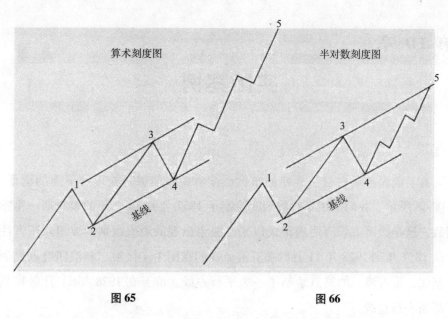

图 65　　　　　　　　　　　　　　　图 66

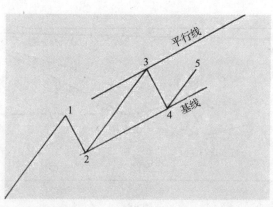

图 67

　　当半对数刻度成为我们分析的工具时，市场膨胀就会出现。如果采用了
半对数刻度但是市场膨胀并没有出现，那么第五浪就不会触及平行线上通道，
具体情况如图 67 所示。

第 10 章

实际案例

有了前面各章对自然规律的掌握，读者应当能够轻松理解下面的图形。如图 68 所示，我们运用半对数刻度绘制了 1857 年到 1932 年的埃克斯—霍顿指数。这是股票市场有明确记录以来，股市出现的最大级别的波浪。读者注意从 1857 年到 1928 年 11 月的那五浪。我们在图中连接浪二和浪四终点绘制了基线，沿着浪三的终点绘制了一条平行直线。浪五在 1928 年 11 月触摸到了那条平行直线。

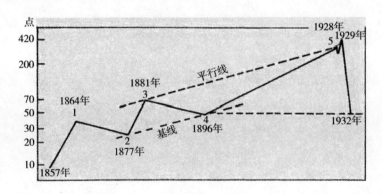

图 68

这一轮牛市运动，从整体上看已经陷入了市场膨胀。对于出现这种情况而言，采用半对数刻度十分必要。假如在单独绘制多个牛市时，算数刻度是必要的。

请注意，截止到 1932 年的市场杀跌，恰好回到 1896 年浪 5 的起点之处。

恰好是在 1896 年这个历史低点上，1929 年到 1932 年的杀跌行情戛然止步。换句话说，这只不过是一轮正常的调整浪而已。由于缺乏对市场过往历史的了解，导致"大萧条"这个说法错误地在市场盛极一时。由此可见，熟知历史有多么的重要，这一点对于研究其他人类活动而言也是放之四海而皆准。

图 69 是对于图 68 中第五浪的进一步细分，它采用半对数刻度绘制而成，它将第五浪细分成为级别更低的五个子浪。

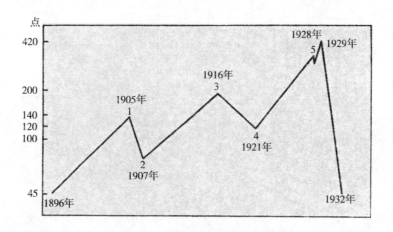

图 69

图 70 展示了 1921 年到 1928 年期间的道琼斯工业股平均价格指数，它也是采用半对数刻度绘制。读者注意，我们连接浪二和浪四的终点绘制了基线，以及沿着浪三的终点绘制了平行线，而第五浪恰好触摸该平行线。

从 1857 年到 1928 年 11 月的市场运动由五个浪所组成，这已经在图 68 之中展示。从 1896 年启动的第五浪进一步被细分成五个浪，这正如图 69 所示。图 69 之中市场运动的第 5 浪，即从 1921 年开始发动的上攻浪，再一次被细分成为五个浪，正如图 70 所示。总而言之，发端于 1857 年的整轮

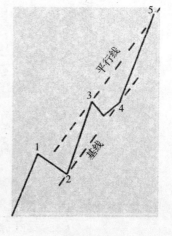

图 70

波浪运动，被我们层层深入地细分了三次。

在图71中，我们用算术刻度绘制道琼斯工业股平均价格指数，市场又一次证明了斐波拉契数列，第一浪和第三浪的波动幅度是第五浪的62%。

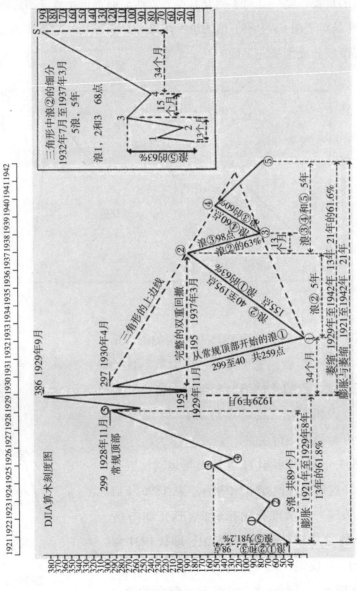

图71

在 1857 年到 1928 年期间，市场出现过七个牛市和六个熊市，总数是斐波拉契数字 13。从 1857 年到 1928 年的所有牛市，从其波动幅度来看都是正常的。请读者注意，从 1921 年到 1928 年市场出现的是三个牛市和两个熊市，而不是一个牛市。其中的两个熊市是亚常态的。

在波浪理论之中，时间要素异常重要，因为它通常与形态要素互相提供确认信号。例如，从 1928 年到 1942 年是 13 年（斐波拉契数字）。从 1937 年到 1942 年是 5 年（斐波拉契数字）。波浪持续时间以斐波拉契数字同时宣告结束。从 1928 年到 1942 年整个波浪运动走出了一个三角形形态。三角形中每一浪的波动幅度，都是它前一浪的 62%（黄金分割比率）。波浪理论所有这三种要素：形态、时间和幅度，都鬼斧神工地契合斐波拉契加法数列。具体如图图 71 所示。

到此为止，我们已经详细阐释了自然规律。斐波拉契加法数列的具体应用存在于三个维度：波浪数目；持续时间（天数、周数、月数或年数）；波动幅度比率（62%）。

第 11 章

持续十三年的三角形

在 1928 年 11 月的市场常规顶部是 299 点，1932 年市场底部是 40 点，净波动幅度是 259 点。从 1932 年到 1937 年市场从 40 点涨到 195 点，净波动幅度是 155 点。用 155 点除以 259 点得到的比率是 60%。

从 1928 年 11 月市场常规顶部，到 1932 年 7 月属于 13 年三角形波浪的浪①。从 1932 年的 7 月到 1937 年的 3 月，属于三角形波浪的浪②，如图 71 所示。从 1937 年的 3 月到 1938 年的 3 月，属于三角形波浪的浪③。

指数运行到 1937 年 3 月的 195 点，论其成因并非形态、比率和时间要素在起作用。从 1921 年到 1928 年的上攻行情，是发端于 1896 年的市场第五浪的延长浪。正如本书第六章中所介绍的那样，延长浪之后的市场走出了双重回撤。指数从 1929 年 9 月下跌到 11 月的 195 点，正是第一次回撤之中的一部分。市场在 1932 年到 1937 年之间，从 40 点上攻到 195 点最终走完了双重回撤。请读者注意，图 71 之中的 1929 年 11 月和 1937 年 3 月，指数在 195 点精确交汇。

我们必须强调，从 1932 年到 1937 年指数 155 个点的波动幅度，并不是一个典型的牛市应有的振幅。它的幅度受到前文所介绍的四个强有力的技术力量的助推，它们分别是：

——指数从 1928 年 11 月的 299 点一直到 1932 年 7 月的 40 点的下挫，市场有恢复 62% 的内在要求。

——市场要对 1921 年到 1928 年的延长浪，进行双重回撤。

——波浪理论的时间要素，可能走出 60 个月或者说是 5 年。

——形态。

事实上这一轮市场波动，在技术上具备了四个必要条件：波浪形态、波动幅度，双重回撤以及持续时间，所有这些都完全契合于斐波拉契加法数列。

从 1921 年到 1928 年，这个期间市场波动幅度比率是：第一浪和第三浪的上攻行情将市场推高了 98 个点，它是第五浪的 160 点的 62%。

请读者注意图 71 和图 72，我们在图形下方绘制的水平直线：

——1921 年（市场膨胀起点）到 1942 年（市场膨胀终点）：21 年。

——1921 年到 1929 年：8 年（13 年的 62%）。

——1921 年 7 月到 1928 年 11 月：89 个月。

——1929 年 9 月到 1932 年 7 月：34 个月。

——1932 年 7 月到 1933 年 7 月：13 个月。

——1933 年 7 月到 1934 年 7 月：13 个月。

——1934 年 7 月到 1937 年 3 月：34 个月。

——1932 年 7 月到 1937 年 3 月：5 年。

——1937 年 3 月到 1938 年 3 月：13 个月。

——1937 年 3 月到 1942 年 4 月：5 年。

——1929 年到 1942 年：13 年（21 年的 62%）。

在本书第五章中，已经详细论述了三角形波浪的形态及其要点。市场在 1928 年 11 月（市场常规顶部）与 1942 年 4 月之间形成的三角形属于对称三角形。它与普通三角形的不同之处在于，它是由两种形态，即平台形和锯齿形叠加而成。市场首先走出了平台形，继而是锯齿形，之后再一次走出平台形。这是交替规律对于波浪形态的客观要求；这是市场上攻到 1937 年的 195 点，以此对 1921～1928 年市场膨胀的延长浪进行双重回撤的客观要求；这是市场要在 1942 年（即 1921 年之后第 21 年）之前完成其波浪形态的客观要求；这是市场维持 62% 黄金分割比率的客观要求；这是市场对 1896 年到 1928 年的第五浪进行调整的客观要求。所有这一切，决定了它将是一个规模异常巨大的超级三角形形态。

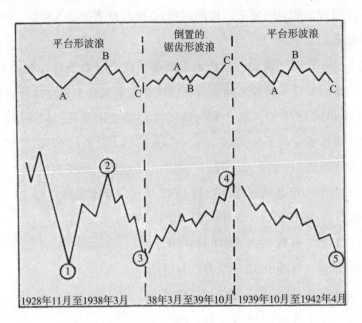

图 73

1928 年到 1942 年的十三年的三角形由三个形态构成，分别是：

——1928 年 11 月到 1938 年 3 月：平台形波浪（指三角形中的浪①，浪②和浪③）

——1938 年 3 月到 1939 年 10 月：倒置的锯齿形波浪（指三角形中的浪④）

——1939 年 10 月到 1942 年 4 月：平台形波浪（指三角形中的浪⑤）

注意交替规律在各个形态之中的反映：从平台形到锯齿形，再到平台形。我们可以引用其他许多类似案例，来说明这种现象。平台形波浪和倒置的锯齿形波浪在本书第五章之中已经介绍过。它们以及对应的三角形形态，在图 73 中再一次展示。

如图 74 所示，该图是基于算数刻度绘制而成的，展示了从 1928 年 11 月到 1942 年 4 月之间道琼斯工业股平均价格指数。图中的每根垂直线，代表价格的月波动幅度。

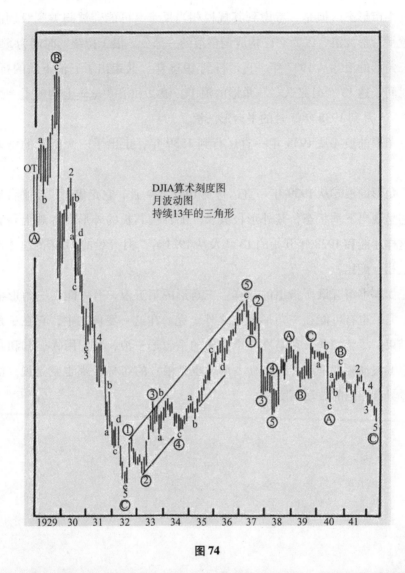

DJIA算术刻度图
月波动图
持续13年的三角形

图74

从 1928 年到 1932 年间的三角形的第①浪由浪Ⓐ，浪Ⓑ和浪Ⓒ所组成。其中浪Ⓐ由 1928 年 11 月到 12 月的三个下跌浪所组成。它们的运动速度如此之快，以至于我们只能从日波动图中才能找到它们。浪Ⓑ是一个不规则的顶部，它走出了一轮倒置的平台形浪。浪Ⓒ由 1929 年 9 月到 1932 年 7 月的下跌五浪组成（参见走势图上的数字），持续时间为 34 个月。

三角形的浪②从 1932 年一直运行到 1937 年，它由五浪组成，这是一个

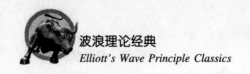
典型的牛市形态。但是，考虑到其规模相当反常，可能会被归类到级别巨大的倒置平台形波浪，因为它已构成调整浪的一部分。浪①持续的时间为5年。

三角形的浪③从1937年一直运行到1938年，共走出了五浪下跌的行情，持续时间长达13个月之久。三角形的浪①、浪②和浪③总体上构成了一个从1928年11月到1938年3月的平台形波浪。

三角形的浪④从1938年一直运行到1939年，走出了一个倒置的锯齿形波浪。

三角形的浪⑤从1939年一直运行到1942年4月，它走出了一个平台形波浪。它呈现出下垂状态，其外形极其长。那种极其长的外形在客观上是必要的，这样才能和1928年开始的13年及从1921年7月开始的21年的总体周期规模上相互配比。

正如本书第五章所指出的那样，三角形的第五浪，有可能在三角形框架之内走完，也有可能在三角形框架之外走完。在这一案例之中，它在三角形之外结束。尽管如此，它堪称一个完美的平台形三浪，我们用Ⓐ、Ⓑ和Ⓒ标注。浪Ⓑ波动幅度是浪Ⓐ的62%，同时也是浪Ⓒ的62%。那也就是说，浪Ⓐ和浪Ⓒ具有相同的波动幅度。

第12章

市场膨胀

膨胀这个词在字典中的定义是：扩张超出了正常的范围。单边的牛市不会被称为膨胀。然而在一系列牛市之中，有一个超出正常范围，则称之为市场膨胀。要不是中间夹杂着亚常态的熊市，单边的牛市很少会出现超出正常范围的情况。

由于市场出现了亚常态的熊市，导致在20年代出现了市场膨胀。这个期间有三个常态的牛市和两个亚常态的熊市，注意一共是五个（斐波拉契数列）。市场膨胀的预警信号是这样出现的：先走出了正常浪一，接着是亚常态的调整浪二，又走出了正常的浪三，接着又是亚常态的调整浪四，后来市场第五浪在算术刻度图上击穿了通道平行线（请读者参见第九章的图65）。

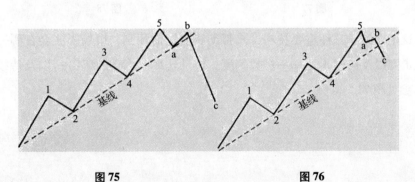

图75　　　　　　　　　　　　　　图76

如图75所示，该图展示了一个常态的牛市以及一个常态的熊市调整浪（即图中浪a、浪b和浪c），熊市相当夸张地击穿了基线。如图76所示，该图展示了亚常态的熊市调整浪，它小心翼翼地击穿了基线。

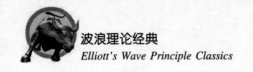

我们运用算术刻度，在图77中绘制了1921年至1928年11月的道琼斯工业股平均价格指数。图中的第五浪击穿了平行线。鉴于平行线已经被击穿，我们需要对1921年以来的市场，再次绘制它的对数刻度图。图78正是对数刻度图，该图展示了道琼斯工业股平均价格指数的月变动情况。在这幅图中，第五浪仅仅触摸到平行线但并未击穿它。

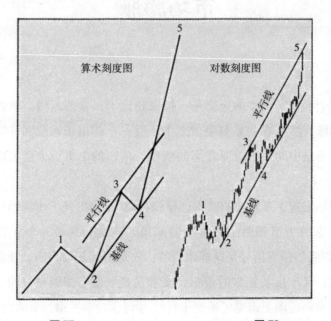

图77　　　　　　　　　　　　　　　图78

这里介绍了三种重要技巧，来帮助我们提前预测，市场膨胀会在哪一个点位走完以及何时走完——对数刻度；波动比率（参见图71）；以及持续时间（参见图71）。

第 13 章

黄金价格

我们引入另一个案例，来证明算术刻度图与对数刻度图效果差异，那就是黄金价格走势图。如图 79 所示，该图描绘了黄金价格在 1250 年一直到 1939 年之间，跨越近七个世纪的牛市。图中浪②很简单，而浪④看起来却颇复杂。请读者注意浪④之中的浪Ⓐ、浪Ⓑ和浪Ⓒ三个子浪。

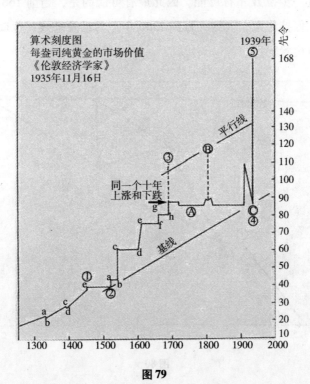

图79

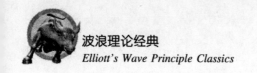

图 79 是以算术刻度反映的，价格已经击穿了平行线。这就表明，我们需要用半对数刻度来绘制走势图。图 80 正是运用半对数刻度绘制的金价走势。对于任何人类活动而言，其对数刻度图的平行线上轨，代表着出现市场膨胀时可能走出的最高点。若第五浪的上攻，在算术刻度图的通道之内走完，则不存在市场膨胀。

图 79 之中浪①缓慢的爬升，表明在那个时期，市场上黄金交易价格是自由波动的，没有受到任何类型权力的控制。此后一段时间，金价上攻行情突然中断，调整浪走出了横盘运动，这意味着此时的黄金价格已经受到某种权力的控制，那很可能是政治权力。调整浪可以是横盘运动、向下运动或者向上运动，图 79 的浪④则属于横盘运动。

运用本书介绍的波浪规则，如图 80 所示，在对数刻度图中当浪⑤触摸到平行线上轨时，市场不可能在这里继续走出新高，直到有一天金价击穿了图中的基线，进一步拉升才有可能。因此最有可能的是，当前 168 先令的金价或许将会长期保持稳定，大约一直到 2300 年左右触及基线，也就是图中最右边的虚线交点位置附近。

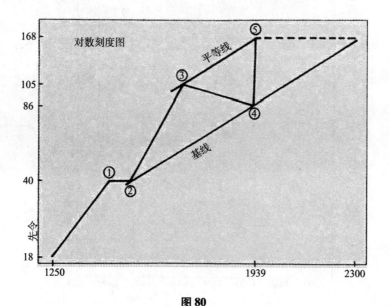

图 80

第 14 章

专利记录

所谓的人类活动这个词包罗万象，它不仅包括股票市场，还涵盖了生产总值、人身保险、人口在城市和乡村之间的迁徙等等。具体包括本书在第三章所列示的那些项目。

有时会出现一些不同寻常的项目，比如说专利，它属于一项人类活动但不轻易受情绪化因素的影响。如图 81 所示，该图是 1850 年到 1942 年的专利申请记录情况。请读者注意图中的五浪运动。1900 年至 1929 年的第五浪属于延长浪。在相同的时间段之中，工业股平均价格指数几乎走出了同样的走势（参见图 82）。请读者注意，在 1929 年到 1942 年专利申请记录图中走出了浪 A、浪 B 和浪 C 的调整浪。股票市场在相同的时间段之中，遵循的也是同样的走势。唯一的例外是，从 1928 到 1942 年的调整浪是一个三角形形态，而不是专利记录图中的浪 A、浪 B、浪 C。

早些时候，农业是人们的主要职业。慢慢地，美国各地逐渐出现了农民将经营商店或工厂作为其副业。工厂仅仅局限于家庭计件制的个体经营。美国的自然资源、气候条件、创造发明以及民主制度，无论从哪方面讲都客观上要求成立公司，来为个体经营者的经营创造活动进行融资。不断的发明创造以及机器的引进，慢慢地改变和影响了一切。购买路易斯安那州、征服加利福尼亚州、兼并德克萨斯州和俄勒冈州、界定与墨西哥和加拿大的边界线，所有这些都为美国增加了价值连城的土地。

人的才能从古至今都是最重要的资产。这一点可以从 1850 年到 1942 年

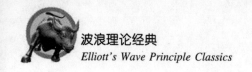
专利申请记录图上看出。同时我们还注意到，它的形态与股票市场形态完全相同。美国在一个很重要的方面与其他国家存在着根本差异：我们的祖先来自世界各地。正是对于故土的专制统治和政治制度不满，他们才得以来到美国，寻找自由的空气并且将他们的才能发挥得淋漓尽致。

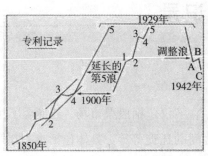

图 81

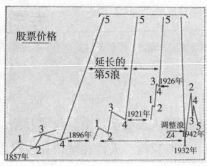

图 82

第 15 章

技术因素

在少数情况下，一种人类活动会为另外一种人类活动提供确认和相互呼应。如图 83 所示，该图描绘了从 1928 年到 1943 年 1 月三种指数，即伦敦工业股指数、道琼斯工业股指数以及美国的生产力指数。生产力指数的基础数据来源于克利夫兰信托公司。

中间那幅图是道琼斯工业股价格指数，该图记录了从 1928 年 11 月常规的市场顶部一直到 1942 年 4 月的三角形五浪。该三角形的第 2 浪、第 3 浪以及第 4 浪，每一个都大致相当于前一个浪的波动幅度的 61.8%。我们可以通过它的轮廓、持续时间、波浪结构以及每一浪相对于前一浪的波动幅度比率，确认这个三角形形态的存在。从 1921 年到 1929 年这八年间的市场膨胀，最终导致价格迅速杀跌到了 1932 年，在此期间价格一共运行了 34 个月。市场由此形成了一个对称三角形，它仿佛是一个钟摆，即将从运动状态过渡到停止状态。

这个三角形并没有受到发生在这 13 年之中以下事实的影响：从共和政体到实施新政的政府、美元贬值、拒绝履行政府债券的黄金条款、总统两届任期先例的打破、1939 年开始的第二次世界大战以及生产能力的大幅提高。生产力指数从 1938 年开始上攻，直到 1941 年 6 月走完五浪。

最上面那幅图是伦敦工业股平均指数，在 1929 年并没有与纽约股票市场亦步亦趋。该指数先是在 1929 年 1 月达到了 140 点的顶部，继而在 1936 年 12 月到达 143 点的峰值。而它在 1932 年和 1940 年的最低点却相互呼应，均为 61 点。从 1940 年至 1943 年 1 月，该指数上攻到了 131 点。在 1939 年 1 月 26 日到 7 月 28 日之间，伦敦工业股平均指数走出了一个三角形波浪。

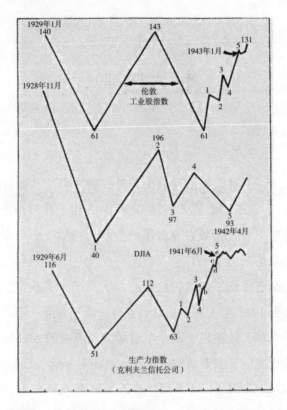

图 83

伦敦股票市场曾经在 1720 年、1815 年和 1899 年走出它的最高点，其间大约相隔 89 年（斐波拉契数字）。英国股票市场是否会出现，以及在何时出现市场膨胀，它不会与我们美国的股票市场亦步亦趋。

最下面那幅图是由克利夫兰信托公司提供的生产力指数，它的最高点是在 1929 年 6 月的 116 点，以及 1936 年的 112 点。该指数的最低点为 1938 年的 63 点。正是从 63 点开始，指数在 1941 年 6 月完成了一个完整的五浪上攻形态。在此之后，道琼斯工业股指数才开始从 1942 年 4 月三角形顶点之处发动上攻。

在 1857 年到 1928 年的这段时期之中，我们曾经经历了三场战争，分别是美国内战、美西战争以及第一次世界大战。尽管如此，超级循环浪的运动形态却完美无缺，正如我在本书其他位置所论述的那样。

股票和商品市场波浪图，从来没有同时性地上演过市场膨胀现象。因此，假如商品市场价格在高位徘徊，那么我们可以推论，同一时期的股票市场不会进行类似的行动。商品市场在1864年和1919年均发生过市场膨胀现象，二者之间相隔55年。

消息无用将在后续章节之中详细阐释。一位财经记者曾经这样写道：

来自萨莱诺的利好消息让股票市场上涨，而8月份来自于西西里岛的相似的利好消息却让股票市场下跌。这一事实使研究者们得出结论，即8月份的市场表现是基于技术上的因素而非军事事件。

曾经有一天，伦敦经历了一场激烈的闪电战。伦敦的股票价格上涨而纽约的股市下跌。两个国家的财经人士都认为，闪电战是股市涨跌的原因。同一个时间，伦敦是上涨的趋势，而纽约是下跌的趋势。它们分别沿着自己的趋势形态前进，而不管哪里发生了闪电战。同样的市场波浪行为，在7月25日墨索里尼的垮台之后重演过。

综上所述，技术因素永远都在支配着市场。

第 16 章

铁路股指数

研究铁路股指数是一件有趣的工作，不仅让我们得到一些信息，而且可以帮助我们赚钱。在我们的经济生活之中，运输称得上是最重要的人为因素。那是因为，自从购买路易斯安那州、界定与墨西哥和加拿大的分界线，以及兼并德克萨斯州和加利福尼，亚州国土之中的，距离变得相对遥远。

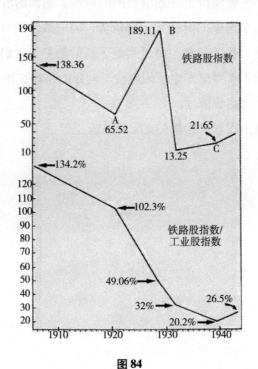

图 84

如图 84 所示，偏下那幅图是 1906 年至 1944 年 1 月铁路股指数与工业股指数相除的比率。图中显示铁路股指数与工业指数相比起来，从 1906 年到 1940 年这 34 年持续疲软。这种现象产生的原因在于，铁路公司债券融资相对于股票而言比例过大；巴拿马运河于 1914 年开始运行（1906 + 8 = 1914）；再加上汽车和飞机的广泛使用。这三大因素推动了铁路债券和铁路股票的走软。到了 1940 年的时候，居然达到这样的程度：铁路公司的三分之一陷入破产清算，而其他三分之二的运营状况简直处于破产边缘。

第二次世界大战暂时性地削弱了巴拿马运河的竞争优势，这反过来使得铁路公司收入日益蓬勃，其中包括客运和货运收入。从 1940 年以来铁路公司收入暴增，尤其是珍珠港事件以后，收入的增长使得铁路公司有能力缩减他们的债券型融资规模，以及由所此产生的固定利息费用。这种利多因素的影响是长远的。如图 85 所示。

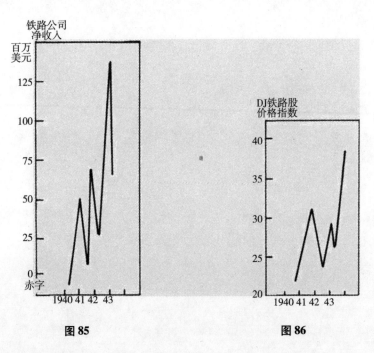

图 85　　　　　　　　　　　图 86

在 1940 年的时候，铁路股指数走出了它们的最低记录。图 86 展示了 1940 年到 1943 年 7 月的上攻行情。工业股价格指数在两年之后，也就是到了

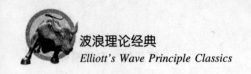

1942 年 4 月份才见底，这个低点恰好是十三年以来三角形的终点。

在 1906 年至 1940 年的 34 年期间（斐波拉契数字），铁路股指数早于工业股指数反转下行，并且晚于工业股指数反转上行。然而到了 1940 年之后，这个现象走向了它的反面，铁路指数早于工业股指数反转上行，却晚于工业股指数反转下行。这种现象或许会持续很多年。

第 17 章

消息的价值

华尔街有一句名言：消息适应市场。意思是说，不是消息造就了市场趋势，而是市场预见并估量了某种潜在力量的重要性，这些潜在力量在后来可能演变成了消息。充其量可以说，消息是对已经起了一段时间作用的潜在力量迟到的认识。消息的出现，只会使那些对于趋势一窍不通的人感到吃惊。

驱动市场趋势的潜在力量，有其自然属性和人类行为属性，并且可以通过各种工具来度量。潜在力量如波浪般前进，就像伽利略、牛顿和其他科学家所说过的那样。通过比较波浪运动的结构和波动幅度，我们就可以精确地计算并预测这些内在力量。

任何人若想凭借个人能力解释关于股票市场的某个消息的价值，纯属于徒劳无益。这一点已经被无数经验丰富的成功投资者所证明。正流行于市场的某条消息或者某些消息，没有哪一条可以准确地说成是当前趋势的内在原因。事实上，此一时彼一时，由于趋势所处的环境情况日新月异，同样的消息对市场会有大相径庭的影响。

若对于长达45年之久的道琼斯工业股价格指数进行简单研究，就足以证明这一观点。就在这个期间，国王遇刺、战乱不止、战争谣言、大炮轰鸣、社会恐慌、企业破产、新时代、罗斯福新政、反托拉斯，以及其他形形色色具有历史意义的情绪化事件此起彼伏。然而所有的牛市都以相似的模式运行。类似地，所有的熊市都表现出相似的特征，这些特征不仅支配并衡量着市场对于任何形式消息的反应，同时支配着总体波浪趋势各部分的波动幅度和波动比例。识别

和利用这些幅度和比例，就能够帮助我们预测市场未来走势，而消息无足轻重。

有的时候会发生像地震那样完全出乎人们意料的事情。然而，无论意外事件令人有多么震惊，我们似乎可以镇定地得出结论：大众的注意力会很快从意外事件上淡出，意外事件发生之前既定的市场趋势决不会被逆转。

在这方面，有经验的交易者的保险措施就是根据利好消息卖出，根据利空消息买入，尤其是当这些消息与大势背道而驰的时候。公众通常预期市场会在不同的时期对相似消息以相同的方式直接做出反应，而这个因素往往会颠覆这种预期。

对于那些把消息当成引起市场趋势动因的人而言，他们或许会在赌马中更加走运，但要凭借其个人能力将重大消息的意义猜对就没那么走运了。新泽西州维斯特沃德市的 X·W·罗福勒先生出版了道琼斯平均价格指数的图形，并以年代顺序列举了重要的消息事件（价格 1 美元）。对该图形的研究清楚地表明，对于同类消息，市场却有涨有跌。因此，认清庐山真面目的唯一途径就是站得更高。

战争使全世界的武力发动起来，其力量如此强大，以至于它们似乎控制着所有的其他因素，并驱动着市场沿相同的方向越走越远。不同时期，战争都占据了各种媒体的头版头条。1937 年 8 月和 9 月市场出现暴跌，继而在 1938 年 3 月、8 月、9 月以及 1939 年 3 月至 4 月市场再次出现暴跌，这都和战争的进展相一致。然而，在 1939 年 9 月 1 日实际宣战时，市场却出现了暴涨，并且放出了巨大的交易量。唯一令人满意的解释应当是，该时期波浪循环的技术特征导致了这种市场行为。

市场在 1937 年、1938 年和 1939 年初，已经走完了重要的反弹，而且正在恢复战时的下跌趋势。结果是，这些"战争恐惧论"被解释为看跌因素，并且只是加速了趋势下跌。另外一方面，当 1939 年 9 月战争开始的时候，市场正处于一个异乎寻常的位置。波浪走势图显示，1939 年 7 月下旬，市场开始走入一段下跌波浪，这成为该年 4 月中旬开始启动的上升运动的调整浪。这一段调整浪在 9 月 1 日的前一星期彻底走完，而且事实上就在这么短暂的一小段时间之内，市场的脚步已经从 8 月份的波浪底部开始，轻松地上攻了 10 个点。

就在真正宣战那一天，市场飞速跌落到略微低于8月份波浪低谷的水平，然后以惊人的速度向上反弹。那些在8月份的底部，以及在随之而来的战争恐慌导致的二次探底时精挑细选买入股票的人，要比那些在随后的疯狂拉升阶段买入股票的人，获利要丰厚的多。后来追入的大多数投资者们，会后悔他们的买入决策。这是因为他们支付了太高的股价，却要背负极大的亏损将股票卖出。事实上，就在战争开始后不到两周的时间之内，钢铁股和其他一些主要的战争概念股就被推高到了它们的市场巅峰。此后，市场开始看空战争概念股以及战争前景，因为市场正处在一个巨大的熊市波浪循环，这一段熊市波浪一直运行到1939年的秋天才出现反弹迹象。相比而言，第一次世界大战（1914～1918年）对市场的影响总体却是看涨的，根本原因是1913年中期开始的市场波浪特征。

就在1940年6月初法国溃败之时，大部分人认为这场战争可能会速战速决，而且希特勒入侵英格兰基本上无甚悬念。然而，市场波浪运动在5月份（当时道琼斯工业股平均价格指数达到110.61点）就已经显示，最糟糕的阶段已经过去了，规模可观的中浪级别的反弹阶段就要到来，此时买入股票是英明的决策，即便是在6月份的上半月来自欧洲的重磅利空消息，对市场的影响也微乎其微，平均价格指数仅仅调整到了110.41点。

在1940年11月大选时，轰动性的消息被公布于众，那就是要不惜耗费巨资进行战略防御，并且政府要对英格兰提供援助。大多数经济学家和观察评论员认为，这定会推动通货膨胀预期，激发市场买入股票的热情。然而此时的波浪运动却显示，通货膨胀预期并不会使股市受益。因为从市场波浪运动的点位来看，始于6月份的上升波浪运动已经走完，很多股票将会见到它们更低的价格。果然，接下来的市场下跌了将近50点。

很多人对于消息影响市场的观点深信不疑，这种观点充斥市场并深入人心。如果是消息主宰着股价波动，那么波浪循环就不会出现。一个人无论是多么热衷于相信消息，我都推荐他认真地研究本书图71中的波浪形态和比率，重温一下我多次强调过的那21年行情及事件的评论观点。

第 18 章

绘图方法

细节化的建议可能会让波浪研究者们更加受益，我认为这些建议非常有必要。图 87 给出了一个标准的波浪图模型。

要想精确地观察一轮波浪运动中较小浪级的波浪走势，需要借助于日间价格波动图。这种包括最高价与最低价的图表，由道琼斯公司于 1928 年首创。

为了在图中体现价格的波动，绘制波浪图时建议使用间隔性的 1/4 英寸竖线，来代表工业股票平均价格指数一个点，半英寸竖线代表铁路股平均价格指数一个点，以及半英寸竖线代表公用事业股平均价格指数一个点。走势图以这样的间隔绘制，是为了更便于准确地解释。1/4 英寸的刻度被细分成五等分，这使人们能准确辨认哪一个点上是日间记录与小时记录。

同样，正如走势图模型之中显示的那样，每日的竖线之间间隔出一定的距离是十分必要的。当图中每条竖线不是间隔一条时，结果将是代表价格变动的各条竖线会因为拥挤而难以辨认。遇到休息日或者星期日时，在图中不必留下空隙。

为求精确起见，建议小时波动记录也使用相同的刻度和形式，即水平的 1/4 英寸表示五个小时的交易，或者说用一个最小的方格代表一个小时。在星期六的两个小时的交易之后，不要留下任何的空隙。不要显示开盘价。当日的最高价与最低价变动幅度，会在最后一个小时结束时显示出来。所有的这些建议的要点，都已经在图 87 中得到反映。

不必节约图纸，否则你会承受走势图不清晰的后果。如果你将一轮波浪运动的开端绘制在一张纸上，而将该轮波浪的终点绘制在另一张纸上时，走势图的清晰度就会受到极大影响。同样，当一轮波浪运动的连续性在一页纸的顶部被打断，又在这张纸的底部开始一轮新的波浪运动时，也会影响图像的清晰度。

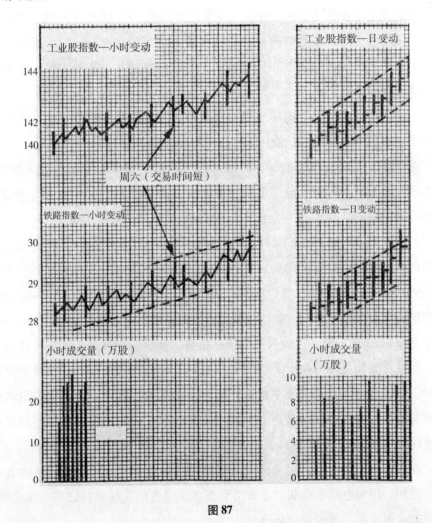

图 87

柯费尔—埃瑟（Keuffel&Esser）公司生产的走势图纸能够保证波浪的绘制效果更加清晰，这种纸张在该公司和一些大型文具店都有售。这种纸有如

下尺寸：20英寸宽的卷筒纸、8.5×11英寸的纸，以及10×15英寸的纸。上述所有三种尺寸的纸张都具有两种重量规格。

我推荐使用10×15英寸的纸，而且不要在同一张纸上绘制两个以上的平均价格指数。举例而言，在一张10×15英寸的纸上绘制出工业股平均价格指数的日变动和日交易量，在另一张10×15英寸的纸上绘制铁路股平均价格指数及工业股平均价格指数的日变动。再用另外两张10×15英寸的纸，一张用于绘制工业股平均价格指数的小时走势和整个市场的小时交易量，另一张用于绘制铁路股平均价格指数和公用事业股平均价格指数的小时走势，整个过程总共需要四张纸。

上述的那些建议，也同样适用于绘制个股和商品价格走势，唯一不同之处在于，它们的走势图应该使用1/4刻度细分，而不是1/5刻度细分。

为了涵盖较长的时间范围，周波动图应该选用最大尺寸的图纸来绘制，目的是用一张纸来记录一轮完整的波浪循环。月变动图，尤其是平均价格指数和股票板块的月变动图，对于观察一轮完整的波浪循环至关重要。

对于本书第六章的图53和图54，该图证明了绘制日波动图的重要意义，它可以用来预先估计周波动的幅度和形态。以此类推，周波动图可以用来帮助估计月波动的幅度和形态。月变动帮助估计整轮波浪循环的幅度和形态。相应地，月波动图便于帮助我们观察月波浪的持续时间和波动比率。

在图87之中，对于工业股平均价格指数，竖线的刻度是1/4英寸代表一点。而铁路股和公用事业股平均价格指数则是半英寸代表一点。在周变动图之中，可能会缩减到工业股平均价格指数用1/4英寸代表两点，铁路股和公用事业股平均价格指数则是用1/4英寸代表一点。月变动图中竖线的刻度会缩减得更多。

在实际的走势图中，交叉的刻度线使用淡绿色墨水来绘制。而且读者可以注意到，用黑色墨水绘制的走势图形态在淡绿色刻度线映衬之下非常抢眼，这样非常很有利于波浪的分析研判。

第 19 章

投资时机

时间是宇宙之中最重要的元素之一。人们将一个年度的时间细分为四个季节：春、夏、秋、冬，人们将白天作为工作的时间，把晚上作为放松和休息的时间。

对于投资而言，时机选择是最关键的要素。买什么固然很重要，但是什么时候买更加重要。股票市场前进的脚步本身，就预示着它自己的未来走势。波浪通过它们的形态，暗示着市场接下来的动作。若对波浪形态的起点和终点把握相当敏感，得出明确可靠的分析结论毋庸置疑。

在自然规律所包括的所有要素之中，时机选择是最重要的一个。自然规律不是一种玩市场游戏的体系或者方法，而是一种现象，该现象记录下所有人类活动的点滴进步。它在预测学上的应用是革命性的。

如果一个人在 1932 年 1 月投资了 1000 美元的长期政府债券，然后在 1939 年的 6 月卖掉，在这长达 89 个月的过程中他将获得 5000 美元的总利润（这包括利息增值）。在 1932 年的 1 月，长期政府债券的到期收益率是 4%。而到了 1939 年 6 月只有 2%。对于股票市场来说，不考虑发放股利的情况下，在 1932 年 7 月投资的 1000 美元，在 1937 年的 3 月就会升值到大约 5000 美元。这种推算是以平均价格指数的百分比变化为基础的。

人们已经意识到准确预测很重要，这导致了统计学的广泛应用。如果拿 50 年前报纸之中的文章，和当今的报纸文章作一番比较，这一点就会一目了然。市场的习性是要求抢先，而不是要求尾随。如果没有认识到这一点，即使耗资无数去追寻一个满意的预测工具，终将一无所获。

第 20 章

投资对象

我们在第 19 章之中论述了股票交易的第一要务是选择时机，即何时买入及何时卖出。股票交易的第二要务，则是选择什么股票来投资。请务必牢记以下基本原理，它们会有助于你进行证券投资对象的选择（包括股票或债券）。

波动性与利润

不管是任何证券，其市值的波动性都远远大于利润率的波动性。因此，股票价格波动是导致投资者本金保值与增值最重要的因素。

牛市顶部

在牛市之中，标准统计指数的 55 种成分股中的个股都在不同的时间点上形成它们的顶部，外形就像扇子一样。所谓的牛市，是指在两年的波动之中，市场出现 5 个大浪级别的波浪。在这样一个牛市波浪循环之中，受到整体波浪力量的驱动，若干股票板块近乎一致地运动。

熊市

通常熊市的持续时间要长于它前面的那轮牛市。在 1929～1932 年形势最糟糕而且时间相对不算太长的杀跌之中，无比绩优的股票和债券也像那些垃圾股票和垃圾债券一样，遭到了人们无情的抛售，而不管它们的真实价值如何。许多投资者都有一种错误认识，认为熊市底部这种情况会重复地出现。研究表明，事实上要经过许多年，市场才会再次出现这样惨烈的下跌行情。

当所有的股票板块都出现底部时，整体熊市的最终底部会显现。关于这一点，正好与牛市到达顶部时的情况相反。在熊市之中，富有实力的龙头股通常不会显现出高调姿态，这在反弹过程中尤其明显。在熊市波动之中，市场整体以及几个重要板块会对时事与外部因素异常敏感。

前车之鉴

由于过往投资之中经历过赔钱的经历，使得许多投资者对于某种股票产生了偏见。一朝被蛇咬、十年怕井绳，投资者最终会发现不管哪只股票都无法相中。

股性不活跃的股票

应当规避那些股性经常不活跃的股票，原因在于这类股票没有明显的波浪。股性不活跃显然是表明，该股票没有被彻底分散，或者股票已经到了充分发育的成人阶段（参见股票年龄，译者注）。

内幕消息

你从所谓的消息灵的朋友那里得来的内幕消息，通常叫你关注的是不活跃股和低价股。最好是将你的投资对象锁定在那些股性活跃的股票上。

股票年龄

论及股票的生命，通常有三个阶段。第一个阶段是实验性的幼年阶段。股票在这一生长阶段，尚缺乏充分的适应性锻炼，投资者应当避免选择该成长阶段的股票。第二阶段是想象力强的青年阶段。处于此生长阶段的股票，已经到了健康发展阶段。只要它们充分适应了市场，投资者对于它们应该求贤若渴，选定为自己的投资对象。第三阶段是充分发育的成年阶段。这一阶段意味着，股票已经得到了充分发育发展，股利稳定，波动幅度有限。正是基于这些原因，这类股票通常成为投资组合的选择对象，但它们对于一般投资者而言吸引力太小。

综上所述，当平均价格指数有利于投资者时，应考虑以下建议：

第一，挑选那些与平均价格指数表现相似的板块。

第二，然后挑选与整个板块表现相似的股票。

第三，永远只挑选股性活跃、价格适中且属青年期的龙头股。

第四，分散资金。将近乎等量的资金投入到 5 ~ 10 种股票之中，每个板块之内的股票选择不要超过一支。比如这样配置：通用汽车公司、联合飞机公司、美国橡胶公司、美国钢铁公司、纽约中央公司以及统一爱迪生公司。

第 21 章

金字塔符号探秘

经由兰顿基金会授权，我从《大金字塔中的麦基沃德预言》的 134 – 135 页中引用了 3 段话：

绕金字塔底部一周的周长是 36524.22 英寸，恰好也就是我们的公历年天数 365.2422 的 100 倍。

金字塔的高度设计是 5813.02 英寸。

那些神秘的智者们，创立了数量、时间、重量、长度，以及面积和体积的计量方法。由于所有这些都是基于这个正方形的周长，而这个正方形周长缘起于一个公历年的总天数，并且地球永恒地绕着太阳转。正是基于上述原因，这些神秘的金字塔创造了唯一性的、永远准确并且恒久不变的测量系统。

在搞清楚了金字塔吉萨底部的周长之后，研究者们接着开始着手寻找一些与它相互契合的事实。在此情况下，研究者们发现了公历年的总天数与之契合，并且精确到了最后一位小数。换句话说，将这两件事联系起来，可以发现这些神秘符号可能是作为预测之用。

我是在发现了人类行为的波浪规律之后，才知道它们在大金字塔中是用符号来表达的。埃及学者们没有发现这些符号，原因在于他们并没有深谙自然界和人类活动的规律。这些具有象征意义的符号，本书第一章和第二章介绍过，并且在第八章到第十四章详细阐述过其应用。

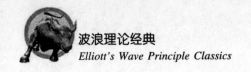
我对金字塔符号象征意义的研究贡献按顺序归纳如下：

第一，发现了波浪形态、波浪浪级和波浪数目。

第二，对于斐波拉契加法数列、汉比基的发现及其在艺术与植物学中的应用，以及毕达哥拉斯的神秘图形之间的有机联系，进行了深入研究。

第三，从诸多角度研究金字塔的图形。

第四，研究了斐波拉契比率、金字塔高度与其底边之间的特殊比率关系。即标高 5813 英寸（这由斐波拉契加法数列的 3 个基本数字：5、8、13 所组成）与金字塔底边之间的斐波拉契比率关系。

第五，在人类行为的许多领域之中研究斐波拉契加法数列的应用。

比率规

绘图人员使用一种叫"比率规"的工具，它的支点可随意移动以便获取任何一种比率。这种工具十分昂贵，现在也不易获得。为此我专门设计了一种方便的手工替代工具。当任意两个事物运动之间的比率（无论是波浪幅度还是持续时间）都是 61.8% 时，无需数学计算，使用该工具检测就可以轻松获知。

第 22 章

运动规律

　　字典中对于"循环"一词给出了好几个定义：一段时间；一轮完整的旋转或者绕行；一种螺旋式叶片结构；一系列不断重复的东西。股票市场中明显的周期性波动起伏规律吸引了大家的视线。其实，每一种事物运动，无论从轮子到行星，都具有循环特征。所有的循环运动都可以细分等级，进行细分等级是为了观测波浪循环的进展。

　　行星以特有的速度在轨道上运行。地球自转每 24 小时旋转一周，这可细分为白天和晚上。地球绕太阳旋转一轮的时间是一年，因而产生了四季之分。天文馆的机械装置通过向前或向后移动，来显示行星及其卫星在任何时间，包括过去、现在、未来的相对位置及其变化。

　　一些现象的循环运动方式从来不变。例如：水始终保持它的完整循环运动。太阳照射到海面上，使水蒸发为汽。气流带动水蒸气运动，直到水蒸气在丘陵或者高山上面遇到比它温度更低的冷空气，而冷空气反过来又使水蒸气凝结成小水滴。重力带着水滴重回大地，它在江河湖泊里再次汇流入海。

　　任何国家都在政治、文化和经济或大或小的周期性波动中前进。在人类社会领域可以观察到许许多多循环波动现象，比如城市人口的大迁徙、人口平均年龄变化、人口出生率波动等等。

　　图 88 告诉我们，不能凭借某一项人类行为来预测其他人类行为。因此，要分析每一件事物的波动规律，必须借助于它自身的波动图，而不是用一些不相干的其他事物来解释它。在 1939 年到 1942 年这一期间，股市运行与经

济基本面状况相比，股市的明显滞后曾引发了人们大量议论，但并没有标准答案。事实上真正原因应当是，20世纪初持续了8年之久的市场膨胀，催生了一个持续到1942年的13年的三角形调整浪。

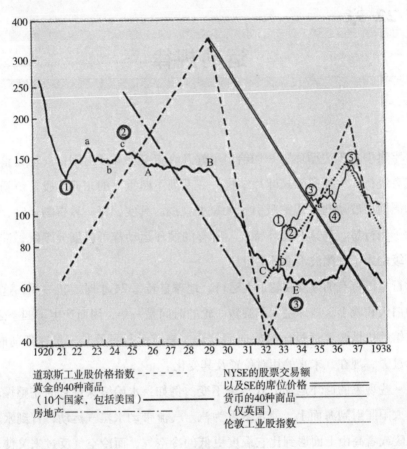

道琼斯工业股价格指数 -------
黄金的40种商品
（10个国家，包括美国）────
房地产 ─·─·─·─·─

NYSE的股票交易额
以及SE的席位价格 ══════
货币的40种商品
（仅英国）
伦敦工业股指数 ·················

图88

　　图89之中展示的关于气温的图形十分重要。气温虽然与人类行为无关，然而它在110年中形成了一个完美的五浪上升形态（事实上气温与人类行为并不是不相关。人类工业化、城镇化带来的气体排放等，一定程度上影响着平均气温的波动——译者注）。

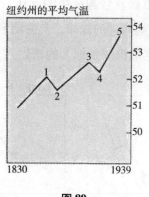

纽约州的平均气温

图 89

　　许多事物波峰与波谷之间的运动周期都显现出不同程度的一致。举例而言，诸如流行病、猞猁毛皮产量、黄褐天幕毛虫、鲑鱼游动等等。对于不同的人类行为而言，波浪循环的间隔性并不会整齐划一。但它们的波动形态遵循斐波拉契加法数列。

　　动态对称是一条自然规律，因此它是各式各样的波动形态的基础。

　　基于地球是圆的这个发现，循环成为人们争相研究的命题。有三种形式的循环。第一种是在最高点与最低点之间一致的周期性运动，比如说白天和黑夜、一年四季更迭、潮起潮落、流行病、天气、成群的昆虫迁徙等等。关于此，我向读者推荐一篇刊登在 1944 年 2 月份的《机械图解》杂志上的一篇文章，该文章题目是《循环预示着未来》，作者是唐纳德·G·科勒。第二种是定期的波动，在某些例子中，是由于天文方面有关的原因引起的。第三种是形态、时间和比率，这和数学家斐波拉契所提出的加法数列完全一致。

　　一本由牛津的阿瑟·H·曲奇（A. H. Church）教授撰写的名为《叶序与机械定律的关系》的小册子，读起来可谓妙趣横生。叶序是植物的叶子在茎或枝上的排列规律。已故美国艺术家杰·汉比基（Jay Hambidge）先生，曾经花费了数年时间研究各种样本记录，他出版了一本名为《动态对称实际应用》的著作。该著作其中有一章"叶序规律"第 27 – 28 页的内容在本书的第二章之中引用过。

　　伊利诺伊大学的病理学教授威廉姆·F·皮特森（William F. Petersen）博

士曾经出版过一本举足轻重而且妙趣横生的著作，这部著作的名字叫做《病人与气候》。书中介绍的疾病演进的规律，其波动形态与包括股票市场在内的其他人类行为的波动形态居然出现了惊人的相似。

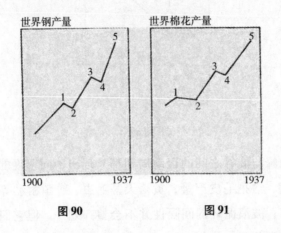

图 90   图 91

第 23 章

大萧条

就股票市场而言，"大萧条"这个表达通常是不恰当的。正如本书图 68 和图 82 所示，1929～1932 年间股市的杀跌，只不过是对先前上涨行情的正常调整。字典当中对于"萧条，洼地"（depression）的定义是"低于通常的地平线"。科罗拉多州的大峡谷可以算是一种萧条，因为它的两边均低于通常的地平线之下数英里之深。从落基山脉的顶部到太平洋可以算作是一种调整而不是萧条，尽管太平洋海岸要比科罗拉多大峡谷的底部还要低得多。在股票市场上不存在像萧条那样的说法。如果存在的话，从落基山脉的顶部到太平洋海岸就要被错误地称作是一种萧条。股票市场上这种错误的表达有诸多的原因。

对于股市不甚感兴趣的普通老百姓，可能已经习惯于 1921～1929 年之间国家的持续就业状况，并且家庭和个人已经从持续就业中受益。自然而然地，他们认为那才是正常的状态。当 1929～1932 年的经济衰退出现的时候，许多老百姓发现他们的生活逐渐出现入不敷出的状况。自然而然地，他们认为那是一种萧条。

在 1921～1929 年之间的股市上攻行情中，股票市场上看涨的乐观氛围异常明显，投资者之间相互流传的说法包括：我们正"处在一个崭新的时代"、"市场永不下跌"、"拿住股票，跟着价格创新高"等等。市场上纷至沓来的看多和做多行为，令人望而生畏但却合理合法。

许多政治家应当对错误地使用"萧条"这个词的后果负责。在 1929～

1932年股市下跌的早期阶段，正值胡佛总统在位，一些人鼓吹繁荣近在咫尺。在1932年的总统大选之中，民主党指责共和党和胡佛总统应当对"萧条"的后果负责。1932年、1936年、1940年总统大选的结果都表明，大部分选民相信并支持新政。然而，共和党抓住1937~1942年的市场下跌问题反过来指责新政。对于这些哗众取宠的政治谎言与借口，无论是由民主党还是由共和党所发起，都在本书第十章和第十一章之中用市场图形展示过。

股市中所谓的"萧条"之说从来都是无稽之谈；它只不过是对先前的上涨行情所进行的反向调整而已。正是在作用和反作用之中的交互更迭，一轮波浪循环就此形成（The stock market never has a depression; it only corrects a previous advance. A cycle is action and reaction. 这句话对于深刻理解波浪理论的全部精髓，具有画龙点睛的作用——译者注）。

许多金融服务机构和报纸的财经评论员，立场坚定地热衷于讨论和分析新闻时事，深信新闻时事才是股市上涨与下跌的原因。他们把每天的消息时事和市场行为联系起来。这不过是简单地把一件事和另一件事相互配比罢了。当没有消息而市场发生波动时，他们就说这时的市场行为是技术上的要求。这种现象已经在第十七章（消息的价值）之中给出过详细讨论。

我们这个世界时不时地会发生一些重大事件。如果伦敦股市出现下跌，而纽约股市上涨，或者出现相反的情况，财经评论员们就会茫然不知所措。伯纳德·巴洛克先生最近曾经指出过，繁荣会与我们相伴若干年，不管你做了或没做什么。仔细琢磨一下吧。

在欧洲中世纪的黑暗时代，世界应当正处在一个平台型的调整浪形态。哪怕是错觉，我们也坚信这种观点。

第 24 章

个体情绪波动

关于人类行为中的群众情绪波动方面的研究，我已经在本书其他章节之中以图表的方式介绍过。目前有一位科学家发表了他在个体情绪波动规律方面的研究。在 1945 年的 11 月份的《红书》杂志上发表了一篇麦隆·斯蒂恩斯（Myron Stearns）先生撰写的文章。这篇文章披露了科学家瑞克斯福德·B·赫斯（Rexford B. Hersey）博士所做的一项历经 17 年的研究成果。我已经获得 McCall 出版公司的授权，在此引用这篇文章。我在本章末尾几个段落之中，特别强调了某些数字的重要性。

赫斯博士，罗氏奖学金的获得者，毕业于西弗吉尼亚大学和柏林大学……赫斯博士就其发现写了一本书《员工在厂里与家里的情绪比较研究》，该书由宾夕法尼亚大学出版。赫斯的研究获得了宾夕法尼亚铁路公司远见卓识的管理层的支持……赫斯博士应邀访问了德国。他发现那里的工人与美国工人情绪状况有着相同的反应。

赫西博士研究人类情绪周期性的波动起伏已经超过 17 年之久，并且其研究结论已经被实践所证实。他的研究指出，快乐和悲伤伴随着我们每一个人，它们相生相伴彼此有规律地出现，就如同潮水的涨跌规律一样。他发现，经过几周的反复测试，他在每个人身上做的所有实验最后得出的走势形态简直如出一辙。赫西博士的图表显示大约每隔 5 周，个体会变得更加富有挑剔性。

人们或许会想当然地认为，除非你拥有超强的意志，否则坏消息会立即

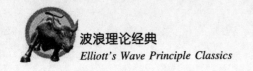

使你沮丧；另一方面，好消息会很快把你带入快乐的巅峰。但是，现在科学证明那是错误的观点。如果你满怀精力与激情，好消息仍然将会使你更加快乐。相反的是，如果你的情绪正在"沮丧星期一"之中煎熬，出现好消息或许只会暂时缓解，但作用力不甚了了。

人类的情绪通常有规律地按照 33 到 36 天的间隔起伏。这些情绪因素的起起落落类似于股市的走势图。

血液中的胆固醇含量似乎每隔大约 56 天循环一次……决定总情绪周期的甲状腺素分泌量，通常会用 4 到 5 周的时间在身体里做一次循环，情绪会从低点到高点，然后再从高点回到低点……在甲状腺机能亢奋的案例中，这种周期也许会短至 3 周。

情绪周期的长短在男性与女性之间似乎没有什么区别。

斐波拉契加法数列之中包括数字 3、5、34 和 55 等。时间周期循环并不总是万分精确毫无误差。因此，当一个周期是"33 到 36"，那么平均周期大体上就是 34。平均周期 55 与数字"56"也不例外。

如果有一天你的家人、朋友、员工、老板，或者顾客激怒了你，我建议你重温一下本章所讲的内容。想一想招惹你的人有他们的情绪周期，连你自己也不例外。千万不要把你的情绪周期与别人的搅和在一起，那样会让别人的坏情绪搅乱了你的好心情。

第 25 章

毕达哥拉斯

公元前五世纪的毕达哥拉斯，是历史上旷世少有的伟人。我强烈建议读者阅读一下《大英百科全书》中一篇关于毕达哥拉斯的介绍。他拥有百折不挠的探索精神，不迷信于别人的研究结论，并且访问过被称为文明发源地的埃及。

毕达哥拉斯因其在数学方面的研究成果而名闻天下。据我所知，他的发现之中最重要的部分恰恰被人们忽略了。他曾绘制过一个三角形，并且在三角形的下面写了一个含义模糊的标题"宇宙的奥秘"。这个情况在本书第二章中有深入的阐述。

在 1945 年，担任毕达哥拉斯学会主席的哲学博士约翰·H·曼纳斯（John H. Manas），在他的著作《生命之谜揭秘》一书中披露了关于毕达哥拉斯的一幅画。在获得了加州洛杉矶哲学研究学会的负责人曼雷·P·豪（Manly P. Hall）先生的授权之后，我得以在此展示它。

尽管这幅图里有很多处信息，但是让我们只将精力集中在图中的两个重要地方，即毕达哥拉斯右手所托的金字塔和图的右下方那三个正方形。

那座金字塔代表的就是大金字塔吉萨。该金字塔建造时间或许是公元前 1000 年，尽管一些研究者们认为它的建造时间可能更早。这座金字塔被列入世界七大奇迹之一。令人惊叹之处在于，它的精确计量以及将巨大的大理石安放在适当的位置。然而，它的这些特征与神秘符号所蕴含的知识相比，就显得无足轻重了。这也许就像是在《圣经》中的一个段落所提到的那样

（《以赛亚书》第 19 段第 19 行）："埃及的中部必将有为上帝修筑的一座坛；在埃及的边界，必有为上帝竖立的一根柱。"

本书在第二章中绘制过这座金字塔不同视角的图例。为了讲解时引用的方便，我在图 92 之中再次展示了一个侧面视图。

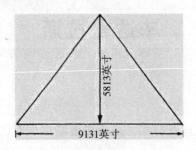

图 92

一个侧面的底边长度是 9131 英寸，四个侧面的底边总长度就是 36524.22 英寸。这象征着 365 天，即我们一个公历年的天数。在我们的日历上，一年的天数是 365 天，但是每第四年就要多加上一天（即 2 月 29 日）。这个第四年就被称为闰年。因此，四年的总天数就是 1461 天。

金字塔底边至顶部的高度是 5813 英寸，一个侧面的底边长度是 9131 英寸。高度与底边长度的比率是 63.6%。金字塔有五个面和八条棱。5 加上 8 等于 13。读者注意其高度 5813 英寸的几个数字 5、8 和 13。这几个数字之中 5 是 8 的 62.5%；8 是 13 的 61.5%。注意这个比率在本书的图 71 当中的具体应用。

在人类行为的波动中，一轮上升运动由五浪所组成，三个上升浪和两个穿插其间的调整浪。一轮波浪循环包括五个上升浪和三个下跌浪，共八浪。该规律对于所有的浪级，即小浪、中浪和大浪均适用。详情请参阅本书第 4 章（人类行为的特性）。

图 93 复制了毕达哥拉斯那幅画的右下方那三个正方形。为陈述方便，我已经给图中带阴影的方格标上了数字。右上方正方形里有五个带阴影的方格。左上方正方形里有八个带阴影的方格。下面的正方形里有十三个带阴影的方格。这些数字都与金字塔高度的英寸数字相契合。

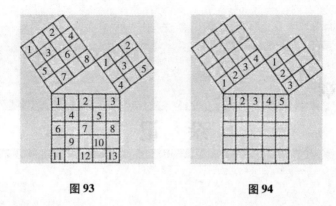

图 93　　　　　　　　　　图 94

图 94 中显示了同样的三个正方形。现在用不同的方法给那些小方格标上数字，那就变成：

1、2 和 3，它们之中 3 的平方等于 9；

1、2、3 和 4，它们之中 4 的平方等于 16；

1、2、3、4 和 5，它们之中 5 的平方等于 25。

毕达哥拉斯定理就是，直角三角形斜边的平方等于其他两边的平方之和。在毕达哥拉斯的所有发现之中，这一点最为著名。

让我们把注意力转移回斐波拉契加法数列之中的 1～144。这些数字构成了毕达哥拉斯所称的"宇宙的奥秘"。植物学领域最典型的例子当属向日葵，请读者参见本书第 2 章中引用的杰·汉比基先生的描述。在人和动物体内，应用的最广泛的数字是 3 和 5。在毕达哥拉斯那幅画之中还有许多的其他符号，那些符号充满着无限神秘的想象力。

第 26 章

杂 记

波浪与交易量

在一轮上攻行情之中，第五浪交易量不会超过第三浪交易量，事实上市场经常如此。只要交易量还在放大，那么价格的另一轮上攻可以期待，直至价格创出新高而交易量不再放大。如图95所示。需要请读者注意，第二浪的交易量要低于第一浪的交易量，这是一件好事。

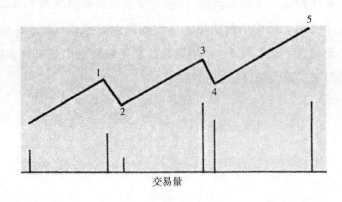

交易量

图 95

圆

　　对循环一词的理解可以借助于观察圆周。圆的特征常常会出现在股市走势图中。图96之中的圆被细分成了A、B、C和D四个部分。当图形向下运动时，正如C部分的情况，参考一下这一阶段的波浪数目，我们可以判断市场这种向下的趋势已经快要走完。市场已经快要找到底部，一轮或者更多轮的三浪运动可能会启动起来，然后是加速上攻，正如D部分的情况一样。整个市场向下和向上的运动，就如同C和D部分的结合分析，即圆周的下半部分那样，周而复始地来回运行。

　　1945年末以来出现的席卷美国的罢工浪潮就是一个简单从左到右的波动，如图96所示，就是图中从点1到点2，然后到点3的波动。在工人们被组织起来之前（即1906年之前），谈不上是绝大部分，但也称得上是为数众多的雇主们，普遍专制、冷酷和无情地对待他们的工人、竞争对手以及社会公众。可以说，一些早期的资本家的素质，要远比现在那些罢工者糟糕得多。对于每一个民族而言，人群和个体行为都有其各自的波浪循环——有些长一些，有些短一些，这取决于各自波浪的发展阶段及其表现出的波动幅度。

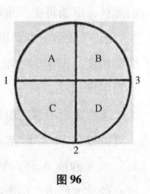

图96

A – B 底

　　在本书第六章图53之中的A – B底部，有时由双倍横盘调整浪或者三倍横盘调整浪所构成，这在本书第五章之中介绍过。当市场走出一个圆形底部时尤为如此，正如本章有关"圆"话题下面第一段中的阐述。

第 27 章

1942～1945 年牛市

本书在图 71 中展示了道琼斯工业股平均价格指数从 1928 年到 1942 年这十三年的三角形调整浪。就像本书第五章图 31、图 32、图 37 和图 38 中展示的那样，市场将在三角形结束时击穿顶点向上突破。

图 97 展示的也是道琼斯工业股平均价格指数。每一条竖线代表一个月的变动幅度。图中的大浪①相对较短，大浪③相对较长。我们将市场的中浪用小写字母 a，b，c，d，e 标示。请读者注意浪 b 和浪 d 位置的底部那条基线。大浪④由 3 个中浪所组成，我们用小写字母 a，b，c 标示，它从 1943 年 7 月一直持续到 11 月走完。大浪⑤从 1943 年 11 月一直持续到 1945 年 12 月 10 日。浪 A 和浪 B 走了 5 个月之久。在这个阶段的日波动图和周波动图之中，所有的波浪均由三浪所组成（参见本书图 53 所示）。

从字母 B 到数字 1 属于中浪 1，这是因为在日波动图上分析它由五个子浪所组成。中浪 3 也由五个子浪所组成，我们用小写字母 a，b，c，d，e 标示。在三个驱动浪 1，3，5 之中，最多只会出现一个延长浪（参见本书图 39 到图 44 所示）。中浪 4 与中浪 2 相同。中浪 5 在周波动图上由五个子浪所组成，它在 1945 年 12 月 10 日达到了 196.59 点。略微攻出了平行线之外。继 1945 年 12 月 10 日之后，市场出现了一个不规则的顶部，并在 1946 年 2 月 4 日达到了 207.49 点。

从 1943 年 11 月到 1945 年 12 月的大浪⑤的形态，从某种方面来看非同寻常。读者注意从 1943 年 11 月一直到 1945 年 8 月，它紧紧地围绕着基线前进，而不是直接奔向上通道线。出现该反常现象的原因是，一批钱比经验多的鲁莽的新股民，他们热衷于投资低价股，而对于流行的平均价格指数所涵盖的成熟类股票无动于衷。为了克服此反常现象，我发明了一种能表现正常状况的特殊指数，如图97之中的下方所显示，读者注意大浪⑤并没有紧紧粘住基线，而是自始至终一直追随一条直线。

请读者注意，在图97的上方那幅图上，道琼斯工业股平均价格指数在1945年12月10日走出了它的常规顶部。就在本书出版过程中，一个不规则顶部的浪B正在形成之中，紧随而来的应当是浪C（请读者参见本书第七章）。

我预期一个亚常态的熊市即将到来，正如本书第12章图76展示的那样。

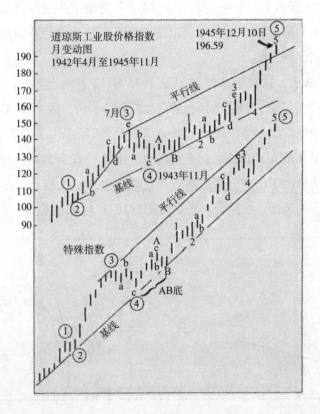

图 97

第 28 章

回顾与总结

本书图71展示了一个从1928年到1942年持续了十三年之久的三角形调整浪。参阅本书第五章,读者应该记住三角形往往是作为第四浪出现,第五浪会超出第三浪的顶部。

如图98所示,这是市场自1800至1945年12月的走势图。从1800年到1857年的浪①、②是以经济的历史状况为基础绘制的,因为在1857年之前并没有明确的股票市场记录。到了1928年11月,市场走出了浪③的常规顶部,三角形(也就是浪④)形态从此正式启动。到了1942年的4月份时三角形宣告结束,市场启动了击穿三角形顶点(也就是浪⑤)的行动。击穿浪上攻往往会超过浪③的顶部。在这个例子中就是1928年11月的位置。

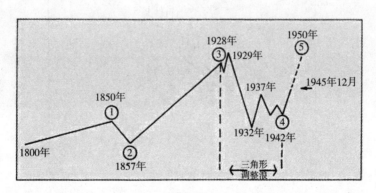

图98

从1921年到1928年11月的这轮波浪运动,由三个牛市和两个穿梭其间的亚常态熊市所组成。至今为止,截止到1945年12月,一个牛市已经形成。

因此我们可以给出合乎逻辑的推断，那就是1942年之后的市场，在波浪形态与波动幅度上会重演1921～1928年的市场。也就是说由三个牛市和两个穿梭其间的亚常态熊市所组成。

道琼斯工业股平均价格指数从1921年的64点启动上攻，到1928年11月以299点结束，总共上涨了235点。从1942年4月由93.93点开始的上攻算起，如果加上235点就等于328点，这就是说会超出1928年11月浪③的终点29点之多。击穿三角形顶点之后的这一轮上攻有可能会历时8年，在1950年结束。这与1921～1929年相类似。现在公众手中持有的数不尽的资金，这都是为第二次世界大战融资目的而放出来的大量货币，看起来充裕的资金面状况为我们的预测提供了有效确认。

如果我们拿现在的市场与1921～1928年比较的话，其运行顺序稍有不同。在1921～1928年之间，第一浪是一个没有市场膨胀征兆的上攻浪。而在1928年11月结束的第五浪无疑已经陷入市场膨胀。现在的市场情况是，1942～1945年第一浪就显露出市场膨胀的特点。价值可疑的低价股在市场中冲锋陷阵，滥竽充数地冒充着蓝筹股的价钱。《纽约太阳报》曾经列举了96只上涨幅度惊人的股票。每只股票都在每股2美元以下启动上攻行情。最高涨幅居然达到13300%，最低涨幅是433%，这组股票平均涨幅是2776%。

本书提供的若干波浪形态，同时也展示了一个关于美国历史非常有意义的轮廓。因为很多方面的原因，它取得了不可思议的进步。

——地理位置，形状和国界：美国拥有一个两边以大洋为界，另两侧以友好的邻国为界的正方形。

——纬度与气候：美国地处亚热带气候，非常适宜农业生产。

——自然资源：丰富的黄金、铁矿、煤炭、石油、木材和水资源应有尽有。

——智慧与个体创新能力：从1850年到1929年之间的专利申请数量及其价值飞速增长。请读者留意本书第十四章，专利申请的走势图（参见图81）与股票市场的波浪图在时间和形态上的一致性。这反过来也极大地带动了企业业绩和大众心理预期。

——民主的观念：政府运行体制激发了个体创新能力。这并不意味着已经达到了极致，但它毕竟表明着我们或许正走在一条光明大道上。

第五篇

市场通讯

为了揭示经济现象的内在规律，经济学家、银行家和企业家们对经济循环进行了广泛的研究。最近一期传统经济学杂志《伦敦经济学家》对长期研究经济循环的知名英国经济学家威廉姆·贝沃尔奇爵士的成果做出如下评论：

　　威廉姆爵士的研究再一次表明：对经济循环研究的越多，就越会发现它像是受到某种力量的控制，这种力量有着不可动摇的本性，很大程度上已经超出了人类控制的范围，它使政府的经济政策就像陷于潮汐的鱼儿一样艰难挣扎。威廉姆爵士指出：经济循环不受政治的影响。他本可以再加上一句：它凌驾于经济政策之上。

　　作者通过多年来对一定时期内经济数据的独立分析和研究发现，在经济的长期运行过程中总会反复出现某些特定的变化，这些变化好像遵循一种能绝对影响公众选择的自然法则，如果掌握了这一法则，谨慎的研究者通过研究市场本身的表现就可以预测各循环变化的节点。与此相关的预测理论已远远超越任何现有预测公式的思想和理念。运用这种预测理论，人们可以在获得证实性统计证据之前很长时间就预测出市场的走势，同时还可以量化地判断其变化的幅度、调整量以及发生反转的位置。这种预测理论有一个特点极具价值，那就是掌握它的研究者始终知道当前市场正处于循环中的什么位置，因此可以在市场发生反转前得到预警。

No. 1

（1938 年 3 月 31 日～11 月 10 日）

我们提供的这些市场行情通讯很独特，它不是预测市场未来的走势，而是应用波浪理论分析市场最近的走势，为《波浪理论》研究者与实践者服务。

《波浪理论》经典就是一部投资的教科书，在它的指导下，投资者将能够运用波浪理论分析市场随后出现的波浪并练习预测能力。

始于 1938 年 3 月 31 日的循环刚刚完成了 5 个浪。前两浪在《波浪理论》中已有展示，它们再与本信函中与另外几个浪构成一张完整的循环图。

以后，每当一个波浪完成，我就会发布一封市场通讯，不会等一个循环完全结束。通过这种方式，投资者可以学会自己做预测，不用再付任何费用。因为市场不断呈现出新的变化，而应用波浪理论中的固定规则可以分析所有这些变化，这使得这种分析变得越来越有趣。

虽然没有两个完全一样的市场走势，然而正如波浪理论中讲的那样，波浪理论对它们始终适用。并且同样的分析也适用于任何一个循环，不论其规模大小。请将当前的循环与波浪理论中的循环进行比较。

市场通讯中所列图表上标示波浪终点的数字和字母的索引

名称	位置	预示
1. 罗马数字	上升浪	
2. 阿拉伯数字	上升浪	比罗马数字低一级
3. 大写字母	调整浪	
4. 小写字母	上升浪和调整浪	比数字和大写字母低一级
5. x	在小写字母 a 到 e 之前，例如：xa	延长浪

名称	位置	表示
6. OT	在不规则调整浪之前	正统的顶部
7. #* 和 *	任何地方	"见下面注释"
8. T	任何地方	"见波浪理论"、页和段落
9. C	任何地方	参见图表

下图就是 3 月 - 11 月这一循环的轮廓，显示了几个大波浪以及当波浪Ⅲ发生如本例这样的延长时所应用的通道（虚线）。平行线给出了波浪Ⅴ结束的大概位置。

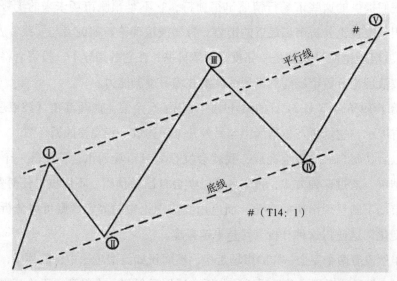

一旦投资者掌握了波浪理论，就可以将其应用到任何一种人类活动、平均指数、股票板块、个股、债券、商品、产量、人寿保险、汽油消费或其他什么方面。

波浪①，上行 24 点，5 个浪，确认了 97.46 点是底，因为它是自 1937 年 3 月以来这个浪级中第一个向上的 5 浪运动。

波浪⑪（第一个调整浪），"平台形"，它要求第二个调整浪（波浪Ⅳ）为

---

* 请注意波浪Ⅴ顶部的通道（虚线）和"翻越"。

锯齿形。波浪 II 中的浪 C 按惯例由 a 到 e 共 5 个浪组成。

波浪 ⑪，上行 40 点，延长浪。成交量和速度非常高，是由成交量循环 6 月 18－20 日的反转造成的。

波浪 ⑫，下行 19 点，锯齿形。锯齿形和平台形几乎永远交替出现。9 月 28 日，希特勒推迟了战时动员，伦敦工业股平均指数也完成了其自 1937 年 1 月开始的大循环调整浪，细节完美。

波浪 ⑬，上行 31 点，非延长浪。请注意顶部虚线内的通道。

这个循环中所有波浪的行为方式都是正统的，只是波浪 ⑬ 中浪 3 的最后一个细浪没能实现。铁路股平均指数也恰如其分地完成了这次运动，为了便于比较，我将这一期间铁路股平均指数的运动图列于工业股平均指数运动图的下方。

这一循环中的 5 个波浪除了波浪 ① 之外都被分成了三个级次。这张图在下一页还会出现，但是略去了最小一级的波浪。

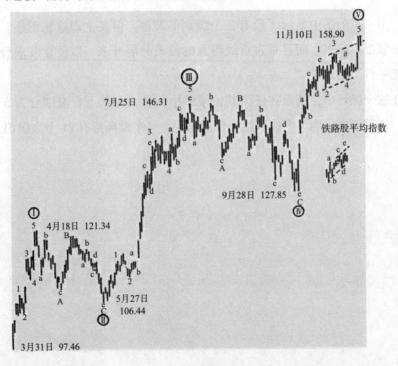

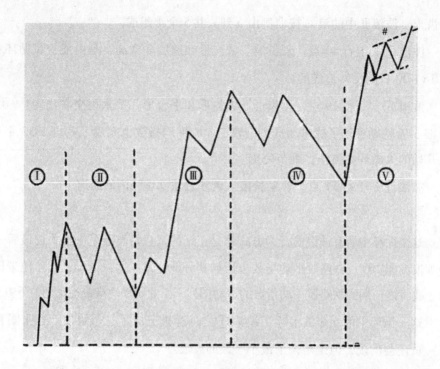

在上一页的图中显示了所有三个级别的波浪，但在上面这张图中，最小一级的波浪被略去，而且垂直虚线将大的波浪分隔开来，以便让波浪理论初学者能一目了然。

在这个循环中，就像在任何其他浪级中一样，也是上行浪细分为 5 个次级浪，调整浪细分为 3 个次级浪，也就是说，每个循环都有 21 个次级浪。

No. 2

第一封市场通讯讨论的是 1938 年 3 月 31 日至 11 月 10 日这段时间形成的一个完整循环。我们设计了三张图，用来帮助投资者应用波浪理论，这也正是这些市场通讯的目的。下一页同样针对该期间的图，是周走势图而不是日走势图。对于该循环的调整浪，则不仅在周走势图中可以看到，还有单独绘制的日走势图。

在周走势图中，除了波浪①，该循环中的所有波浪都有清楚的次级浪细分，波浪①的次级浪在第一封解释性信函的日走势图里有清晰的展示。

在快速变化的市场中，日走势图是至关重要的。分时走势图即便不总是非常重要，也是很有用的。反过来，如果因为波浪的变动速度缓慢并且持续时间长而使日走势图变得模糊，那么我们将其压缩成周走势图就又会清晰了。

从 11 月 10 日的最顶部下行至 11 月 28 日的部分是该循环的调整浪。我们同时以周走势图和日走势图（详见下页）两种形式来展示。较小那张图的刻度是周走势图刻度的两倍。第一个下行的波浪 Ⓐ 被清晰地分成 5 个次级波浪，这预示该调整浪将呈锯齿形。如果第一个下行的波浪是由 3 个小波浪构成的，该调整浪将会呈"平台形"。波浪 Ⓑ 则是由常见的 3 个次级波浪组成的，是这次下行运动的调整或停顿。

波浪 Ⓒ 是第二个下行波浪，与波浪 Ⓐ 相伴，本应象波浪 Ⓐ 一样由 5 个次级波浪组成，但它只有一个波浪，下行 6 个点。顺便提一句，重要的是，我们注意到波浪 Ⓒ 由 5 个非常小的、比波浪 Ⓐ 的构成浪要低一级的波浪组成。这些小波浪仅在分时走势图中，特别是在道琼斯 65 种股票综合平均指数的分时走势图中才可以看见。

不过，波浪 Ⓒ 在技术上是不完整的。不完整的波浪既不很常见也不罕见，用"不常见"这个词描述可能比较合适。我们找到两个例子，就是在 1937 年 10 月至 1938 年 2 月期间的大三角形中的波浪 3 和波浪 4。为了便于参考，现将它们展示如下。

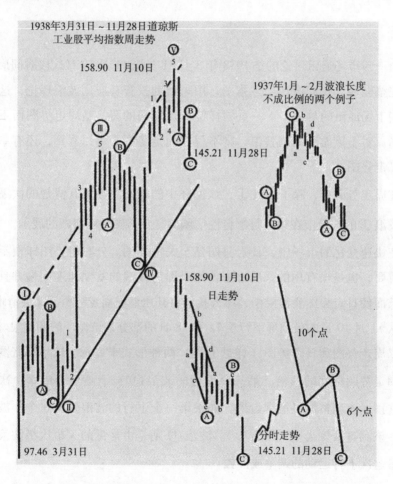

一般来说，利用波浪理论的帮助，在最后一个下行波浪的运动期间可以购入股票，但如果因为很明显的原因不能买，那就另当别论了。缩短的波浪 Ⓒ 已经结束的证据是紧接着 145.21 这个最低点之后出现了一个由 5 个波浪

（分时的）组成的反转。如果下降的趋势将要继续的话，就不会有这5个向上的波浪了。因此这说明波浪Ⓒ已经结束。在这5个波浪（分时的）之后，紧接着又将是3个波浪的调整（也是分时的），那时将确实证明反转的趋势已经形成。在第一封信中我们曾说过：

"波浪①，5个浪，确认了97.46点是底，因为它是自1937年3月以来这个浪级中第一个向上的5浪运动。"

在上一页靠近底部的小图中，我们可以看到这次由5个"分时波浪"构成的上行运动。

No. 3

（1938 年 11 月 10 日～12 月 24 日）

市场通讯是新生事物，它提供纯粹的指导服务而非预测服务，人们还不太了解两者之间的区别。波浪理论一直存在于人类所有活动中，只是最近才被揭示出来，因此历史中有大量证据，在我的《波浪理论》中也多有描述。敬请注意我们的常规公告：市场通讯服务每年 60 美元，而提供预测建议则按传统方法收费。

下图反映从 11 月 10 日的顶部开始的调整浪，以及本循环的第一个上行波浪。请注意这次调整的预测结论，该结论在第二封市场通讯里被我有意略去了。

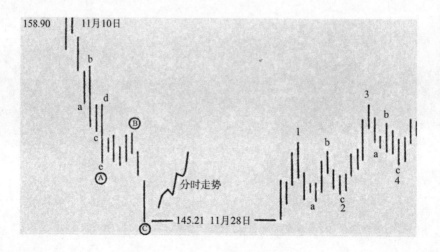

请将上面的调整浪和波浪理论中的锯齿形波浪模式进行比较。（这个模式和其他两种模式都是完整的调整浪）。在波浪理论和下面的描述中，锯齿形波浪的第一个运动，也就是波浪 A，都是由 5 个小波浪组成的，这提示我们进行观察。波浪 A 中的 5 个下行浪（不论是分日的还是分时的）预测了两件事：

A. 如图所示，该次调整将是锯齿形的，并且
B. 该锯齿形将完成这次调整。

我预计波浪 C 和波浪 A 一样，将由 5 个次级浪组成。然而，实际上出现的只是一个缩短的波浪，这种情况很少发生。从 11 月 28 日闭市开始的上行的 5 个分时波浪模式宣告了两件事：

A. 波浪 C 和完整的调整浪已经结束，从而
B. 市场趋势开始反转。

第 4 封市场通讯将非常有趣，因为从 11 月 28 日的 145.21 点开始的第一个上升运动与波浪理论十分相符。

No. 4

(1938 年 11 月 10 日 ~ 1939 年 1 月 13 日)

下一页有 4 张图，用字母表的最后 4 个字母加双圈来分别编号。

图 W 从 1938 年 11 月 10 日到 12 月 28 日，道琼斯工业股平均指数呈现了一个相当好的三角形模式。我们知道一个三角形应有 5 个波浪，每个波浪应该最多由 3 个次级浪组成，这个三角形中每个波浪都是这样的，只是在浪 4 和浪 5 上有一些疑问。这个明显的三角形暗示着平均指数将从端点（5）开始上行，这与第 3 封市场通讯中所描述的上扬暗示是一致的。出于很多原因，人们怀疑该模式是否是一个真正的三角形，现在，这个怀疑已经得到证实。如果这个三角形是合理的，它应该是对前一个循环的一次完整的调整，但事实并非如此，端点（5）并不是上行的开始。

图 X 这张图显示道琼斯工业股平均指数从 1938 年 11 月 10 日的 158.90 点到 1939 年 1 月 13 日的 146.03 点的变动情况。第 3 封市场通讯中 11 月 10 日到 28 日那次调整所暗示的情况实现了，只是在"d"和"e"之间（见虚线）的第 5 个细浪没有出现，这样的失败极为少见。此失败的重要性要以其所在波浪的浪级来衡量，在当前这种情况下还是很小的。当这样的失败出现时，通常有一个努力要做，但在我们这个例子里没有出现。在第 1 封市场通讯里也描述过一个小的失败，发生在 1938 年 3 月至 11 月的那个循环中，是在 10 月 25 日。那时，其他一些工业股平均指数没有与道琼斯铁路股平均指数同时发生失败。这一次，铁路股平均指数也同时发生了失败，但公共事业股平均指数没有。见图 Z。

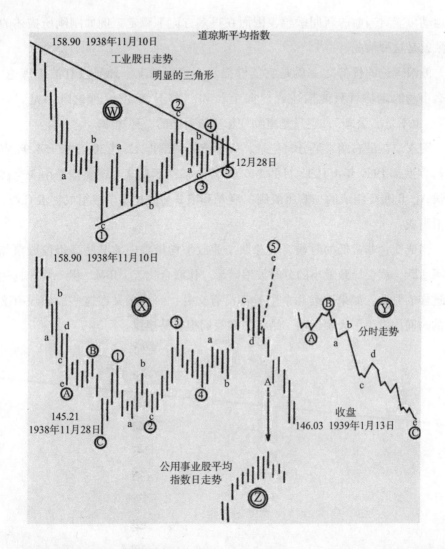

第三封市场通讯中说："我预计波浪 C 和波浪 A 一样，将由 5 个次级浪组成。然而，实际上出现的只是一个缩短的波浪 C。"

也许是 11 月 28 日处于 145.21 点的波浪 C 的不完整引发了前面段落中提到的第五个细浪的失败，我回忆不出与此类似的不完整的情况了。经验显示，不完整的调整浪是看涨的。波浪 C 比预计的目标短了约 4 个点，随后的上升运动应该已经多涨了 4 个点，并且应该已完成了 5 个波浪。

在我的预测服务中，我经常警告用户：处于超级循环浪中的目前位置上

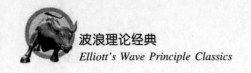

的运动可能对当前的新闻敏感，因而在很多方面不稳定，例如刚刚所描述的失败就是这种情况。

波浪理论的优势之一就是它能够揭示不规则情况。如果没有波浪理论，那么市场的走势就只能描述成"向上"和"向下"。波浪理论既不是"方法"，也不是"公理"，它只是事物变化应该遵循的一种规律。

图 Y 在最右端，是分时记录，从正统的顶部即 12 月 30 日的 154.94 点（c）到底部 1939 年 1 月 13 日的 146.03 点。请注意：这个调整浪是由 3 个次级浪 A、B 和 C 组成的。按照惯例，浪 A 和浪 B 分别由 3 个浪组成，浪 C 由 5 个浪组成。

当成交量非常低的时候，道琼斯工业股平均指数中的某些高价位股票如果不活跃，就会导致最小的分时波浪畸形。像联合化工、IBM，伊士曼·柯达等这样的股票，如果连续几个小时都没有交易，而市场又在这些股票没有交易的时间内发生了大幅运动，结果怎样我们很容易想像。

No. 5

（1938 年 11 月 10 日～1939 年 1 月 26 日）

我分别用字母 V、W、X、Y 和 Z 外加两个圆圈对以下各图加以标示。

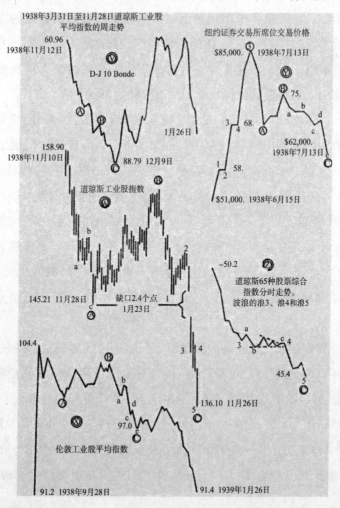

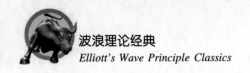

　　图 W　我们用这种字母和数字标示的新方法来分析道琼斯工业股平均指数下降的程度。该图最重要的部分是波浪 C 中的浪 3、浪 4 和浪 5 所涵盖的期间。

　　图 Z　分时的道琼斯 65 种股票综合平均指数图，提供了这一走势最清晰的画面，并且因为那个完美的三角形而显得极为重要。波浪理论中提到："不要总是被时间计量方法（周的、日的和小时的）所左右，但在分析波浪编号时要予以考虑"。浪 3、浪 4 和浪 5 变化极快，因此必须用分时走势图来观察。浪 3 由 5 个次级浪组成。浪 4 是一个典型的 abc 型浪，其中的浪 "c" 是一个完美的三角形，它的第 2 个浪指向下，预示着从端点开始要去的方向。紧随三角形之后发生的 "冲击" 往往标志着当前走势的结束。在本图中，波浪 5 是由 3 个波浪组成的，不是 5 个。有时最后一个分时波浪不能实现，特别是在快速变化中。调整浪的简化和缩短可以解释为市场看涨。

　　图 X　1938 年 9 月 28 日，伦敦工业股平均指数从 1936 年 12 月开始的完整循环调整浪的底部出现了，为 91.2 点。从 91.2 点开始又出现了一个上涨的模式，一直到 104.4 点。紧接着是一个典型的 ABC 型调整浪，波浪 C 于 1938 年 12 月 9 日 97.0 点结束（见上页图）。从这一点开始到 1939 年 1 月 26 日的谷底 91.4 点发生了一个不规则变动，迄今为止它在我的研究结果里没有先例。这个不规则变动对我们的市场是一个明显的威胁。大家应该记得，尽管伦敦和纽约很少精确地一致，但是它们同时或几乎同时发生重要的反转。这个不规则变动将伦敦市场带入熊市的新低，而且可能已经加重了这里的混乱。

　　图 Y　我们的成交量循环的调整浪也促成了市场的疲软，现在仍是如此。证券交易所席位交易价格的循环和纽约证券交易所股票交易成交量的变动是同步的。图 Y 显示了从 1938 年 6 月 15 日 51，000 美元的底部到今天的走势，先是到 1938 年 7 月 13 日的一个上涨，接着又出现了一个正常的 ABC 型调整，到现在为 62 000 美元。一些销售收入可能具有被迫交易的性质，这种情况使得记录略微低于 62 000 美元，不过该模式的指示并不会改变。根据这张图，我们可以预计成交量很快会出现一个增长。

第三封和第四封信中描述了从 11 月顶部的 158.90 点到 145.21 点的第一次下行（为锯齿形）以及该调整浪的结束，是一个缩短的模式。同期，图 V 显示道琼斯债券平均指数以锯齿形模式下行，最终还是没有破坏当时形成的底部。公用事业股平均指数也没有破坏 12 月 9 日形成的底部，相反在第二个循环中出现大幅增长。铁路股平均指数只跌破其 12 月底部 1 个点。

很明显，持有美国领先工业股的欧洲股民承受了巨大的压力，他们在美国交易清淡的市场上大量抛售股票，导致美国工业股平均指数在 1 月 23 日出现了一个 2.4 个点的缺口。

No. 6

(1938 年 1 月 26 日 ~ 1939 年 4 月 11 日)

以下各图都反映道琼斯工业股平均指数的变动情况，分别以字母 W、X 和 Y 加双圈标示。

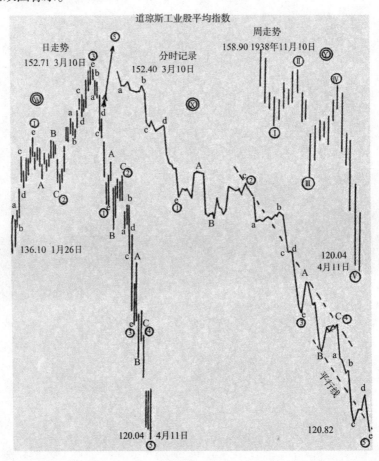

　　图 W　是从 1 月 26 日 136.10 点到 4 月 11 日 120.04 点的日走势图，它是第 5 封信中结束于 136.10 点的图 W 的延续。本图 W 显示了从 136.10 点开始三个波浪上涨至 152.71 点的过程。这里提请您注意，在顶点指向"⑤"的箭头表示另一个上行的波浪，即波浪 5 应该已经实现。从 152.71 点开始出现一个向下 4 个点的调整浪是正常的，但是实际上却发生了一个急速下跌，一直跌到了 120.04 点。这次失败的含义我们将在后面讨论。

　　图 X　这张图是"分时"记录，反映了上面提到的这次下跌。首先要特别注意数字①到⑤，然后是在波浪①、波浪③和波浪⑤中用小写字母 a 到 e 标示的次级浪，以及波浪②和波浪④中用大写字母 A、B 和 C 标示的次级浪。

　　不仅下跌的波浪很多而且调整浪属"弱"型的情况在波浪理论中有所描述。就当前这个情况来说，波浪 5 中的浪 a 到浪 b 接近底部，极"弱"。

　　另一个重要特点是波浪④中的浪 C 出现了向上的倾斜三角形，它确认下跌的终点即将到来。

　　波浪④中的浪 B 有三个次级浪，它们显示波浪④还没有完成。

　　这次下跌的高速和加速度反映了欧洲市场的惨烈，尽管如此，波浪理论依然运用。

　　请注意从波浪②到波浪④划出的底线和它的平行线，还有在波浪理论中所描述的"翻越"。

　　图 Y　这张图是从 1938 年 11 月 10 日至 1939 年 4 月 11 日的周走势图，是第二封信中描述同一内容的那张图的延续。波浪Ⅲ的终点是 1 月 26 日的 136.10 点，它是前一个上升循环的调整浪的正统终点。波浪Ⅳ清晰地显示出 3 个次级浪，但是它本应该像本封信中图 W 下解释的那样有 5 个次级浪。

No. 7

（1938 年 3 月 31 日～1939 年 4 月 11 日）

在第 6 封信的图 W 段中我曾提到："这次失败的含义我们将在后面讨论。"

下一页将有 6 张图，分别用字母 U、V、W、X、Y 和 Z 标示。

图 W 这张图是从波浪理论"锯齿形模式"中复制过来的。

图 X 是与图 W 相同的模式，但是被放大了，以展示其在如图所示于 1937 年 3 月开始至今的熊市中的应用。波浪 A 的终点出现在 1938 年 3 月。图 X 中的波浪 B 在图 Y 中进行了放大。

图 Y 这张图包含的市场波动期间为：

从 1938 年 3 月到 1938 年 11 月（波浪 a）

从 1938 年 11 月到 1939 年 1 月 26 日（波浪 b）

从 1939 年 1 月 26 日到 1939 年 3 月 10 日（波浪 c）

实线的终点与图 U 中 3 月 10 日的 152.71 点相一致，虚线划出的是一个没有实现的运动。

图 U 这张图是道琼斯工业股平均指数在图 Y 期间的周走势图。指向 "e" 的箭头对应图（Y）中的虚线。从 3 月 10 日 152.71 点到 4 月 11 日 120.04 点的运动是图 X 中的波浪 B 下面的第 1 个浪。

就当前市场所处的位置来说，与波浪理论中的模式相关的就这么多了。

失败的发生是极罕见的，只有波浪理论的研究者知道失败发生的时间、原因以及它们的含义。

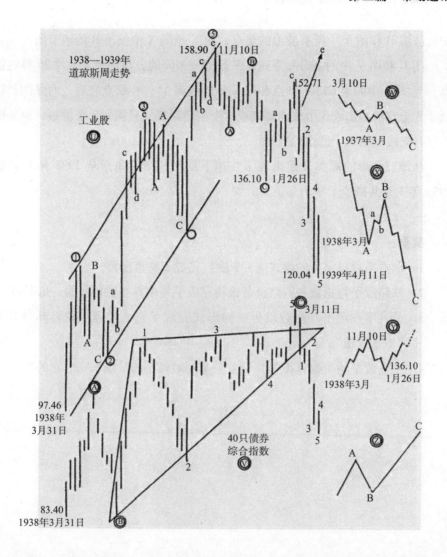

　　图 V　这张图反映与上面的**图 U**同期的道琼斯债券综合平均指数的变动。这一平均指数的变动模式与**图 U**中的工业股平均指数的运动模式明显不同。前两个波浪Ⓐ和Ⓑ与**图 U**中的波浪①和②的类型相同，但是此后，如图所示，波浪Ⓒ形成了一个三角形。这个三角形的第 5 浪（4 到 5）由 3（必备的数字）个次级浪组成，结束于 3 月 11 日那个星期。三角形总是调整浪。包含三角形在内的整个运动的净结果如图 Z 所示，其本质是，从 1938 年 3 月 31 日开始的 3 个上行的波浪在 1939 年 3 月 11 日完成了熊市反弹，符合图 W 和图 X

中的波浪 B 和图 Y 中所有波浪的要求。图 Y 是图 X 中波浪 B 的细节图。

图 U 和图 V 中的上升和下跌几乎是完全相同的，都记录了 1 月 26 日的低点（见图 U 中的浪 C136. 10 点和图 V 中的波浪 4）。在那点之后，两张图都记录了 3 个波浪。出现 3 个波浪要完成这个三角形模式只需要 3 个波浪，也是图 U 没有完成其第 5 个波浪的原因。

从该三角形的端点开始出现了快速下跌，这个三角形从 1938 年 6 月到 1939 年 3 月共持续了 9 个月。

摘要：

1. 债券指数以完美的模式（3 个浪）完成了熊市反弹；

2. 铁路股平均指数和铁路设备板块完成了与债券指数相似的三角形；

3. 公共事业股平均指数以另一种形式完成了它的反弹，我将其命名为"双重 3 浪"；

4. 工业股平均指数（图 U）只差一个相对较小的波浪来完成它的反弹。

No. 8

（1938 年 4 月 11 日 ~1939 年 6 月 9 日）

联邦证券：下一页中的图 W 显示，长期政府债券已经完成了一个长达 7 年半的牛市循环，现在发生了一个大幅下跌。所有种类的政府证券都是如此。

三角形：正如下页的图 Z 所示，道琼斯工业股平均指数从 1937 年 3 月开始到 1939 年 6 月 30 日的 128.97 点完成了一个三角形轮廓，这不是一个正统的三角形，因为它所有的子浪都是由 5 个而不是 3 个小浪组成（除了最后一个子浪是由 3 个组成）。而且它的作用不像波浪 2 或波浪 4 那样的调整，因为它是在牛市的顶端产生，方向向下。关于这一点，请注意波浪理论中的以下参考点：

	页数	段落
倾斜三角形	21	4
水平三角形	21	2 和 3；注意从端点开始的"冲击"
""	22	2A
1937 年 10 月到 1938 年 2 月的三角形	47	
""	48	
三角形中的小浪	23	5
三角形期间的成交量	24	4

出于同样的原因，从 1929 年 9 月开始的一个相似的轮廓也是不正统的。这些轮廓仅仅是巧合，因为很多人询问，所以在此提及。

冲击：从一个正统的三角形的端点开始沿着三角形的波浪 2 和波浪 4 方

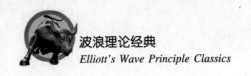
向发生的快速运动，我称之为"冲击"。当一个冲击完成时，一个比较大的反弹就会紧随其后，例如从 1938 年 3 月 31 日和 1939 年 4 月 11 日发生的反弹。反弹程度的大小取决于其他条件。

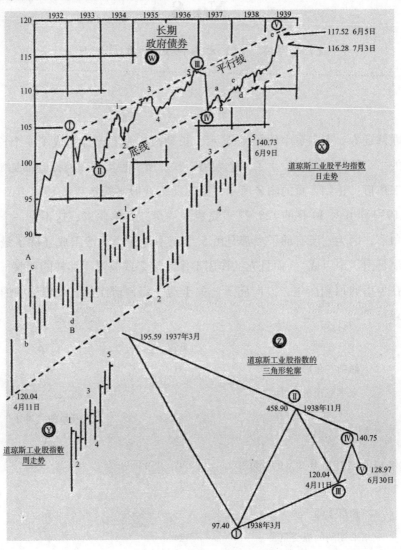

上面的**图 X** 是道琼斯工业股平均指数从 1939 年的 4 月 11 日到 6 月 9 日的日走势图。这个走势以"平台形"开始，它接下来本应该是持续的下跌。我用字母 A、B 和 C 标示了"平台形"中的波浪。浪 A 和浪 C 本应该大致在同一水平线上，浪 B 和底部也同样应该如此。那些用小写字母 a 到 e 标示的波浪是上行的，构成了更高一级波浪的浪 1。

市场在浪 c 和浪 d 之间改变了主意。一个模式在市场变化过程中发生改变并不常见，这是一个市场走势转变的清晰案例。

图 Y 是道琼斯工业股平均指数在同一期间的周走势图，这张图比日走势图更清楚。我的下一封信将讨论即时市场内部因素对于联邦证券当前状况的市场价值、三角形轮廓以及公司债券冲击的影响。

牛市：牛市自始至终具有强有力的技术支持，并且无视经济的错误，这些错误将会反映在随后的熊市中。请注意 1932～1937 年间最近一个牛市的走势图。整个这 5 年中没有出现任何违背波浪理论中提出的范例规则的情况。从 1938 年 3 月到 11 月的运动不是牛市，尽管如第 1 封信中所展示的那样，它的模式是一个完美的循环。正统的牛市通常是完全独立的。

熊市：熊市通常比牛市持续的时间长。熊市，特别是熊市的反弹是不稳定的，偶尔也是靠不住的。纠正前面的牛市以及当前的熊市所犯错误的政治企图往往会令情况更糟糕。暂时的熊市反转可能是由于一些技术影响，例如公司债券的行动。

No. 9

(1939 年 4 月 11 日~9 月 13 日)

最近伦敦工业股指数对纽约市场的影响达到了支配的程度，出现了一个罕见并重要的技术情况。这在我 9 月 6 日的保密信中有充分的描述，其中还附有 "1939 年 8 月 26 日反作用力的状况" 图。我也曾描述了一个平均指数施加决定性影响的类似案例。

下页是道琼斯工业股平均指数和伦敦工业股平均指数图。

图 R 是道琼斯工业股平均指数从 1939 年 4 月 11 日到 9 月 13 日的周走势图。

图 S 是波浪 2 和波浪 3 截至 9 月 13 日的日走势图，有 "平台形"、"冲击" 和 "反弹"。波浪 1 用一条直线表示，其详细的日走势图在第 8 封信中有清楚的记述。

图 T 是伦敦工业股平均指数的一个正统三角形，请注意其端点（第 5 浪的终点）出现的时间（7 月 28 日）以及它与道琼斯工业股平均指数的关系。在那段期间，道琼斯工业股平均指数形成了一个 "平台形" 的浪 A 和浪 B，为波浪 5 做准备。该平台形的波浪 C 本应该结束于 140 点左右但是没有实现。一个平台形没有使后面的走势延续前一走势（波浪 3），这在我的观察中还是第一次出现。波浪 2 是一个锯齿形。锯齿形和平台形通常交替产生。请注意 9 月 6 日信中的第 4 段，附后。

伦敦工业股平均指数从端点向下至 88 点的运动是一个 "冲击"。因为纽约工业股平均指数和伦敦工业股平均指数同步，我们必须也称道琼斯工业股平均指数从浪 B 到浪 5 的下降为一个 "冲击"。"冲击" 之后的运动是一个

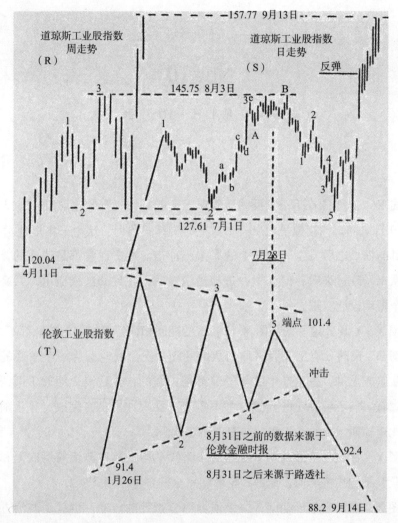

"反弹"。道琼斯工业股平均指数反弹的强烈程度是由于在 9 月 6 日的信（接近信的末尾）中所述的 4 个原因，符合 8 月 26 日信中的预测。

正如 8 月 17 日信中所预测的那样，现在伦敦工业股平均指数就处于底部 88 点左右，该指数的反弹还没有开始。

No. 10

(1939 年 9 月 1 日~10 月 26 日)

图 W 这张图在下一页反映道琼斯工业股平均指数的变动。9 月 13 日到 10 月 9 日之间，该指数呈现出一个水平的对称三角形。这个三角形预示在 10 月 9 日的端点之后发生一个向上的 5 浪小冲击。冲击通常都是快速的，并且以前从未发现过失败，但这个冲击却是缓慢的，并且如虚线指示，第 5 浪的第 5 个振动没能实现。

图 X、Y 和 Z 这些图和图 W 所涵盖的期间相同，但它们的轮廓都不一样。

图 Z 反映私有工业股平均指数的变动情况，其轮廓为一个平底的三角形。从组成上讲，三角形中的各子浪都是正统的，但是浪 2 穿透了上线，使其轮廓有一点不够完美，当然这并不重要。此次冲击没有完成，并且随后的行动比道琼斯工业股平均指数的表现还要软弱。

图 Y 在此三角形期间，道琼斯铁路股平均指数在波浪的组成上和道琼斯工业股平均指数类似，但是其轮廓却完全发育不良。

图 X 在此三角形期间，二级债券综合指数的行动，也就是波浪方向的组成也与工业股平均指数的行动相似。在这之后，尽管没有多余的冲力，冲击的发展还是令人满意的。请注意与通道的各相接点 C1 到 C5。

图 W 在非常快速的运动期间，分时记录是至关重要的，请注意最左侧的道琼斯工业股平均指数的分时记录。

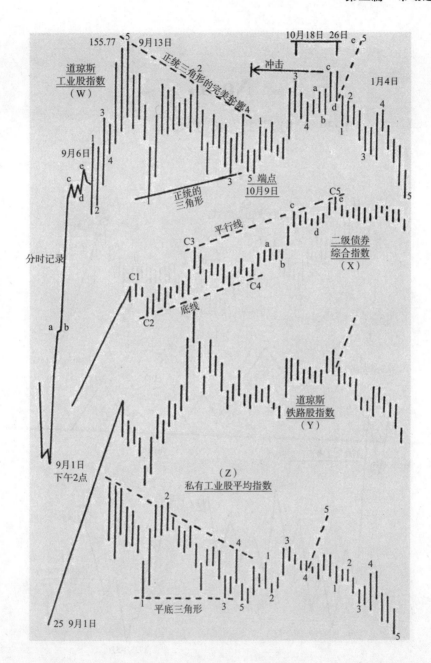

一些板块和个股以正统的模式完成了冲击。

正如前几封信所述，冲击紧随在一个三角形之后出现并且标志着始于4月11日走势的结束。最近的一个冲击就是它的第5浪。

No. 11

1939 年 10 月 25 日至 1940 年 1 月 3 日

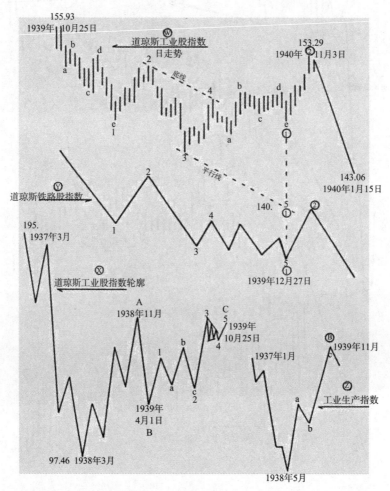

上一页的四张图为图 W、X、Y 和 Z。

　　图 X　显示了道琼斯工业股平均指数从 1937 年 3 月 10 日至 1939 年 10 月 25 日期间变动的轮廓。图 B 中的波浪 B 提供了该图的细节，该图模式与 1938

年 3 月至 1939 年 10 月 25 日这段期间的走势是一致的。

所有调整浪的主要轮廓总是相同的。图 X 中从 1939 年 4 月 11 日的浪 B 到 10 月 25 日的浪 C 可能需要一些解释。浪 B 是一个"不规则"形，它的 3 个小浪分别用字母 a、b 和 c 标示。请注意：浪 c 下行至浪 a 的终点以下。在第 10 封信中已经描述过，从 9 月 1 日开始至 13 日的波浪 3 共有 5 个小浪，波浪 4 则是一个从 9 月 13 日开始到 10 月 9 日端点的三角形，而波浪 5 有 5 个小浪，其中第 5 个小浪的第 5 个细浪失败了，但这并不能否定该走势。

10 月 25 日的顶点并没有超过或达到以前 1939 年 9 月 13 日和 1938 年 11 月 10 日的顶点，但这并不重要。

第 10 封信的最后一段说道："冲击紧随在一个三角形之后出现并且标志着始于 4 月 11 日走势的结束。"

我 9 月 13 日预测服务的建议是马上卖掉所有证券。

图 W　这张图是道琼斯工业股平均指数的日走势图，开始于图 X 中 10 月 25 日波浪 C 中的浪 5 处那个冲击的顶点。波浪理论的价值之一是研究者知道什么时候市场行为异常，哪一个是罕见的、并且是在我观察范围内所定义的熊市反弹。请注意图 Y 中铁路股平均指数波浪 5 的正确模式，然后与上面工业股平均指数的同期表现相对比。两条虚线交叉点处的数字 5 代表了预计工业股平均指数将于 1939 年 12 月 27 日下跌到的点位——140。工业股平均指数的小浪，a 到 e，在数字和位置上是正确的，但是 a、c 和 e 形态异常。尽管如此，我还是认为 12 月 27 日是波浪①的结束（从 10 月 25 日算起），从 12 月 27 日到 1 月 3 日的 153.29 点是波浪②，从波浪②往下是波浪③的开始。

图 Z　这张图是和图 X、图 W 同期的工业产量的轮廓，它是一个"不规则"模式，其中浪 B 的终点比浪 A 的起点略微高一点。

这封信提早很久就公布了，但是横向走势持续了这么长时间，用户可能很急于得到解释。您可能会对我 11 月 21 日的预测信中的提示感兴趣，其中有这样一段话：

"市场长期风平浪静的两个著名案例如下：

1. 1904 年 1 月到 6 月的 5 个月中，波动幅度只有 4.09 个点，见波浪理论第 24 页第 3 段。

2. 1909 年 10 月到 1914 年 7 月的 5 年间，波动幅度只有 28 个点。

这两个案例都可归结于政治因素的影响。"

No. 12

(1939 年 10 月 25 日～1940 年 4 月 8 日)

从 1939 年 10 月 25 日（也就是那次冲击的顶点）到 1940 年 4 月 8 日的走势，因为其中有一些罕见的模式和极为狭窄的波动范围（5 个月里 13 个点）而变得特别有趣且具有指导意义。我对这些原因的分析就在后附 1940 年 4 月 1 日发布的特别信"股市的当前形势"中。

下页中的**图 U** 反映了道琼斯工业股平均指数的变动情况。下行的波浪（1）出现在 10 月 25 日到 1 月 15 日这一期间，被分成 5 个次级浪，其中的浪 4 是"双重 3 浪"，它和通常的"单 3 浪"同样重要。图 W 是此类型调整浪的简单轮廓。浪 4 的不寻常特征是它的持续期间，等于前 3 个波浪持续时间的总和。上行的调整浪（2）在 1 月 15 日到 4 月 8 日这一期间是一个向上的"锯齿形"模式，也就是 5 上、3 下和 5 上。它的持续期间极长，见图 X。

图 V 反映了道琼斯铁路股平均指数的变动情况。从 10 月 25 日到 1 月 15 日，这个平均指数完成了 5 个向下的波浪，其中第 3 个浪延长至 12 月 27 日的 30.78 点。该延长浪被浪 4 和浪 5 "双重折回"。之后，从 1 月 15 日到 4 月 8 日，出现了一个倒置的"不规则"平台形，也就是 3 上、3 下和 5 上，这些浪组成了波浪（2）。

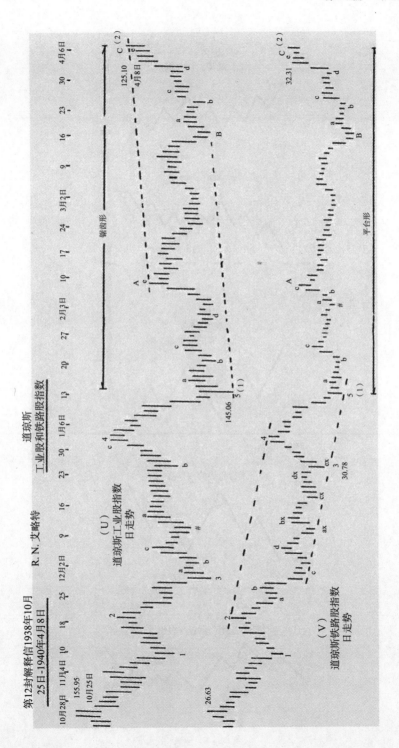

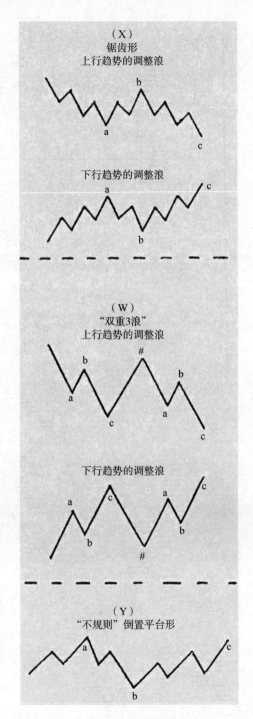

No. 13

（1940 年 4 月 8 日～6 月 18 日）

  图 W1 描绘了从 1939 年 10 月 25 日到 1940 年 6 月 18 日工业股平均指数的波浪（1）、波浪（2）、波浪（3）和波浪（4），它是第 11 封信中图 X 的延续。

  图 W2 是波浪（3）和波浪（4）的日走势图，是第 12 封信中图（U）的波浪（1）和波浪（2）的延续。波浪（3）和波浪（4）的细节非常重要，需要仔细研究。小浪（3）的细浪是可识别的，但是应该已经达到更低的点位。小浪 5 的细浪结束于 5 月 15 日的 125.76 点，只有在图 W3 这样的分时记录里才可以识别，这是因为市场波动速度很快。小浪 5 的第 5 个细浪延长了，请注意浪 xa、xb、xc、xd 和 xe。

  图 W2 描绘了 5 月 15 日到 6 月 18 日波浪（4）的运动。该浪的起点和终点几乎在同一水平线上。它的模式是"平台形"，为方便参考，我们将其复制于 Z1，该模式适用于向上的趋势。Z2 是倒置的，因此适用于向下的趋势。Z3 与 Z2 的模式相同，只是其中的波浪 b 被拉长了。请一定要记住，波浪的长度可能会不同，但是波浪的数目极少会变，这是波浪理论的主要优点。

  W2 穿透底部（在浪 B 和浪 2 之间）的模式是极为罕见的，这在波浪理论中没有提及过。这些细节使任何波浪计数都很困难。然而，第一个"明触"出现在浪 2。

  X 铁路股平均指数。因为一个延长浪，这一指数在 6 月 28 日筑顶 26.76 点，这比工业股平均指数（6 月 18 日）晚了 10 天，随后该延长浪被"双重折回"。

  Y 公用事业股平均指数。这个指数和工业股平均指数时常有相同的底部，因此也被认为会以同样的方式穿透底部。它之后也出现了延长浪和双重

折回。迄今为止，它的最高点出现在 6 月 28 日，为 23.92 点，与铁路股平均指数的最高点出现在同一天。延长浪刚好出现于威尔基先生提名之前，第二次折回则出现在他提名之后，该指数于 6 月 28 日抵达 23.92 点。

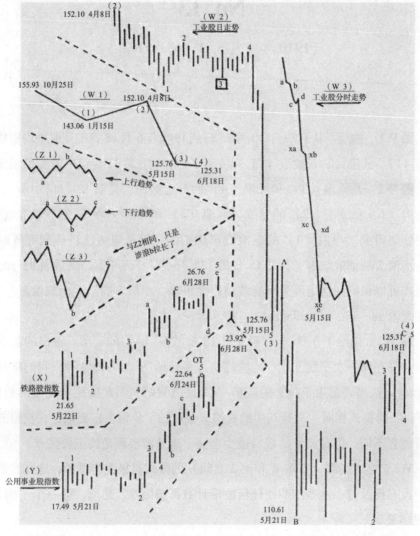

公司债券平均指数。以前的信函已经详述了公司债券对股票的影响，这一影响从 1939 年 10 月以来一直都很显著，有到 7 月 19 日公司债券平均指数继续攀升，并收复了自 4 月 8 日到 5 月 21 日那次下跌的 82%。这个主题我将在下封信中进行充分讨论。

就现有的记录（1928 年日走势）来看，从未出现过与当前主要趋势相反方向的延长，因此，需要进一步研究这暗示了什么。

现今，经济和政治比以往任何时候都更加混乱。

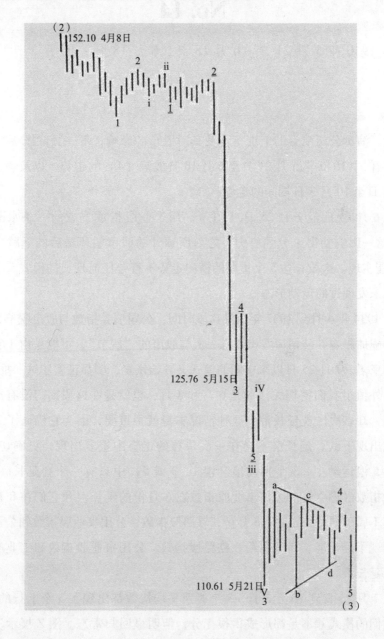

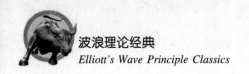

No. 14

(1940 年 5 月 21 日~6 月 18 日, 6 月 18 日~10 月 3 日)

为了演示公司债券的上涨行情及其对股市的影响, 下一页的图 V 再现了第 13 封信中 1940 年 5 月 21 日至 6 月 18 日波浪 (4) 的走势, 以及该波浪在 6 月 18 日至 10 月 3 日期间的走势。

从 6 月 18 日至 7 月 25 日 (图 W, 用工业股指数下方的一条水平线指示), 这一影响变得十分强有力, 之前所预计的熊市循环最后的下跌 (波浪 5) 没能实现。这段长达 5 个星期的横向走势不符合任何现成的模式, 是一个以前从未发现过的运动形态。

从 1934 年 4 月到 1937 年 3 月这段时间, 公司债券指数与股市脱节, 没能对股市施加影响。公司债券指数再一次与股市的 "脱节", 可能是由于它们的影响结束了。7 月 25 日以来中断的模式又开始恢复, 明显证实了这一推定。

另外值得我们密切关注的是 6 月和 8 月, 也就是在这段期间没有出现任何模式, 却多次出现延长浪。这种情况本身就很重要, 因为它确认了 7 月份本应该出现下跌。延长浪不会在一次单独的走势中重复出现, 更确切地说, 在一个 5 浪运动中, 3 个推动浪 (浪 1、3 或 5) 中只有一个会延长。因此, 铁路股指数 (图 X) 和公用事业股指数在 6 月份的延长浪和它们在 8 月份的延长浪不属于同一个走势。6 月份, 铁路股指数、公用事业股指数和公司债券指数出现了延长浪。而 8 月份, 铁路股指数、公用事业股指数和工业股指数出现了延长浪。

从 7 月 25 日到 10 月 3 日, 3 个股票平均指数都出现了 5 个上行的波浪, 虽然它们的模式并不是都形成得很充分, 但明显回归常态。图 Z 展示了私有工业股平均指数完美的 5 浪模式，鉴于其科学的结构，我认为私有工业股平均指数优于所有流行的指数。

图 U 显示的是伦敦工业指数从 6 月 26 日到 10 月 8 日（61.1 点到 82.5点）的 5 个波浪，它确认了我在 7 月 9 日给予预测服务用户的建议，大意是熊市的低迷已经过去了。伦敦工业股指数在 1932 年和 1937 年分别提前纽约工业股指数一个月和两个月出现反转。在此基础上，纽约也应该在 7 或 8 月筑底了。

现有的证据促使我试探性地预测：我们的熊市将在 7 月 25 日结束，这不排除在该日之后出现低于当日点位（121.19 点）的正常调整的可能性。

因为在 6 月到 7 月这段时间的走势没有符合任何模式，我只好暂缓发布这封信。

No. 15

（1940 年 7 月 25 日~11 月 8 日）

下面你将看到的是 7 月 25 日到 11 月 8 日各个平均指数和"美国钢铁"价格的日走势图。没有哪两个运动是一致的。"美国钢铁"显示出非同寻常的持续上升趋势，这种趋势在铜业股里也可以看到；工业股平均指数由于包含这些板块的股票，其持续上升的趋势次之；铁路股指数几乎无法支撑自己上升的势头；而公用事业股指数则以一个不完美的模式横向移动。

在第 14 封信中，工业股平均指数中浪 1 的终点出现在 10 月 3 日，当时用问号做了标注。这是由于最近这个熊市的中浪 5 的结束还有疑问，同样也用问号做了标注。这一不确定性是以一种意外的方式解除的，也就是 10 月 3 日之后钢铁股和金属股出现非同寻常的持续上升趋势。

钢铁股和工业股平均指数的中浪 1 均于 10 月 3 日完成，因为这两个指数的小浪 3 都延长了，我预计不会出现高于 10 月 3 日点位的继续上涨。在 10 月 3 日工业股指数的浪 A 之后出现的下跌包括 5 个细浪，这确认了 10 月 3 日是中浪 1 的结束。然而，钢铁股在 10 月 3 日的浪 A 之后只出现了 3 个下行波浪，之后便出现了这个中浪的第 2 个延长浪，开始继续上行。两个延长浪出现于一个循环（在本例中是中浪）中，这我还是第一次见到。钢铁板块和铜板块迫使工业股平均指数改变了它已经显示的进一步下跌的趋势。细浪 C 中的微浪 e 的延长是延长浪中的延长浪，并不新鲜。

小浪 5（11 月 8 日）中的浪 E 应该出现 5 个细浪，并使"美国钢铁"上涨5 到 10 个点，但是很偶然，实际上只有 1 个细浪形成。私有平均指数（我有理由对它充满信心并称之为"科学的"）截止到 11 月 14 日出现了 5 个细浪。

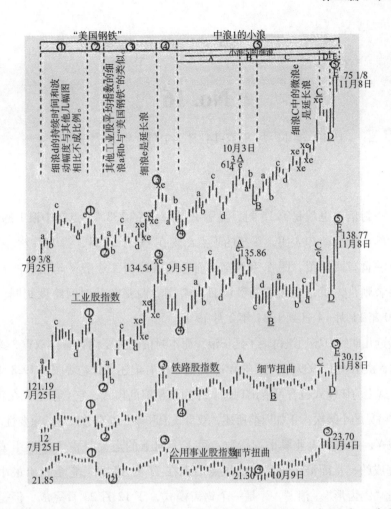

我对现有的所有记录进行了详尽的研究，没有再发现与过去 6 个月发生的反常现象相似的情况，这些反常现象为：

a. 遗漏了一个中浪（最近熊市的第 5 个浪）；

b. 一个中浪中有两个延长浪（钢铁股指数）；

c. 平均指数模式的扭曲。

只有波浪理论揭示这些特点。

我在第 13 封信中曾说过："现今的经济和政治比以往任何时候都更加混乱。"

No. 16

(1940 年 11 月 8 或 14 日～1941 年 2 月 19 日)

上一封信，也就是第 15 封，显示 11 月 8 日的 138.77 点是中浪 1 的顶点，而随后的市场行动却表明，正统的顶点出现在 11 月 14 日，为 137.78 点。

下一页有两幅图，图 Y 和图 Z。前者是道琼斯工业股平均指数的日走势图，后者则是先驱论坛债券指数的日走势图。两张图的时间跨度相同，都是从 1940 年 11 月 14 日到 1941 年 2 月 19 日。

最近几期的市场通讯讨论了延长浪，而本封信的主要内容是"双重 3 浪"模式，它首次出现于 1939 年，这在第 12 封信中曾有记述。日趋势图于 1928 年开始应用，这之前该模式也有可能出现过。作为调整浪的模式，它会限于只在日趋势图中才可见的小级次。正如以前所述，双重 3 浪和单 3 浪有着同等的重要性。

图 Y，道琼斯工业股平均指数：第 1 个向下的运动是由 5 个浪组成的浪 "a" 完成的，从而演示了正统的顶点出现在 11 月 14 日。它也指出最小的调整将是"锯齿形"。浪 "A" 是一个锯齿模式，于 12 月 23 日完成，但是缺少具有顶点特征的证据。随后出现了上升浪 "B"，由 7 个浪组成，这是一个"双重 3 浪"，于 1 月 10 日涨至 134.27 点。

从 11 月 14 日到 1 月 10 日，我们已看到 3 下 3 上，或者说是一个 "AB" 顶点，后面应该是 5 下。但是，因为"双重 3 浪"模式最近很常见，投资者应该为 2 月 4 日 122.29 点时发生一个放大的"双重 3 浪"作好准备。

在到达那个点位时，没有证据证明那将是最底部，因此，估计从 1 月 10 日开始会是向下的 5 个浪，从而完成一个"平台形"。顶点行为出现在 2 月 14 日，结束于 117.64 点，这是从 2 月 6 日开始下行的第 3 个波浪。第 5 个波浪下得至 2 月 19 日的 117.43 点，从而结束了中浪 2。当波浪 1 和波浪 2 非常小而波浪 3 很长的时候，波浪 4 和 5 将和波浪 1 和 2 相似。

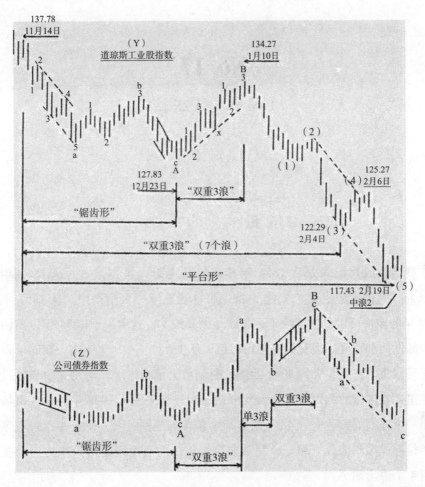

图 Z，公司债券指数：整个模式是"调整的"并且是一个"双重 3 浪"。从 11 月 14 日到"A"是一个"锯齿形"。三个走势 A、B 和 C，每一个都是由三个波浪组成的。走势"B"，有两个"双重 3 浪"，被一个单 3 浪分开，是少见但绝对正统的，同样的行为可能在任何时候发生于一个股市板块平均指数或单个股票上。请注意：这个延长的双重 3 浪出现在"新领域"（11 月顶点的上方），与现在的主趋势（向上）同方向，所有这些都服从延长浪的规则。不论是细节上还是整体上，这张图都显示出持续上升的趋势。

注意：这两张图中的 9 个走势都是同时开始同时结束的。

No. 17

（1941 年 8 月 25 日）

美国历史的两大循环：

（1776 ~ 1857，81 年）（1857 ~ 1941，84 年）

最早的股票记录是从 1854 年开始的阿克斯－霍顿指数。从 1854 年到 1929 年 9 月的走势主要"变化"特点都体现在下一页附图中。从 1857 年到 1929 年的波浪可以是循环浪 Ⅰ、Ⅲ 或是循环浪 Ⅴ，这取决于 1854 年以前国家发展的性质和程度。但我们有理由相信，从 1857 年 ~ 1929 年这一期间可以看作循环浪 Ⅲ。首先，大约 80 年的漫长时间将大革命时期、南北战争和在过去十年里正在进行的第二次世界大战串在一起。其次，从 1929 年开始，市场勾勒出一个庞大的长达 13 年的三角形，它包含的范围极大，使这些让人不顺心的年份形成循环浪 Ⅳ。第三，我观察到，正统的三角形通常只作为一个循环的第 4 个浪出现。

为了找到三角形循环浪 Ⅳ 的成因，我们有必要回顾一下前些年，特别是 1921 年到 1929 年这段生机勃勃的期间。请注意出现在后附阿克斯－霍顿指数图中的成分浪 5，和从 1906 年到 1929 年的这个特别浪。第 5 个浪或说"e"浪（从 1921 年开始到 1928 年 11 月正统的延长浪顶点结束）可以进一步细分。这个模式在我的波浪理论里被称为"半月形"。这一走势极具活力，伴随着高速的、大成交量并且疯狂的投机，而且它是自 1857 年开始这段漫长时期的最后阶段。

像从 1857 年开始到 1929 年结束这样一个循环，包含着从 1921 年到 1929

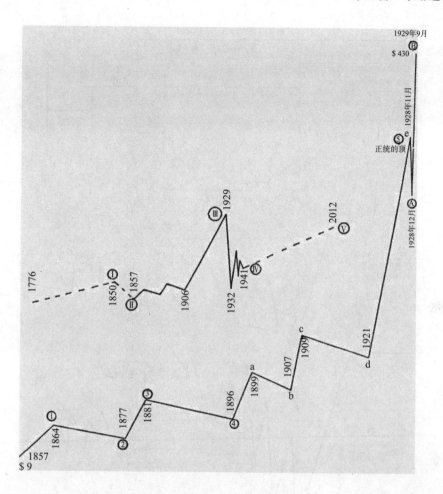

年发生的这样狂乱的运动，必然需要一个大范围的调整，不仅从价格变化的角度调整，还要从波动的幅度或持续的时间进行调整。某一方向上的高速运动经常会在反方向成比例地产生相应的高速运动。调整时，冲力一直持续，直到进入规律性起伏的状态。类似地，各个循环之间的变化幅度、持续的时间和成交量特征都是相关的。总的来说，按照比例法则，从1857年到1929年这一必要的大范围调整浪要求变化的时间要越来越短，同时速度和成交量也应该是渐减的。大自然不变的比例法则告诉我们相邻的两个变化的循环比率总是0.618。

对于大的走势和各种调整模式，波浪理论也遵循比例法则。为了正确地

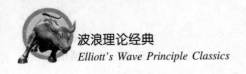

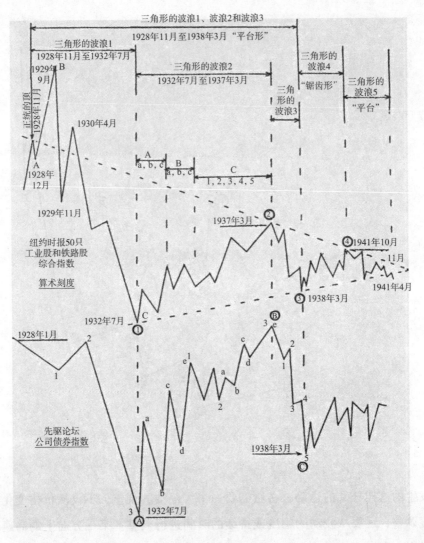

观察事物运动，研究者必须能够将小型或中型走势的调整类型放大以适应于更大循环的主旋律。如果要对未来做出正确的推理，我们就必须对过去 20 年中比较大的走势做细致地分析。事实已经证明，1928 年 11 月是该循环运动的"延长浪的正统的顶"，并且从那点开始到 1929 年 9 月出现了一个反映冲量的大幅上涨。从技术上讲，从 1928 年到 1929 年 9 月再到 1932 年 7 月的这个走势刻画了一个"不规则"模式 A－B－C 的轮廓，并且动态的"C"浪是从一个高于正统顶点的水平开始形成的。正常情况下，这个 A－B－C 反转应该是该循环调整的终结，但是大家一定记得，前一个牛市（1921 年至 1929 年）非常壮观，要进行一个充分调整就需要有几年的广泛基础，只有这样才能使市场准备就绪，开始另一个同样大型的"牛市"循环运动。基于这个分析，从 1932 年到 1937 年持续 55 个月的 155 点的大幅上涨只不过是 1929～1932 年熊市的"第一个"技术性调整。下面将对这一点进行更清晰的阐述。

从 1928 年（及 1930 年 4 月）开始，整个走势（或许多走势）形成了一个巨大的三角形，我认为这个三角形是早在 1776 年就开始的循环浪的浪Ⅳ。从 1928 年 11 月到 1938 年 3 月的运动是一个"平台形"（3 下、3 上、5 下），形成三角形波浪①、波浪②和波浪③。三角形波浪①从 1928 年持续到 1932 年 7 月，包括 3 个巨大的成分浪，其中第三个也是最重要的一个波浪开始于 1929 年 9 月。（在这个比率三角形中，最开始的波浪在 1930 年 4 月至 1932 年 7 月期间是下行的）。

三角形波浪②从 1932 年 7 月开始一直持续到 1937 年 3 月，由 3 个（而不是 5 个）波浪组成。这 3 个波浪中的第 1 个浪——波浪"A"是一个"锯齿形"（5 上、3 下、5 上），包括浪"a"、浪"b"和浪"c"（见图），时间是从 1932 年 7 月到 1933 年 7 月。波浪"B"是一个"平台形"，持续时间为 1933 年 7 月到 1934 年 7 月。而波浪"C"则由 5 个波浪组成，持续时间为 1934 年 7 月至 1937 年 3 月。由此我们分析，从 1932 年到 1937 年的走势是一个向上的"平台形"，而不是一个正常的牛市。

这是唯一一种适合于两种相反解释的模式。为使这一描述更形象化，请将该图上下倒置再前后颠倒。1921－1928 年的延长浪的"双重折回"完成于 1937 年 3 月。这一特征在上面的道琼斯工业股平均指数月走势图中可以看得非常清楚。

三角形波浪③居于 1937 年 3 月 10 日到 1938 年 3 月 31 日之间，也形成了 1928 年 11 月开始的"平台形"的波浪"C"。

这张图得到公司债券指数的确认，公司债券指数图即列示其下。在波浪理论完成之后，我发现公司债券（特别是二级铁路公司债券）对股市施加了重要影响。我在建议信中曾几次提及这一特点。从 1928 年 1 月到 1938 年 3

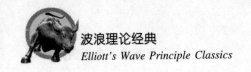
月，这个指数的模式与同期工业股平均指数循环趋势的这一新解释是相同的，也是 3 下至 1932 年，3 上至 1937 年 3 月，然后 5 下至 1938 年 3 月。1932 年 7 月至 1937 年 3 月间，该债券指数的运动是单纯向上的"锯齿形"，不可能有其他的解释。无论"锯齿形"还是"平台形"都是调整浪。

关于包括二级铁路债券在内的公司债券指数，我们应注意到：道琼斯铁路股平均指数在 1906 年达到 138 点，而当时道琼斯工业股平均指数只有 103 点，二者之比为 132%。从那年一直到 1940 年，该比率持续下降，直至 20%，铁路股相对于工业股的相对损失为 85%。从 1906 年到 1940 年历经 34 年，这是一个很有说服力的时间单位。先驱论坛二级铁路债券在 1940 年下跌至历史最低点 26 点，最近已恢复至 52 点，上涨率为 100%。

三角形波浪④（从 1938 年 3 月 31 日到 1939 年 10 月）是一个简单的、向上的"锯齿形"，表明该走势的性质是调整。

三角形波浪⑤从 1939 年 10 月开始，为"平台形"的形态，类似于 1928 年 11 月到 1938 年 3 月的模式，只是由于其临近该循环三角形的端点，其波动程度和持续时间相对来说都小很多。该"平台形"的第 1 个浪从 1939 年 10 月开始持续到 1940 年 6 月；第 2 个浪向上，持续时间是从 1940 年 6 月到 11 月；"平台形"的第 3 个也是最后 1 个波浪开始于 1940 年 11 月，持续至 1941 年 5 月，出现了 5 个向下走势的小浪，但是很可能这 5 个小浪只是该"平台形"中波浪"c"的浪 1。这个问题将很快可以找到答案。

无论如何，三角形波浪⑤进展得非常好，而且它无论在三角形区域内还是在三角形区域外结束，都将标志着一个长达 13 年的失败主义模式的终结，也将标志着循环浪 V（由一系列次级循环组成）的开始，该浪在很多方面都会与 1857 年至 1929 年的长期循环相似。（见第 1 张图的虚线）

No. 18

(1941 年 8 月 27 日)

持续时间或时间要素

在"波浪理论的基础"一文的分析讨论中我们可以看到各级次波浪的组成与动态平衡的斐波纳契数列中各数字的数值关系是一样的，该数列复述如下：1、2、3、5、8、13、21、34、55、89、144 等，其中各数字之间的关系在识别和度量每一个波浪以及每个走势的范围时是非常有用的，并且与波浪理论结合使用时，在采用不同的时间单位（日、周、月或年）预测各趋势的持续时间方面也是有用的。但是，当试图将任何已知的序列法则应用于预测一个趋势的持续时间时，仍然不能只考虑时间要素。

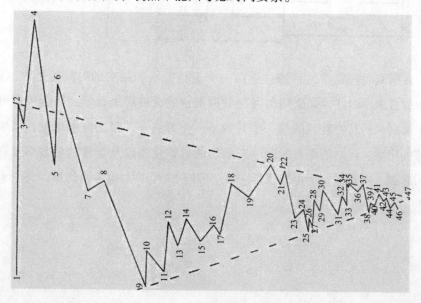

下图是结合波浪理论应用时间要素的一个例子，反映从 1921 年 8 月至 1941 年 5 月的"纽约时报"50 种股票组合平均指数的变动情况，算术刻度。各波浪在这 20 年中的反转点都列于表 A 之中，反转点之间的持续时间则列于表 B 中。

结合波浪分析，时间关系也适用于其他指数，如下图中公司债券指数的趋势。长期政府债券的 5 浪牛市从 1932 年 1 月到 1939 年 6 月共持续了 89 个月。数字 13、21 和 55 代表各波浪持续的月数，用箭头指示。

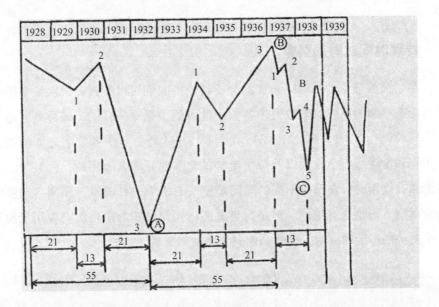

在研究时间要素时请您注意：一个走势开始和结束的时间可能在月初、月中或月末，因此，如果用与月份数列等价的天或周来计量，该走势就可能在上面列示的月份数列的前一个月或下一个月终止。根据波浪理论，周期性趋势的比率、运动的相对时间、三角形的数学性质以及斐波纳契数列都有共同的起源。所有这 5 个指标都指向一个历经 13 年的大循环调整浪即将到来的顶点，这一情况十分罕见。

反转点统计表

序号	月份	年份	序号	月份	年份
1	8	1921	25	3	1938
2	11	1928	26	4	1938
3	12	1928	27	5	1938
4	9	1929	28	7	1938
5	11	1929	29	9	1938
6	4	1930	30	11	1938
9	7	1932	31	4	1939
10	9	1932	32	8	1939
11	3	1933	34	9	1939
12	7	1933	35	10	1939
13	10	1933	36	1	1940
14	2	1934	37	4	1940
15	7	1934	38	5	1940
16	6	1935	39	6	1940
17	3	1935	40	8	1940
18	11	1935	41	11	1940
19	4	1936	42	11	1940
20	3	1937	43	1	1941
21	6	1937	44	2	1941
22	8	1937	45	4	1941
23	10	1937	46	5	1941
24	2	1938	47	10	1941

表 "B"

序 号		持 续		序 号		持续月数
从	至	月 数	年 数	从	至	
1	2	89		20	23	8
1	4		8	20	24	
2	47		13	20	25	13
3	4	8		20	47	55
4	9	34		23	24	5
4	47	144		25	30	8
5	6	5		30	31	5
9	12	13		31	34	5
9	20	55		35	36	3
12	15	13		35	47	
20	25	13		36	37	3
20	21	3		37	46	13
20	22	5		41	46	5

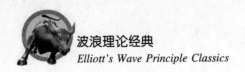

No. 19

（1941 年 9 月 24 日）

一个新指数

下图反映的是高级债券收益与普通股收益比率的变动情况。从 1929 年 8 月到 1941 年 4 月，该比率完成了一个"锯齿形"调整浪，整个波浪，包括波浪 C 的通道都准确无误。

拉尔夫·N·艾略特

持续时间

波浪 A	34 个月	数列的数字
波浪 B	13 个月	
波浪 C	8 年	

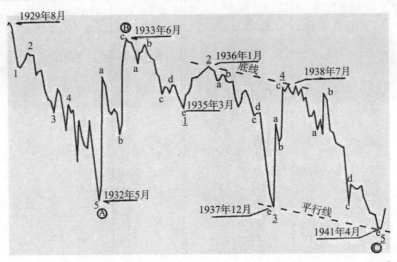

No. 20

（1940 年 11 月 ~ 1941 年 12 月 10 日）

波浪理论第 17 页第 1 段有 3 张图。请注意图 "B" 和图 "C"。图 "B" 中的波浪 "C" 由一个 5 浪序列组成，而图 "C" 中的波浪 "C" 则是由三个 5 浪序列组成的。

第 17 封市场通讯描述了从 1928 年 11 月到 1941 年 5 月 1 日的那个 13 年三角形，这里引用其中第 3 页的部分内容：

"'平台形'的第三个也是最后一个波浪开始于 1940 年 11 月，至 1941 年 5 月，出现了 5 个向下的小浪，但很可能这'5 个小浪'只是'平台形'中波浪'C'的浪 1。无论如何，三角形波浪 5 是进展得非常好，而且它无论在三角形区域内还是在三角形区域外，都将标志着该 13 年三角形的终结。"

下页中的图 1 显示了道琼斯工业股平均指数从 1940 年 11 月到 1941 年 12 月 10 日的周走势。第 1 个 5 浪序列是下行的，结束于 5 月 1 日。第 2 个 5 浪序列开始于 7 月 28 日，结束于 12 月 10 日的 106.78 点。在一个向上的调整之后，出现的第 3 个 5 浪序列应该是向下的，从而完成这次下跌和这个 13 年三角形。

在这个大三角形中共出现了 3 个三角形。第 1 个出现在 1937 年 10 月 19 日至 1938 年 2 月 23 日之间，如波浪理论第 47、48 页所示；第 2 个出现在 1939 年 9 到 10 月之间，如第 10 封市场通讯所示；第 3 个则出现在 1941 年 7 月 9 日到 17 日之间，形成了下一页图 2 中小浪 5 的第 4 个细浪。这 3 个三角形没有一个出现穿透，而且也不知道还有多长时间可能发生穿透，这是因为没有 1928 年以前的股票日走势图可供研究。

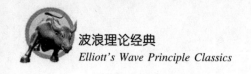
市场当前（12月15日）的状况处于上述第1个和第3个三角形之间。

图3显示了道琼斯工业股平均指数和联邦储备生产指数的背道而驰。不熟悉三角形又依赖生产指数引导的投资者损失惨重。由于现在的以及预计将来的高税负，通过最近的核税抛售，他们发现损失是权宜之计。这种抛售对股价形成了进一步向下的压力，结果导致收益率虽然不错，但当今的股票价格比1932年7月时还低。

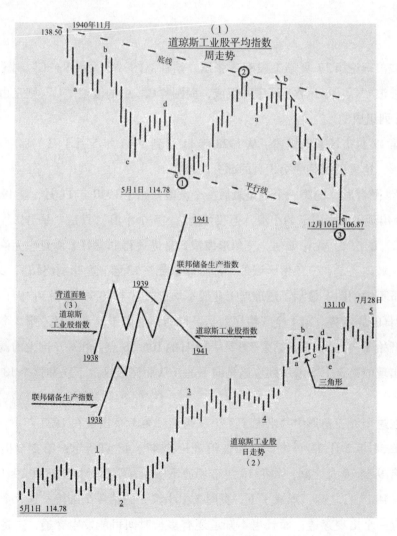

生产指数最近完成了 5 个向上的大波浪。

工业股价格创 1938 年 3 月以来新低。

公用事业股平均指数达历史最低点；电力产量处于最高水平。

股票的相对收益率创历史最高。

新公司融资接近于零。

联邦债务创历史新高，并继续走高。

我们是世界上最严重冲突的参与者。

人们担心通货膨胀。没有可靠的套期保值。

"现金"当然将是最受冲击的对象。

No. 21

　请注意第 17 封市场通讯，特别是反映从 1939 年 10 月波浪（4）结束、新走势开始的那张图。请回顾该信内容的最后两段。本封信的下页将有 4 张图，W、X、Y 和 Z，它们反映的都是道琼斯工业股平均指数的变动。

　图 W 是 1939 年 10 月到 1942 年 3 月 12 日走势的轮廓。这是 13 年三角形的第 5 个也是最后 1 个浪，目前还没有完成。

　图 X 是从 1940 年开始的运动的周走势图，反映上段所述的图 W 中波浪 C 的细节。平台形的波浪 C 应由 5 个浪组成，第 5 个浪没有完成。

　图 Y 是图 X 的轮廓图。请注意：虚底线经过波浪 2 和 4 的终点，其平行线经过波浪 3 的终点。波浪 5（未完成）停留在平行线上。通常来说，这就证实了图 W 的"平台形"的结束。

　图 Z 是波浪 4（12 月 10 日至 1 月 6 日）的日走势图。其模式是一个倒置的"不规则平台形"。将这页上下倒置，再前后颠倒。

　图 X（1941 年 12 月 10 日至 1942 年 1 月 6 日）中的波浪 4 并不显眼，与波浪 2（1941 年 5 - 7 月）相比，它的波动幅度比较小，持续时间也比较短。这一差距的原因是 1941 年 12 月的"核税抛售"情况特别严重，这引起在波浪 3（12 月 10 日）的终点发生了一个"翻越"，从而波浪 4 也有了一个下降的基础。而且，波浪 4 只持续了 1 个月，而波浪 2（1941 年 5 - 7 月）却耗时 3 个月。假如波浪 4 没有被核税抛售所扭曲的话，波浪 5 的起点将会高出大概 10 个点，它的第 1 个子浪将在远高于平行线的水平结束。

　1942 年 3 月 12 日之后，工业股平均指数是看跌的，这确认了股价的下滑。

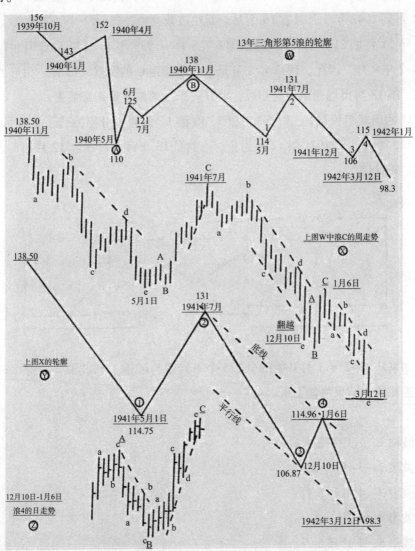

斐波纳契数列是波浪理论的基础，时间要素是基于该数列的，但是它有它的局限性，只能用作波浪理论的辅助工具。该数列的数字是这样的：3－5－8－13－21－34 等。现在有一个利用时间要素的好机会。时间要素在第18 封信中讨论过，建议读者进行回顾。

下图所显示的时间段是以月数为单位的，包括实际月数和估计月数。波

浪 A 和波浪 B 从 1939 年 10 月开始至 1940 年 11 月共持续了 13 个月。从 1940 年 11 月到 1942 年 3 月只有 16 个月，而在该数列中，13 的下个数字是 21。从 1940 年 11 月加 21 个月，应该是 1942 年 8 月。1939 年 10 月加 34 个月也应该是 1942 年 8 月。因此，1942 年 8 月是平台形波浪 C 的终点，13 年三角形的极低点。第 18 封市场通讯中提到过，容许一个月的偏差是正常惯例。

21 的组成单位是 5、3、5、3 和 5。波浪 1、2 和 3 分别持续了 5 个月、3 个月和 5 个月，到 1941 年 12 月为止，一共是 13 个月。1941 年 12 月加 8 个月正好是 8 月份。

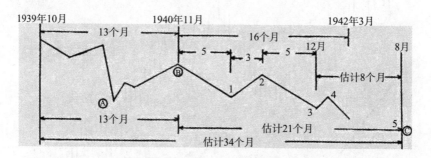

如果从 1942 年 1 月开始的全部 5 个下行浪与波浪 1 和波浪 2 的持续时间都大抵相同，结果将如下所示：

波浪 1，1 月和 2 月，
波浪 2，3 月，
波浪 3，4 月和 5 月，
波浪 4，6 月，
波浪 5，7 月和 8 月。

总共 8 个月。

No. 22

（1942 年 6 月 22 日）

成交量

波浪理论适用于股市的全部三个因素：价格指数、时间要素和成交量。我在波浪理论中讨论了价格指数，并简要提及成交量。

下一页的图将展示成交量的变动。每张图涵盖的时期不同，所有 4 张图反映了平均日成交量从 1878 年到 1942 年 6 月 13 日的变动情况。

图 1 反映 1878 年到 1941 年日成交量的变动情况。请注意截至 1929 年的 5 个浪。

图 2 反映的是 1929 年到 1941 年该指标的 3 年移动平均数的变动情况，解释了图 1 中这段时期的波浪运动。波浪"C"显示出连续的下跌。

图 3 是图 2 中波浪"C"的细节图。它反映从 1937 年到 1942 年 5 月之间该指标的 3 个月移动平均数的变动情况。请注意波浪①和波浪③的 5 个细分浪，浪 a、b、c、d 和浪 e。

图 4 是图 3 中最后一个浪（波浪③中的浪"e"）的细节图，持续时间为 1 月 10 日到 1942 年 6 月 13 日（是该指标的周走势图，而不是移动平均数的走势图）。

图 2 中的波浪"C"应该有 5 个下行浪。迄今只有浪 1、浪 2 和浪 3 出现，如图 3 所示。在下行的趋势中，调整浪 2 和调整浪 4 指示成交量的增长。

大概推测一下，浪④（成交量增长）将涵盖价格指数的两个期间：

a. 最后的下跌；

b. 即将到来的牛市的第一个上升浪。

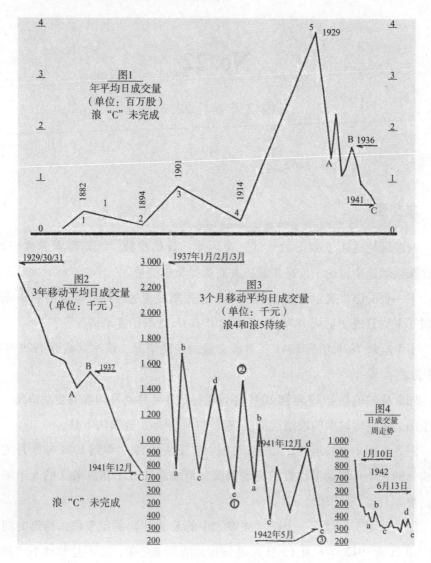

浪5将反映成交量下降，很可能会涵盖即将到来的牛市的第一个调整期。这种情况经常发生，但也并非一成不变。道琼斯平均指数图显示，股票价格指数的极低点出现在1938年3月，成交量的极低点出现在1938年6月。

对于波浪理论来说，持续时间和成交量都是很有用的辅助工具。

No. 23

(1942 年 10 月 26 日)

铁路股指数的长期行为

以下是从 1906 年 1 月开始的几个特定日期（当时铁路股指数都处于重要的顶点）的铁路股指数和工业股指数的比率表，以及这些比率的图示。

	工业股	铁路股	比率
1906 年 1 月	103.00	138.36	134.2
1929 年 9 月	381.17	189.11	49.6
1932 年 7 月	41.22	13.25	32.0
1937 年 3 月	195.00	64.46	33.0
1940 年 6 月 10 日	110.84	22.79	20.2
1942 年 10 月 2 日	110.85	28.51	25.7

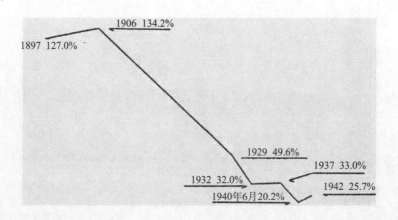

1906 年，赫本法案授权国际商会控制铁路公司，这是官僚政治法令的首次运用。1914 年（8 年后）巴拿马运河开放用于交通引发了其与铁路公司（尤其是横贯大陆的铁路线）之间的激烈竞争，当前的战争使之暂时得以缓解。

1940 年（1906 年之后 34 年）6 月，铁路股指数出现了一个底部，并且铁路股指数和工业股指数的比率自 1906 年以来第一次发生了反转。该模式在 1940 年的最低点之上延长了，证实了大反转的发生。那时，1/3 的铁路里程处于破产托管，还有 1/3 也处于破产的边缘。

从 1906 年到 1940 年这段时间，铁路股指数大抵上是先筑顶，最后确认底部。这一特点从 1940 年开始发生了反转，可能在未来相当长的一段时间里，它现在的表现还会继续。

铁路债券支配着公司债券指数的变动，公司债券指数同样也从 1940 年 6 月开始延长上行，现在已超过其 1941 年的顶点。

No. 24

（1942 年 12 月 4 日）

13 年三角形的第 5 个浪

正如第 17 封市场通讯所示，这个大三角形的波浪④结束于 1939 年 10 月。下一页的图 W 显示了直至 1942 年 10 月的波浪 5，其中浪 C 的第 5 个浪缺失了，我暂时用一条虚线标示。从理论上讲，波浪 C 的浪 5 与波浪 C 的浪 1 应该有大体相同的长度和角度。波浪理论第 17 页第 1 段的图 C 中展示了这一完整运动的模式。图 Z 是 1933 年 7 月至 1934 年 7 月道琼斯工业股平均指数的再现。图 W 和图 Z 都是"平台形"。

图 X 是图 W 中的波浪 3 和波浪 4 的细节图。从 1942 年 4 月开始到 7 月 15 日结束的波浪 A 由 5 个小浪组成。从 7 月 15 日开始到 9 月 16 日结束的波浪 B 形成了一个三角形，而到 10 月 13 日结束的波浪 C 则是一个正常的冲击，它紧随在三角形之后发生，标志着从 1942 年 4 月开始的这一走势的结束。这个冲击延长了，并且该延长浪在 10 月 15 日到 11 月 9 日之间被双重折回，这是正常现象。

从 1941 年 9 月到 1942 年 4 月，所有的工业股平均指数在细节上都是扭曲的。在图 X 中，波浪 3 只有 3 个小浪，而波浪 5 却由 7 个小浪组成，这个通道很不完美。

图 Y 则显示出完美的组成和通道。波浪 3 由 5 个小浪组成，浪"a"到浪"e"。波浪 5 也是如此。请注意：该通道的底线和平行线是一个完美的模式。

图 Y 反映一个新指数的变动情况，解决了波浪扭曲的问题。它也证明，普通的平均指数适合于和平的环境，而波浪走势的扭曲是由于工业的环境从和平转入了战争。

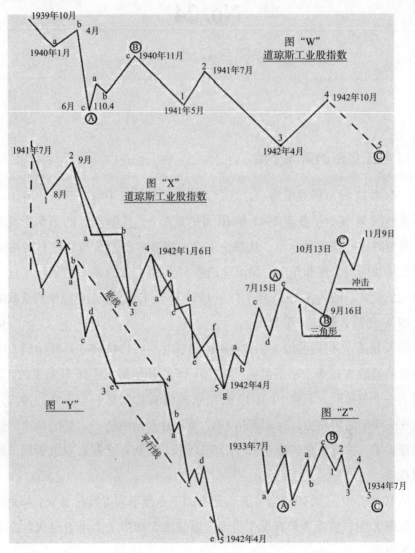

No. 25

（1942 年 12 月 15 日）

13 年三角形

这次长达 13 年的熊市是以下力量造成的：

1. 60 年经济的巨大变迁。在资源丰富的广袤处女地上，从个体农业到股份有限公司制度的发展。
2. 随之而来的 1921 – 1928 年波浪的巨大振幅。
3. 同样的延长浪。
4. 延长浪的双重折回。
5. 时间。

请注意，这里没有提及政治、战争和当前事件。

下面各图是从我的波浪理论中复制过来的，它们证明，大众的心理符合我波浪理论中描述的模式。

熊市的持续时间比牛市的长。从 1921 年到 1929 年的走势持续时间是 8 年，而随后的熊市会持续更长时间。下一个有说服力的数字是 13。

第 2 段的图 "B" 是整个 1921 – 1943 年期间的轮廓图。请注意这张大图底部的三角形波浪数。

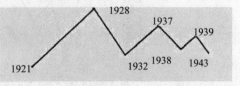

这个三角形的波浪 1、2 和 3 形

成了一个"平台形"，正如第 17 页第 1 段的图
"B"所示。

三角形波浪 4 是一个倒置的"锯齿形"，如第 17
页第 1 段的图"A"所示。

三角形波浪 5 是一个"平台形"，如第 17 页第 1 段的图"C"所示。

波浪理论中描述的模式可能出现在任何浪级中。

波浪理论中描述的所有调整模式都适用于上涨趋势。对于下跌趋势，调
整模式必须倒过来。

某一方向上的一个快速运动之后经常会出现一个速度略低的相反方向的
运动。请注意，每一个后续三角形波浪的速度都会较前浪略低。

1921—1928 年延长浪的双重折回完成于 1937 年 3 月，其中的每个小延长
浪都是双重折回的。

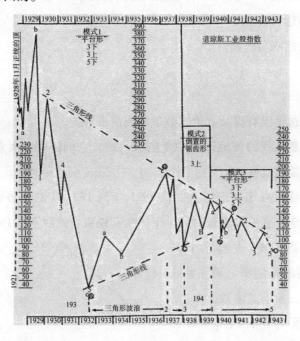

No. 26

（1943 年 1 月 11 日）

波浪的主导比率

斐波纳契数列是波浪理论的基础，其数字如下所示：

1 – 2 – 3 – 5 – 8 – 13 – 21 – 34 – 55 – 89 – 144，等。

任意两个相邻的数字之和等于下一个数字，例如：3 + 5 = 8。每个运动的波浪都与这些数字相符。

这些数字中的任一数字约为下一个数字的 61.8%，一个波浪相对于其相邻波浪的比率也大概是 61.8%。附表里展示了这个特点，并证明当前事件和政治对市场运动没有影响。并且，正如波浪理论第 41 页的图所示，1928 年 11 月是 1921 年开始的上涨运动的正统的顶。

该三角形前四个波浪的振幅及相邻振幅之间的比率如下：

波浪序号	日期		价格		点数	比率	平均
	起点	终点	起点	终点			
1	28 年 11 月	32 年 7 月	296.0	40.5	255.5		
2	32 年 7 月	37 年 3 月	40.5	196.0	155.5	155.5/255.5 = 60.9%	62%
3	37 年 3 月	38 年 3 月	196.0	97.0	99.0	99.0/155.5 = 63.6%	
4	38 年 3 月	39 年 9 月	97.0	158.0	61.0	61.0/99.0 = 61.6%	

正如波浪理论中阐述的那样，一个三角形的第 5 个波浪可能不是结束在三角形的轮廓之内，但是与其他 4 个波浪一样，它必须由 3 个子浪组成。在现在这个例子中，第 5 个波浪的 3 个子浪构成了一个"平台形"模式，3 下、3 上和 5 下（A、B 和 C）。现在，除了浪"C"中的第 5 个浪（如图 X 的虚线

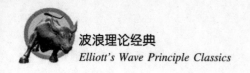
所示）之外，整个"平台形"的模式完成了。

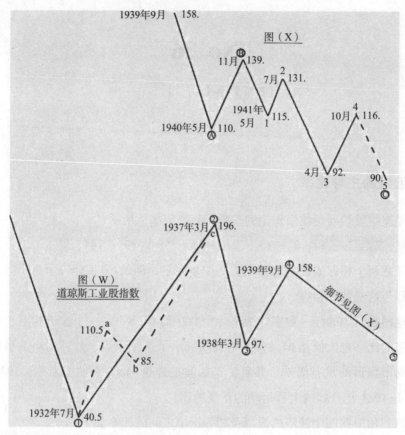

图 X 是该三角形第 5 个波浪的细节图。这个"平台形"模式的成分浪也服从于主导比率 61.8%。波浪 B 大约是波浪 A 的 61.8%。在波浪 C 中，浪 1 是浪 3 的 61.8%。浪 4 的正统顶点出现在 10 月 13 日的 116.24 点，高于 4 月的底部，或者说是浪 3 的 61.5%，因此，浪 5 将与浪 1 有着同样的幅度、时间跨度和倾斜角度，差别只是方向相反。

构成三角形的波浪中有很多主导比率的例子。例如，图 W 中从 1932 年 7 月到 1937 年 3 月的波浪 2，我们已用虚线将其分成了 3 个子走势，浪 a、浪 b 和浪 c。

从 1932 年 7 月 40.5 点的底部到 1933 年 7 月 110.5 点的顶部，振幅是 70 点。从 1934 年 7 月的 85 点到 1937 年 3 月的 196 点，振幅是 111 点。70 与 111 的比率为 63%。

No. 27

(1942 – 1943 年)

第一个大浪

从 1942 年 10 月开始的 5 个中浪下行至 90 点（道琼斯工业股平均指数）左右。至此，13 年熊市三角形的模式本应在此处完成。未完成的原因我在公告 "P" 中有详细解释，该公告题目为："心理指数"。

下页的图 X 是 1942 年 4 月到 1943 年 4 月的道琼斯工业股平均指数的周走势图，每寸刻度代表 8 个点。该走势是新牛市的大浪 1，由 5 个中浪组成，我用数字分别进行了标示。请注意通道虚线。

中浪 1，1942 年 4 月 28 日到 7 月 9 日，由 5 个小浪组成。

中浪 2，1942 年 7 月 9 日到 9 月 11 日，是一个三角形。

中浪 3，1942 年 9 月 11 日到 10 月 13 日，是通常发生在三角形之后的 "冲击"，由 9 个小浪构成，在日走势图（延长浪）中可见。

中浪 4，1942 年 10 月 13 日到 11 月 24 日，是一个 "不规则平台形"，3 下、3 上和 5 下，见波浪理论第 16 页的最后一张图。

中浪 5，1942 年 11 月 24 日到 1943 年 4 月 6 日，比中浪 1 和 3 连起来还长。其中小浪 3 延长了。

图 Y 是中浪 5 的日走势图，每寸刻度 4 个点。小浪 1 到 5 如图标示。以前的信中不止一次提到，"简单的" 调整浪是一个最小模式的 3 浪运动。"复杂的" 调整浪则是个放大的模式，通常由 7 个微浪组成，被称为 "双重 3 浪"。这两种类型交替出现，就是说，如果 "简单的" 调整浪作为波浪 2 出现，"复杂的" 调整浪就会作为波浪 4 出现，反之亦然。无论何时，若一个上行的运动由 3 个波浪组成，它就是 "调整" 的一部分。在现在这个例子中，小浪 2 是 "简单的"，小浪 4 是 "复杂的"。

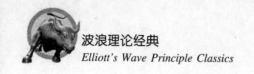
小浪3延长了,细浪用字母 a、b、c、d 和 e 标示。细浪"b"是"复杂的",细浪"d"是"简单的"。请注意,细浪 a、c 和 e 都分别由 5 个微浪组成。

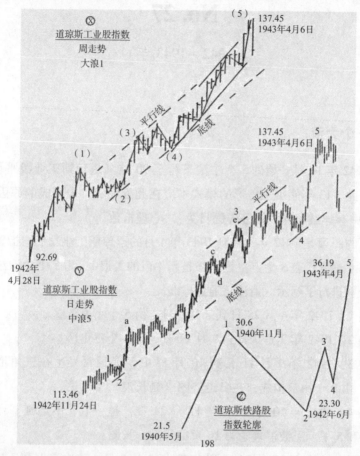

图 Z,道琼斯铁路股平均指数。请大家注意,这个平均指数从 1942 年 6 月开始只形成了 3 个上行浪。认真研究第 23 封解释性信函,从 1940 年 5 月开始到 11 月的走势由 5 个波浪组成,并且发生了延长,暗示 1940 年 5 月可能是底部,迄今为止这已经得到了证实。从波浪 1 开始到波浪 2 结束,共用了两年的时间。

综合公司债券指数运动的模式与铁路股指数运动的模式基本相同。

伦敦工业股指数在 1940 年 6 月筑底,从那之后一直到 1943 年 1 月 19 日共出现了 5 个中浪。这一指数的大浪 2 从 1 月 19 日起正在形成,该浪在两个点的范围内横向移动。

No. 28

(1944 年 1 月 10 日)

第 27 封解释性信函展示了从 1942 年 4 月到 1943 年 4 月 6 日的 5 个上行的中浪，其轮廓见下页的图 X。在 1943 年 4 月 6 日到 13 日期间进行了一个小浪级次的调整之后，该指数出现了 5 个上行的小浪，这 5 个小浪组成了一个终止于 7 月 15 日 146.41 点的中浪，这就是第 7 个中浪。中浪 7 由 5 个上行的小浪构成，底线还没有被穿透，这提示我们通货膨胀可能已经开始。为了充分讨论通货膨胀的特点，请回顾 1943 年 9 月 20 日题目为"通货膨胀"的公告。

1943 年 7 月 25 日，星期日，发生了一件意外事件：墨索里尼结束了其 21 年的独裁统治下台了。我们的工业股平均指数立刻穿透了底线（见图）并于 8 月 2 日下跌至 133.87 点，在那儿附近开始反转公众的战争心理以及通货膨胀状况。

迄今（1943 年 7 至 11 月）为止，调整是"简单的"。我曾多次提到过，调整浪 2 和 4（在任何级次上）的性质是交替出现的，即如果波浪 2 是"简单的"，那么波浪 4 就是"复杂的"，反之亦然。因此我们事先并不知道波浪 2 将是一个"简单的"还是"复杂的"的调整。"简单"的调整最少要求一个 3 浪序列。"复杂的"调整则是它的一个放大，可以说本质上是一个"双重 3 浪"。无论如何，无论是简单还是复杂，底线必须被穿透，除非发生通货膨胀。换句话说，当一个调整没有穿透底线时，就意味着通货膨胀。在现在这个例子中，工业股平均指数的调整大浪 2 在 1943 年 7 月穿透底线，但是各铁路股指数却勉强于 1943 年 11 月 30 日 31.42 点触及它们的底线，我的心理指数也在 1943 年 11 月 27 日那周勉强地穿透底线。

在图 X 中我们会注意到，调整浪 C 中的浪 e 在 11 月 30 日下探至 128.94 点。

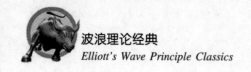
相对来说这个第 5 浪非常短。请注意，它并没有达到该小通道的平行线。如果它达到平行线，在 1943 年 12 月最低点应该如"保密信"中预测的那样已经低至 124 点。不过，这一情况不太重要。现在更加重要的问题是，当前的回升运动会出现 5 个还是 3 个上行的小浪呢？现在（1 月 8 日）正处在它的第 3 小浪上（见图 X）。如果只有 3 个小浪出现，那么牛市在 1943 年 7 月 15 日已经结束，我们将会看到股价下降。如果要出现 5 个上行小浪，那么牛市现在就还没有结束，还会出现更高的价格。从统计和政治的角度看，现有很多证据，正面和反面的证据都有。

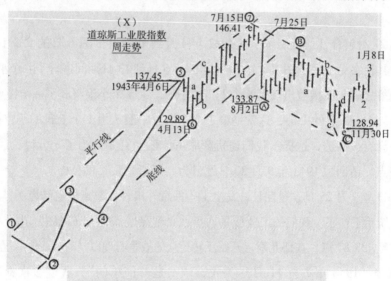

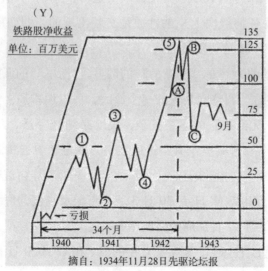

摘自：1934年11月28日先驱论坛报

上一页的图 Y 显示一级铁路股净收益在 1940 年 1 月至 1943 年 9 月期间的变动情况。请注意从 1940 年 1 月到 1942 年 10 月这 34 个月中的 5 个上行的大波浪。而铁路股的价格平均指数是从 1940 年 5 月到 1943 年出现了 5 个上行浪。

这封信说明了为什么最近不可能更频繁地发布市场通讯。

从时间的角度来说，我估计战争会在 1944 年的第 4 个季度结束。在 1944 年 1 月 7 日的纽约时报第 8 版，刊登了一幅"平等租借交换"图，它清楚地显示：1943 年 10 月基本达到顶峰，缺少的只是一个小的上行浪。

No. 29

探究铁路股指数非常有趣，它可以为我们提供丰富信息，同时还可以帮助我们获利。

自从"路易斯安那购地"、与墨西哥和加拿大划定边界以及德克萨斯与加利福尼亚加入联邦以来，由于边界之间的距离很长，交通已经成为我们的经济中最重要的人的因素。

在"火车"时代之前，贸易仅局限于驳船运河公司之间进行。第一个道琼斯指数产生于1884年，是由8个铁路公司和西联电报公司组成的。铁路股指数在1906年出现了正统的顶点，之后形成了一个"平台形"调整，见我的波浪理论第17页第1段的图"C"。如下图W所示波浪（A）开始于1906年138.36点，结束于1921年21.65点；波浪（B）结束于1929年189.11点；波浪（C）结束于1940年21.65点。波浪（B）的顶部是一个"不规则"顶。

图X反映在1906年至1944年1月期间铁路股指数与工业股指数的比率的变动情况。该图表明，从1906年到1940年，铁路股指数较工业股指数持续走弱。

这一行为的原因是：

（a）债券对普通股的比例过大；

（b）巴拿马运河从1914年开始商用；

（c）汽车的普及和航空业的发展。

以上3个因素导致了铁路债券和铁路股非常疲弱，以致于1940年时有1/3的铁路里程处于破产托管，还有1/3处于破产的边缘。

当前的战争暂时解除了巴拿马运河对铁路公司的竞争，增加了铁路公司

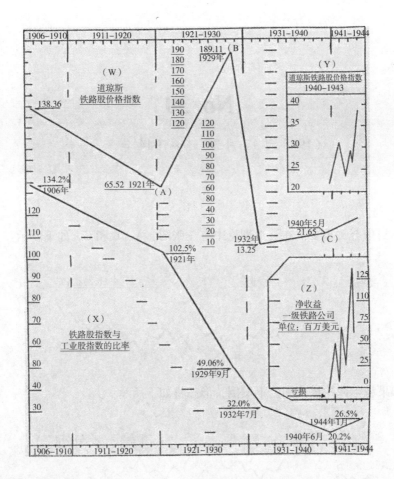

的客运和货运收入。从 1940 年起，特别是珍珠港事件之后，铁路公司赚取了巨额收入，这使得它们有能力偿还部分债务，从而减少固定开支。这一好处是长期的。见图 X。

铁路股指数与工业股指数比率的最低点出现在 1940 年，从那时开始到 1943 年 7 月，铁路股指数持续上行，如图 Y 所示。工业股指数则是在 1942 年 4 月筑底，那正是 13 年三角形结束的时候。

结论：从 1906 年到 1940 年这 34 年间，铁路股指数在工业股指数之前反转下行，在工业股指数之后反转上行。从 1940 年到现在，这种情况又倒过来了，也就是说，铁路股指数先行反转向上，又在工业股指数之后反转下行。这种现象可能会持续很多年。

No. 30

（1943 年 11 月 30 日~1944 年 3 月）

本封信至关重要。在波浪理论中有三张图，A、B 和 C，如下所示：

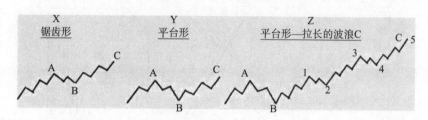

如果将上面的模式图上下颠倒，形态将如下所示：

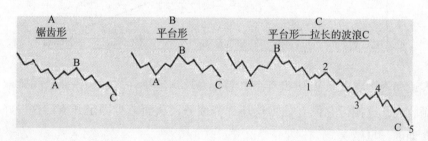

  在所有的平均指数图中，1943 年 7 月到 11 月的走势都是一个"锯齿形"，如图 A。从 1943 年 11 月 30 日到 1944 年 3 月，所有的模式都是调整，也就是调整中的调整。如果从 1943 年 11 月起市场趋势是上行的，1943 年 7 月到 11 月的模式就应该是充分的调整，从 11 月 30 日开始的最初运动就应该由 5 个浪组成，而不是现在这样的 3 个浪。

  一些走势只是由 3 个浪组成的，还有一些是"双重 3 浪"，偶尔有"三重 3 浪"，它们有着同样的重要性，也就是调整的特性。

下图的最顶端和最底部是周末的日期；下图的右侧是比例尺，工业股指数为每个点1/4英寸，铁路股指数为每个点1/2英寸，公用事业股指数为每个点1英寸。

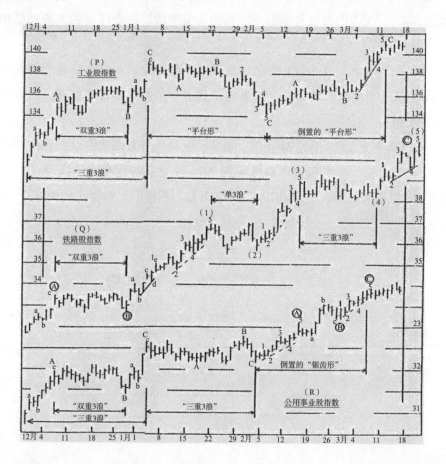

工业股指数，图P。第1个走势是一个"三重3浪"，上行至1月5日；第2个走势是一个"平台形"，下行至2月7日；第3个走势是一个倒置的"平台形"，上行，见上页第2段图Y。

铁路股指数，图Q。第一个走势上行至1月22日，是一个倒置的平台形，如图Y（见上页），它可能在此结束。从11月30日至3月22日的整个运动是一个倒置的"平台形"（见上页图Z）。

公用事业股指数，图R。截止2月4日出现了两个"三重3浪"。从2月

4 日到 3 月 7 日是一个倒置的"锯齿形",如图 X 所示。

对所有平均指数来说,整个走势都是由各种调整模式构成的。

从 1943 年 11 月到 1944 年 3 月,铁路股指数的周走势图显示出 7 个浪（双重 3 浪）,工业股指数也由两个序列的 3 浪组成,每个序列的 3 浪都是相同的。

在日走势图中,当一个上行的运动是以 3 浪开始时,该走势将会就此结束或者结束于更高级次的 3 浪。这表明了日走势图的重要性和模式以及模式含义的价值。

从 1921 年至 1942 年的 21 年间,通货膨胀和通货紧缩始终存在。在 1942 年以后的很多年,牛市和熊市都将重复 1921 年之前的行为。1943 年 7 月至 1944 年 3 月期间的模式就与 1919 年 11 月开始的熊市的起始模式是相同的。

No. 31

(1943 年 7 月 15 日~1944 年 7 月 10 日)

第 28 封市场通讯图示了道琼斯工业股平均指数从 1942 年 4 月的 92.69 点到 1943 年 7 月 15 日的顶部 146.41 点的走势。

下页图 U 是道琼斯工业股平均指数的周走势图，描绘了从 1943 年 7 月 15 日的 146.41 点到 1944 年 7 月 10 日的 150.88 点的走势。

在波浪理论中图示了两个调整模式："锯齿形"和"平台形"。为方便参考，我将它们复制在下一页，分别标示为图 V 和图 X。图 W 是一个倒置的"平台形"。

这些模式都是"调整性质的"，而且，不管它们的方向是上涨还是下跌，都由 3 个浪 a、b 和 c，或 A、B 和 C 组成。小写字母标注的波浪比大写字母标注的波浪级次低。

从 1942 年 4 月到 1943 年 7 月的上行应由 3 个同级次的波浪进行调整，即图 X 中的波浪 A、B 和 C。

在图 U 中，波浪 A 和波浪 B 是完整的，浪 A 从 1943 年 7 月到 11 月 30 日；浪 B 从 1943 年 11 月 30 日到 1944 年 7 月 10 日；波浪 C 紧随其后。波浪 A、B 和 C 的完整模式如图 X 所示。

在图 U 中，波浪 A 是一个"锯齿形"，如图 V；波浪 B 是一个倒置的"平台形"，如图 W；波浪 C 将由 5 个下行的大波浪组成，如图 X 中的波浪 C 所示。波浪 C 中的小浪 2 和 4 将是小浪级别的反弹。其中一个有一些"复杂的"，同时也具有一定的重要性。

在图 U 和图 X 中，我们会注意到波浪 B 的起点要比波浪 A 的起点高，也

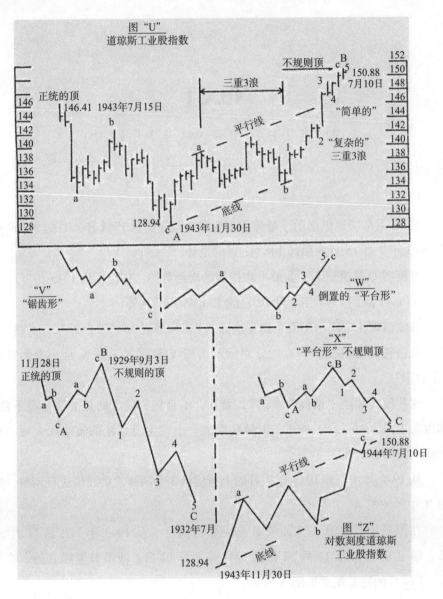

图"U"
道琼斯工业股指数

就是"不规则的",正如名为"交替"的公告中所解释的,1937年的顶部是"规则的",因而1944年的顶部应该是"不规则的"。

我在第30封市场通讯中说明,不管1943年11月30日开始的走势程度如何,都将只是一个反弹而不是一个新牛市的开始。

鉴于第29封市场通讯中说明的原因,铁路股指数也许比工业股指数下跌得少，并且很可能先于工业股指数向上反转。

从百分比上看，公用事业股指数可能跟随工业股指数下跌。

图 Y 是工业股平均指数从 1928 年 11 月正统的顶部到 1932 年 7 月走势的轮廓。图中的波浪 B 和图 U 中的波浪 B 在模式的细节上是完全相同的。该"不规则"顶部以及波浪 A 和波浪 B 的模式也和图 U 中的情况完全相同。

图 Z 是道琼斯工业股平均指数从 1943 年 11 月到 1944 年 7 月 10 日使用对数刻度时的轮廓。它用来说明当如图 U 那样使用算术刻度制图出现一个"翻越"时如何应用对数刻度。在图 U 中，波浪 B 的浪 c 超越了平行线，这是一个"翻越"。请注意，图 Z 中的浪 c 就没有"翻越"，这有助于对顶部的准确估计。为了充分讨论这一话题，请关注题为"黄金"的公告"W"。

No. 32

1. 下页附图是道琼斯工业股平均指数从 1942 年 4 月 28 日到 1945 年 3 月 1 日算术刻度的月走势图。它特别重要，不仅是因为它的异常模式，还因为它是 13 年三角形之后发生的第一个走势。

2. 之所以称该模式异常，是因为 5 个中浪没有出现在"底线"和"平行线"之间的通道内。请注意，1943 年 11 月到 1945 年 3 月 1 日的第 5 个中浪遵循了惯例，也就是说，其 5 个子浪都在通道内。

3. 从 1942 年 9 月到 1943 年 7 月的第 3 个中浪"延长"了，因此我们预期波浪 5 中没有延长浪。

4. 正如以前信里说明的，斐波那契数列的数字和比率适用于时间、波浪和振幅。

5. 附图下方水平方向的箭头指示从不同的起点到 1945 年 2 月所持续的月数。所有的持续时间，分别为 5、8、13、21 和 34 个月，都是斐波那契数字。两个或两个以上的持续时间若同时终止，那就预示着反转。同时终止的持续时间的数字越大，并且时间单位越大（天、周、月或年），该反转就越重要。

6. 持续时间数是不确切的，因为月份的长度不同，并且所有的斐波那契数字（除了 5）都会连带产生小数，而且每个走势很少会随着日历月度开始或结束。因此，少许的偏差是允许的。以周为单位的持续时间数明显会更为准确。

7. 斐波那契数字的主导比率是 61.8%，波浪⑤的振幅是从波浪①到波浪③总振幅的 61.8%。

8. 所有这些特点在我名为"自然法则"的公告里都有说明。

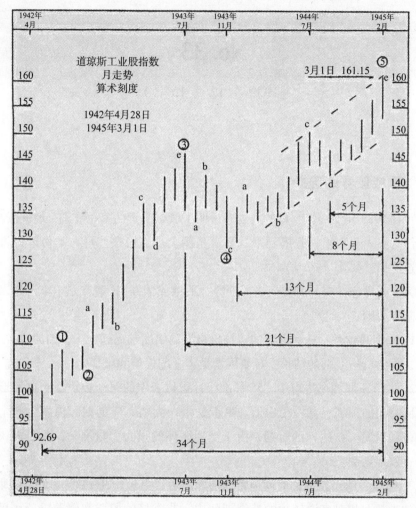

No. 33

(1939 年 12 月 15 日)

股票或债券的选择

我在 1939 年 11 月 20 日的通告中说明了股票买卖的第一要素是时间安排，就是何时买入和卖出，并提到第二要素是买卖什么股票。现在本份通告将详细阐述这第二要素。

为了指导您在交易时如何选择证券（股票或债券），请首先牢牢记住以下所有基本原则：

1. 波动和收益：任何证券的市场价格波动幅度都远远大于它们的收益率。因此，作为价格波动的结果，首要因素是本金的保值和增值。

2. 牛市顶部：在牛市中，55 标准统计指数表中的每个板块都会显示形成于不同时间的顶部，像一个扇形。牛市是指在大约 5 年的期间内发生 5 个大浪的市场情况。在这样的时期，由于受到循环的强大力量推动，几个板块会趋于一致地运动。

3. 熊市：熊市持续的时间通常比前面的牛市更长。在 1929 – 1932 年那次下跌的难熬并相对来说较短的持续期间内，非常好的股票和债券以及次级的股票和债券都被迫变现，不管它们的真实价值如何。这使许多交易者得到了错误的印象：所有熊市的底部都将重复那个表现。研究显示，需要很多年才有可能出现如此剧烈的下跌。当几乎所有板块都同时形成底部时，熊市最后的底部就显而易见了，这与牛市出现顶部的情况相反。

熊市期间缺乏强有力的领导股，在反弹期间尤其如此。在熊市的循环中，市场整体和几大板块变得对当前事件和无关因素更加敏感。1939 年 1 月 26 – 28 日之间，伦敦工业股指数形成了一个三角形，紧随其后发生的向下冲击引起了纽约证券交易所正在行进中的上升循环中止，在我的信中曾预测并解释了这个著名的例子。因为其他原因，在1922年和1933年也出现过有些类似的现象。

4. 以前的交易经验：很多交易者因为以前的不幸经历而对某些股票产生了偏见。如果不加以摒弃，交易者最终将会发现没有哪个板块可交易。

5. 不活跃的股票：要避免交易那些经常或偶尔处于不活跃状态的股票，因为公众没有机会获知其波浪运动。不活跃的状态清晰地表明：该股票无法彻底地销售，或者它已经达到下面第7段（c）中所描述的完全发展阶段。

6. 内部消息：从善意的朋友那儿得到的内部消息几乎总是与不活跃或价位低的股票有关，但是我们应记住，大众心理是影响市场价格的关键。所以最好将交易限制在那些总是活跃的股票上。

7. 股票的年龄：一只股票的寿命通常分3个阶段：

（a）首先是年轻或试验性阶段，应避免交易此阶段的股票，因为它们还不成熟、不稳定。

（b）其次是有创造力的阶段，此时的股票进入了健康发展的阶段，倘若它们完全成熟的话，便已成为良好的交易股票。

（c）第3个或者说成熟的阶段代表最充分发展的时期。其股利始终如一地可靠，股价的波动幅度很小。由于这些原因，这种股票被放入投资组合，所以从交易的目的上考虑该股票吸引力减小。

建议总结

基于波浪理论，若一个可靠的平均指数的模式有利时，请接受下列建议：

A. 选择与平均指数的行动一致的板块。

B. 然后选择与这些板块的行动一致的股票。

C. 总是选择那些保持活跃的、定价居中的、成熟的领袖股。

D. 分散你的资金，也就是说，将适量的资金投放于5－10只股票，每个
　　板块不超过一只股票，例如：

通用汽车、美国钢铁、联合航空、纽约中央铁路、美国橡胶、爱迪生电力。交易少于5只股票要比交易超过10只股票好。

No. 34

（1939 年 12 月 20 日）

制图

绘制价格波动图的话题在《波浪理论》中讨论过，但是研究者可能得益于更详细的建议，我认为，对已经开始的大范围绘图来说，更详细的建议十分重要。例图见下页。

绘制价格日走势图的方法

为了准确观察一个走势更低级次的波浪，波浪理论需要最高–最低价格波动的日走势图。道琼斯在 1928 年首度使用这种最高–最低价格走势图。

为了强调价格波动，我推荐使用下面的图表间距：

纵向的 1/4 英寸代表工业股平均指数的 1 个点，

纵向的 1/2 英寸代表铁路股平均指数的 1 个点，

纵向的 1/2 英寸代表公用事业股平均指数的 1 个点，

图中这样的间距有助于准确的解释，纵向上的变动范围如果太短，可能会产生不确定性。

将 1/4 英寸的刻度分成 5 等份，这样可以准确地定位日走势图和分时记录的点位。

同样，如例图所示，日与日之间的距离也很重要。如果使用图中每条垂直线而不另外绘制其他的线，那么价格走势线就太密了，不利于阅读。不要给临时的节假日留任何空间。

分时记录

我推荐将同样的 1/4 英寸刻度和表格用于分时记录，水平每 1/4 英寸代表 5 小时的交易时间，或一个最小的方格代表一小时。在周六的两小时交易时间后不要留任何空间。不要显示开盘数字。当天的最高－最低价格走势在每次交易时间的最后一小时结束时显示。

下页图的绘制采纳了以上所有建议。

图纸

不要为了节省图纸而牺牲明晰性。当一个走势从一页上开始在另一页上结束时，图的明晰性就受损了。当一个走势在这一页的顶部被打断，再从该页的底部开始继续时，也会产生同样的问题。

适合清楚地解释波浪的图表纸是由 K&E 公司生产的，在该公司和大型文具店有售。它有以下几种规格：

20 英寸宽，按码销售，

每页 8.5 英寸×11 英寸，

每页 10 英寸×15 英寸。

所有这三种规格的纸张都有两个纸重可选。

我建议使用 10 英寸×15 英寸的图纸，每张纸上最多绘制两个平均指数图。例如，在一张 10 英寸×15 英寸的图纸上绘制工业股指数的日走势和日成交量；在另一张 10 英寸×15 英寸的图纸上绘制铁路股指数和公用事业股指数的日走势；再用两张 10 英寸×15 英寸的图纸，一张记录工业股指数的分时记录和整个市场的分时成交量，另一张记录铁路股指数与公用事业股指数的分时记录。整个计划共需要 4 张图纸。

对单只股票来说，这些总体的建议也一样是适用的，只是图纸的网线应分为 4 等份，而不是 5 等份。

在画有这些表格的真实的图纸上，交叉网线的颜色是浅绿色的，而且我们会注意到图上的模式是用黑色墨水绘制的，这在浅绿色背景的衬托下更突出，非常有利于查看波浪。

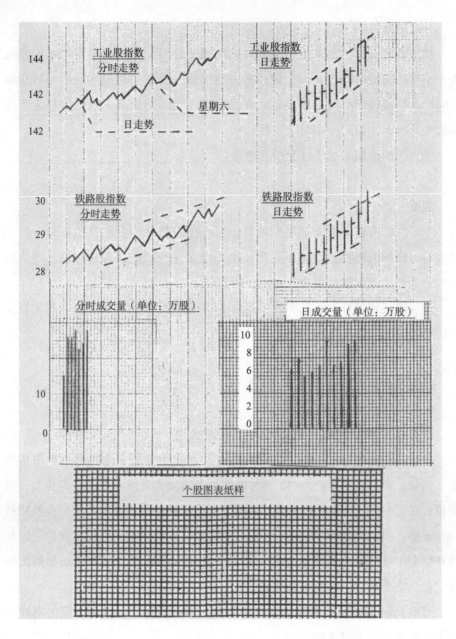

周走势图

为涵盖非常长的时期，周走势图应使用最大尺寸的图纸，以对数刻度形式绘制。要用一张图纸绘制整个牛市，用另外一张图表纸绘制整个熊市。

第六篇

指导公告

No. 1

导致价格变化的潜在力量是受自然法则支配和控制的。现有的法律法规不会对此有大的限制或破坏作用。当前的新闻消息以及政治事件对市场的作用都是次要的，而且很快会被遗忘，其对市场趋势的影响也没有人们所认为的那么重大。

作者在对循环价格走势、以及它们的起因和特征进行了多年深入的研究之后，观察到了其中有节律的规律性。对这些节律进行了分类研究，最终推导出了定律，这些定律通过了多年数据资料的仔细验证。已出版的《波浪理论》对这一非常重要的发现进行了充分讨论。

在过去的几年中，波浪理论已经被成功地用于投资基金的管理和重要的大、中型趋势的预测。在 1939 年 6 月、7 月和 8 月的金融世界杂志上发表了一系列揭示波浪理论显著作用的文章。

波浪理论不是一个"交易行情"体系或者公理。下面这幅 1932 – 1937 年牛市（道琼斯工业股平均指数）的周价格走势图显示了它在市场分析中的应用。包括最后的顶部在内的各个重要的"转折点"，连同它们关于级次的重要性，通过这一现象都清晰显示出来了。正如波浪理论中解释的那样，在这个完整的 5 年期中，波浪理论区分并预测了这些不同阶段，没有背离先前的法则。

指导性服务适用于那些希望在将波浪理论应用于市场的各个阶段和趋势分析时得到初步指导的严谨投资者，以帮助他们达到对这一科目的完全精通。这种精通可以使我们这项指导性服务的用户能够独立地运用波浪理论来指导他们自己的投资计划。

　　对那些没有时间，主要依赖专家的投资管理建议获利的投资者，我还可以提供投资预测服务，该项服务会向客户提供何时买卖的建议。

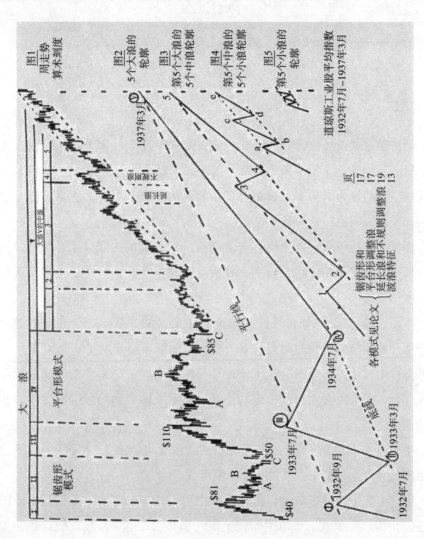

No. 2

循环

经济学家和市场分析师们已经对股市从 1939 年 7 月 25 日开始下跌，到 9 月 1 日（当时掀起了抢购风潮）战争的爆发，以及随后暴跌至 1940 年 1 月 15 日这些罕见的行为给出了很多解释。最简单的和唯一可靠的答案，以及引致盈利和亏损之间差异的答案都包含在"循环"这个词中。

通常经济趋势和股票价格趋势之间有一定程度的关联关系。然而，不管外部环境如何，只有认真地分别去分析这两种循环，才可能正确地预测它们将发生的变动。

术语"循环"，正如在《波浪理论》中定义的，是指一个完整的趋势或走势从开始到结束之间的距离。下一页的大图清晰地显示了一个"循环"模式是怎样形成的，其节奏决定了该循环何时结束。一个循环的运动包括几个组成部分，通常称为大浪、中浪和小浪。标示波浪名称的数字和字母置于每个波浪的终点。

牛市由 5 个大浪组成，每一个上行的大浪（奇数浪 1、3 和 5）由 5 个中浪组成，每个上行的中浪又由 5 个小浪组成。

熊市由 3 个大浪组成的，但在组成细节上是不确定的。下一页图中的熊市是"锯齿形"模式。牛市中的调整浪（偶数浪 2 和 4）在低级次级浪上也有同样的特点。

这一有节奏的规律性是自然法则的关键，支配和控制着市场的运动。

波浪理论是一种只有对市场行为进行了多年精深的研究之后才能发现的现象。该理论已经过仔细的检验，并被成功地用于预测市场运动。

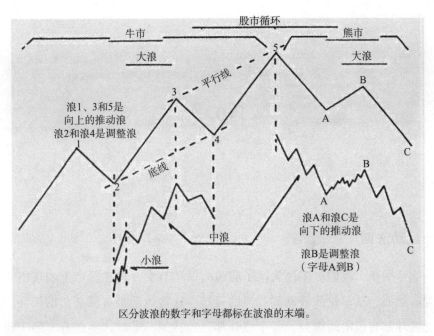

区分波浪的数字和字母都标在波浪的末端。

　　如果愿意，研究者很容易将波浪理论应用到其他很多领域，如气温、电力输出和城市人口的迁移，这样做使应用该理论的法则有趣并且有价值，这也是它除预测市场走势之外的另一个用处。

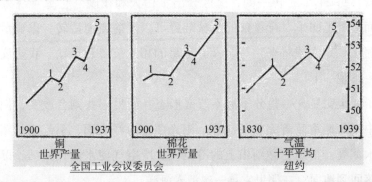

　　波浪理论不是一个"系统"。我们需要认真地学习研究才能熟练地将它应用于市场走势的分析。波浪理论解释了这一理论，指导性服务也是市场通讯的后续服务。新用户可以得到一整套以前的发行物以及关于"证券的选择"和"制图"的建议书。

　　预测服务会给出明确和及时的市场建议。

No. 3

运动法则

迄今为止，我们更多地关注了股市的循环节奏，它在股市上表现得非常明显。然而，从车轮的转动到行星的运转，这些运动都有其必然的循环。所有的循环都有固定的细分，每个细分都是独特的，了解这些细分有助于我们衡量循环的进展。现在，是时候大体讨论一下循环的节奏了。

行星：每个行星以其特有的速度在自己的轨道上运转。地球围绕自己的轴线旋转，每 24 小时转一圈，这区分出了白天和夜晚。它每年绕太阳转一圈，从而形成了四季。行星仪的机械装置可以向前或向后转，以显示在任何时候（过去、现在或将来）行星及其卫星的相对位置和运动。我建议您有机会一定去参观一下。

分子：很明显，一些分子从不改变形态，而另一些则会改变，例如，水在流动中不断地重复着完整的循环。阳光照在海洋表面，引起水的蒸发。气流带走水蒸气，直到它碰到山上的冷空气。冷空气使水蒸气凝结。万有引力令水珠落回到地面，在那里它再一次汇入海洋。

国家也经历着大大小小的政治的、文化的和经济的循环。

人的一生：另一个循环，"从尘埃到尘埃"，分为童年、生产期和衰老。在社会大众的运动中，如城市人口的迁移、平均年龄、出生率等，也可以发现波浪理论的模式。

人类活动：众多的人类活动像行星一样，以其特有的速度，在其自己的轨道上运行。在我名为"循环"的公告中，展示了一个"股市循环"，其运行模式遵从的分规则同样也适用于一切人类活动。粗略地看下一页的图，你会发现，不能依靠活动的一个阶段对其另一个阶段进行可靠的预测。因此，每个模式的循环都必须独立地用它自己的波浪来分析其形势，而不是考虑外部因素。在 1939 年的第四季度，股市曲线相对于商业曲线的滞后引起人们的大量讨论，但没有得到解释。已知的唯一办法是去观测我在《波浪理论》中阐述的这个现象。

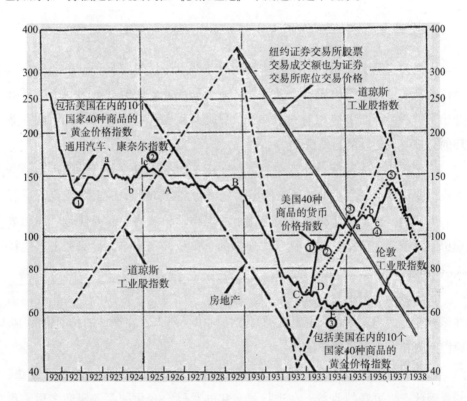

公告"循环"中关于"气温"那一段极为重要。大气温度不受人类活动的影响，尽管如此，110 年的循环波浪形成了一个完美的波浪理论模式。

你会为即将到来的夜晚和季节做准备，那么为什么不通过学习分析循环的模式行为来为将来的预测做准备，而要竭尽所能去"猜"呢？

波浪理论不是一晚上就能学会的，但是那些研究它的人们必会得到慷慨的回报。

No. 4

(1940 年 10 月 1 日)

人类文明基于变化，而变化从其起源和特点来说是有循环性的。一个有节律的极端变化序列构成一个循环。当一个循环完成的时候，另一个循环就开始了。新循环的节律和前一个一样，只是其程度和持续时间可能不同。循环的行进遵从运动的自然法则。

自然变化的法则是无处不在的，它适用于四季、潮汐与行星的运动。有人说，变化是唯一"生命中不变的事情"。作为自然现象，它必然支配着所有的人类活动，甚至包括相对来说变化小的生物学和植物学。即使是时间和数学也服从于这一节律法则，从小时这样的小单位，到十年、世纪和千年这样大的时间区间。

自然法则永恒不变，统治一切，包括人类行为的各种倾向。很明显，这些循环变化的起源就在永恒不变的自然法则中。所以，在循环的长期进程中，原因变得相对来说不重要了。

因此，不管什么原因，衡量循环的行为成为一个预测变化的可靠方法，并且因此产生可观的收益。在进行了多年的对股市变化的深入研究之后，我发现了一个衡量和确定循环趋势的线索。

到 1934 年时，我能够将股价变化的各种趋势分解成一系列的有节律的成分波浪，我称之为一个"循环"。该循环节奏不止出现在各股票交易所的记录里，而且在日用品、工业产品、气温，音乐、色彩变化、电力输出、城市人口迁移等中有规律地重复出现。它出现的范围非常广泛，不仅在人类的活动中，还会出现在大自然本身的运转中，我把这一发现命名为"波浪理论"。

波浪的个数，以及变化的幅度和持续时间好像与数学理论和时间通道有明显的关联，但是，除非在具有循环性质的某些可辨认条件下，波浪的个数从不会改变。一个波浪的长度可能受煽情新闻的影响，但是波浪的个数不会被转瞬即逝的状况所影响。通过这种节奏分析，可以预测一个走势何时结束，下一个走势的类型是什么。因此，我们可以有信心地预测牛市何时即将结束，熊市正在到来，反之亦然。

下面的 3 张图描绘的是一个股市循环，反映牛市的几个建设性的阶段和熊市的几个破坏性的阶段。循环中的波浪个数符合几个世纪前毕达哥拉斯和斐波那契提出的数学理论。

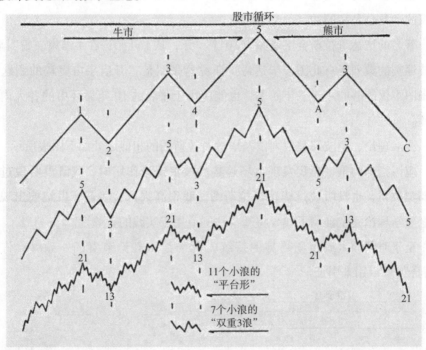

波浪理论怎么用，以及它与数学定律的关系

最上面的图勾勒出了一个完整循环的 8 个基础（或者说最大）波浪。牛市有 5 个波浪，熊市有 3 个波浪。

中间的图将上面 8 个基础波浪放大了，显示出了它们的成分浪，共计 34 个。请注意"5-3"节奏始终不变。这张图显示的是循环的中级浪。

第 3 张图是对该循环中 8 个基础波浪，或者说 34 个中级浪更详细的分析，包括牛市 89 个小浪和熊市 55 个小浪，共计 144 个。我们再次看到 "5 – 3" 关系仍然有效。在该循环的调整浪中，小浪的节奏偶尔会稍有改变，在这种情况下，根据其类型或者模式不同，小浪总数应该是 7 个（"双重 3 浪"）或者是 11 个（"平台形"）。

波浪理论的基础出现在很久以前。公元前六世纪的毕达哥拉斯，十三世纪的斐波那契，还有很多其他科学家，包括莱奥纳多·达·芬奇和马可尼，都发现了这一现象。斐波那契是一位意大利数学家，和莱奥纳多·达·比萨一样知名，他的 "动态平衡的求和数列" 和波浪理论的节律性计数完全一致，波浪的个数也是相同的。

著名的毕达哥拉斯金字塔图有 10 个单元，从 1 开始，在 4 结束。很明显，斐波那契的数列得自此图。毕达哥拉斯称这张图是 "开启宇宙奥秘的钥匙"。这张图不仅能够应用于一年四季，也能应用于著名的 10 年循环中的各大内部循环。

波浪理论、斐波那契数列以及毕达哥拉斯图的相似之处如下图表所示。

应该指出的是，当我发现市场趋势的波浪理论作用时，我既没听说过斐波那契数列，也没听说过毕达哥拉斯图。我很高兴，这些若干世纪前出现的古老数学理论完全证明了如今将基本法则应用于实践的有效性。

至于时间因素或市场趋势的持续时间与波浪理论节奏的一致性，许多 "巧合" 可以用来引证。

波浪理论		波浪个数			斐波那契数列	毕达哥拉斯图	我对该图的总结提炼
图	浪级	牛市	熊市	整个循环			
上部	大浪	5	3	8	1+2 = 3 2+3 = 5	1 2 3 4	1 2 3 4 6 21
中部	中浪	5 3 5 3 5 21	5 3 5 13	34	3+5 = 8 5+8 = 13 8+13 = 21	1 2 3 7 8 9 10	7 8 9 10 34 55
底部	小浪	21 13 21 13 21 89	21 3 13 21 55	144	13+21 = 34 21+34 = 55 34+55 = 89 55+89 = 144		2 3 5 8 13 21 34 55 89 144

No. 5

1941 年 8 月 11 日

市场萧条的起因与终止

纽约证券交易所股票年度成交总量连续 5 年下降，从 1939 年 10 月开始更加低迷。此次低迷的原因可归于循环对市场的影响，并可用数学来计量。持续的市场交易随着价格波动的大小而扩张或收缩。价格波动越大，公众的兴趣和股票的成交量就越大，反之亦然。近些年，价格波动范围变得越来越小，这与正统三角形内部各走势反映出的特点一样。

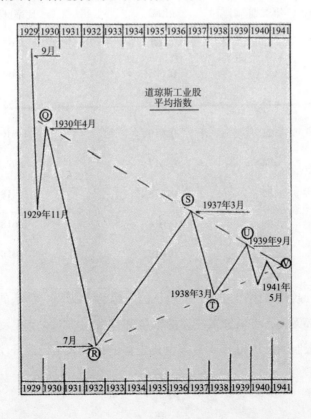

　　道琼斯工业股月平均指数的规律性波动如上一页的图所示，它对缺少信心导致低迷给出了一个清晰的解释。两条虚线，Q－V（穿过1930年4月，1937年3月和1939年9月这三个下跌的顶点）和R－V（穿过1932年7月到1938年3月这两个上升的底）形成一个庞大的三角形。从变化幅度和持续时间上看，该三角形中每个完整摆动的幅度越来越小，遵从几何比率0.618。

　　因此该三角形的轮廓也是一个"比率三角形"，并且同样地在很多重要的方面与我的波浪理论《波浪理论》里描述的"波浪三角形"有所不同。0.618的比率和它的倒数1.618，都是从圆周率或者说3.1416得来的。这个比率也是斐波那契数列的基本特点，斐波那契数列在数值计数方面与波浪理论的结构是相同的。这在公告"波浪理论的基础"中进行过充分的讨论。斐波那契数列每期对下期的比率及其倒数数值列示如下：

相关性表

第一期	第二期	比率	比率倒数
2 + 3	= 5	0.60	1.67
3 + 5	= 8	0.625	1.60
5 + 8	= 13	0.615	1.63
8 + 13	= 21	0.619	1.616
13 + 21	= 34	0.617	1.62
21 + 34	= 55	0.618	1.618
34 + 55	= 89	0.618	1.618
55 + 89	= 144	0.618	1.618

　　与战争、政治、生产指数、货币供应、综合购买力、公认的股票价值计算法等因素都无关，市场价格波动的幅度和持续的时间一直是受这些比率和数列控制和限制的。1930年4月起重要走势的记录表格已经证实：这个命题是真。

市场趋势的循环相关性

波浪序号	日期		价格		点数	比率	平均
	起点	终点	起点	终点			
R	1930 年 4 月	1932 年 7 月	296.0	40.5	255.5		
S	1932 年 7 月	1937 年 3 月	40.5	196.0	155.5	155.5/255.5 = 60.9%	62%
T	1937 年 3 月	1938 年 3 月	196.0	97.0	99.0	99.0/155.5 = 63.6	
V	1938 年 3 月	1939 年 9 月	97.0	158.0	61.0	61.0/91.0 = 61.6	

　　三角区域内的各子循环的相关性导致市场出现如此非凡的表现，毫无疑问，即将到来的三角形顶点应该标志着一个相对长期的股市上涨活动的开始。

No. 6

大众心理的衡量

韦伯斯特对心理的定义："精神的个性、感觉、行为和品质的总和。"

为了衡量大众心理，必须将综合心理的行为用数字的形式表现出来并绘制在图中，该图会显示为某个模式，这些模式遵从一定的规则。许多科学家都已经发现人类行为（综合心理的行为）呈现波浪运动，但是他们没有发现这些波浪遵循什么模式，因为那时还没有图式记录。

人们议论"循环"这个词很多年了，但从来没人分析过它。波浪理论能够确切地描述大众心理循环。当按统一的时间间隔，如日、周、月和年给人类行为的波动起伏标绘成图时，结果就会是一个"活动循环"，如下图所示，顶部的字母代表当年的月份，左侧的数字表示价格或数量。

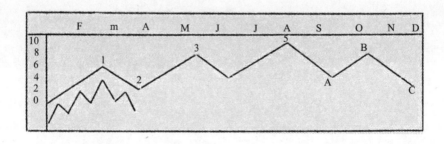

一个循环模式或者大众心理的衡量是5浪上3浪下，共8个浪。这些模式具有预测价值。当5个上行浪结束时，3个下跌浪就会发生，反之亦然。

波浪有几个级次，例如上图中的波浪1可能由5个小浪组成，波浪2则由

3 个小浪组成，这些小浪都比更大波浪的级次低。这个现象描绘出了人类活动的函数，这些函数都可以绘制成图。人类活动包括股票、债券、成交量、商品和生产等等。上述只是一个示例的简单概要。

任何用来预测其他事物行为的手段都是不可靠的。因为基于不同视角，意见总是有分歧。当战争新闻、经济情况和政治活动混在一起时，任何人都不可能全面并正确地评价其效果。

纽约的知名报纸曾严肃地质疑作为市场向导的新闻价值。新闻从不对活动循环模式的变化负责。如果市场行动和新闻一致，那只是一个巧合。当市场行动和新闻不一致时，新闻很快就会被人们遗忘。

现在是不是到了要熟悉一个简单的、在所有活动中都会给予你指导的自然法则的时候了？

No. 7

(1942 年 10 月 26 日)

市场的未来模式

过去 21 年（1921～1942 年）的模式为预测未来 70 年的模式以及估计 1776 年到 1850 年的记录提供了一个基础。

下页的图 1 涵盖了上面所提及的从 1776－2012 年的整个期间，显示出 5 个大级别的波浪。根据波浪理论，一个循环总是由 5 个上行波浪和 3 个下行波浪组成，无论级次高低或规模大小。

波浪 2 和 4 总是调整浪。据我观察发现，三角形可能作为波浪 4 出现，从未作为波浪 2 出现过。因此，1929 年到 1942 年这一期间的模式为三角形，是一个超级循环浪的波浪 Ⅳ。波浪 Ⅴ 即将开始，以波浪 Ⅲ 的持续时间（1857－1929 年）为基础来推算，它应在 2012 年左右结束。

现已证实波浪 Ⅳ 开始于 1929 年，很明显，波浪 Ⅲ 在同年结束。图 2 是图 1 中波浪 Ⅲ（从 1857 年到 1929 年）的细节图，使用阿克斯－霍顿指数。

图 2 中的第 5 个浪开始于 1896 年，细分为 5 个波浪，其中的第 5 个波浪开始于 1921 年，是延长浪。延长浪在一个循环里从不会出现两次。因此，在 1942 年到 2012 年之间，这个级次上不会有延长浪出现。无疑，也不会有延长浪出现在波浪 1 中，该波浪发生在 1850 年之前，我没有那时的记录。基于这些原因，图 1 中的 1850 年之前和 1942 年以后这两条虚线是合理的推断。

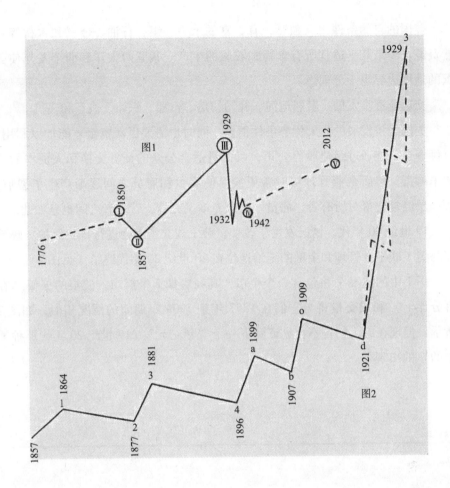

图1

图2

美国的经济史

1929 年之前

19 世纪中叶之前，农业是最主要的经营形式，个人经营，规模很小，并且很少雇人。在城市中，商业企业很大程度上还是农业的附属，能够节省劳动力的机械非常缺乏。无论在农场还是在城市，雇工和雇主彼此直呼其名，彼此相互支持理解。但时间改变了这一切。

自然资源、交通和个体的主动性是推动社会发展的主要因素。

美国的自然条件得天独厚，有丰富的水力、煤、石油、金属和木材等自然资源。温带几乎适宜所有食物和衣服的生产。紧紧两大洋和两个友邦使美国的地理边界也十分理想。

交通业逐步发展：驳船运河、驿马快信、汽船、铁路、汽车和飞机。

美国经济发展的先天优势条件很多，同时也需要巨额资金才能加以利用。巨额资金只能通过组建股份公司，以大量适合公众的证券交换私人资本的方式来融资。然而企业管理层时常更换，使雇主和雇员之间逐渐产生了裂痕。管理层经常变得对所有者、雇员、公众专横又无情，管理者之间也是如此。

19 世纪 90 年代，情况发生了改变。劳工成立了工会进行自我保护。政治家与劳工联手。管理和金融的统治地位在 20 世纪 20 年代终结（见图 2）。

图 1 中的波浪 V 将包含 3 个牛市，其间穿插 2 个熊市。波浪的振幅（在百分比上）和成交量将与它们在 1857 年到 1909 年期间的情况相似，如图 2 所示。但现在的人们是不会见证到下一个"新纪元"（19 世纪 20 年代那种类型的）的出现了。

No. 8

(1938 年 4 月 ~ 1943 年 2 月)

心理指数

在 1942 年 9 月 18 日以及之前的保密信中，我说熊市的终点有"熄灭"的趋势，也就是说不能彻底地完成它们的模式。

第 24 封市场通讯中提到的一个新的指数解决了这个问题。

下一页有两张图，期间均为 1938 年 4 月到 1943 年 2 月。

图 Y 反映道琼斯工业股平均指数的变动情况。第 26 封市场通讯显示 13 年大三角中的波浪④结束于 1939 年 10 月，波浪⑤也就从那点开始了。

波浪⑤是一个"平台形"。波浪 A 由 3 个小浪 a、b 和 c 组成，一路下行至 1940 年 5 月。波浪 B 由 3 个小浪 a、b 和 c 组成，上行至 1940 年 11 月。波浪 C 开始于 1940 年 11 月，将由 5 个小浪组成，1、2、3、4 和 5。小浪 1、2 和 3 形成并于 1942 年 4 月结束。小浪 4 将由 3 个细浪组成，上行至 1942 年 10 月 13 日。但是实际上不是出现了 3 个上行浪，而是出现了 5 个，结束于 1943 年 2 月。

因此，从 1942 年 4 月到 1943 年 2 月的 5 浪运动成为接踵而至的牛市的大浪 1。

图 Z 描绘了新指数的变动情况，我将其命名为"心理指数"。我们注意到，该模式不同于图 Y 中的模式，顶部从 1938 年 11 月到 1941 年 7 月描绘了一条水平的底线。

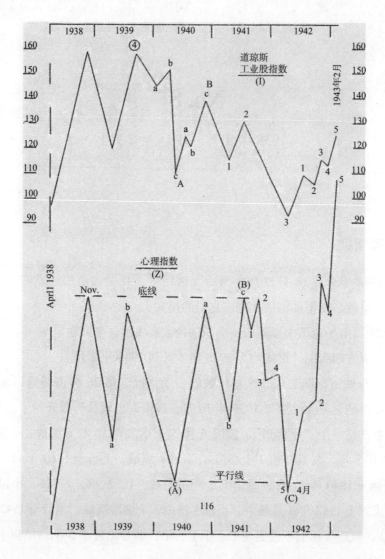

该模式是一个"平台形",如波浪理论第 17 页第 1 段的图 B 所示。它开始于 1938 年 11 月,三个小浪下行至 1940 年 5 月,然后 3 个小浪上行至 1941 年 7 月,接着,5 个小浪下行至 1942 年 4 月,这样完成了一个 ABC 模式,结束点位置略低于水平的平行线。

请仔细留意,1942 年 4 月之后的 5 浪运动的纵长超过了从 1941 年顶部向下的 5 浪。这反映出了极大的看涨热情。

No. 9

（1943 年 4 月 20 日）

心　理

经济学中的心理研究不仅有趣，而且特别有启发作用。将二者联系起来会提高它们在市场分析时的效用，并且能有效地解释任何反常的市场行为。

大多数人的情绪都有达到波浪的波峰然后减弱的趋势。个人和大众在繁荣和萧条时期强烈的相似性已由精神病学所证实。个人和大众两者都有一个相似的正常期，在这样的期间，躁狂抑郁症患者的行动简单、平淡。在兴奋期间，他的精神活动则非常之多，他匆匆忙忙地创造、计划和写作。当兴奋达到转折点后，他低迷阶段下行的波浪就开始了。下行的趋势刚开始时是轻微地失掉信心，进一步发展到焦虑的状态，最终以对未来的彻底失望结束。这完成了一个循环。从这一点开始，信心和泰然自若又逐渐回来了。

当然，由于纯粹的经济事件或过激情绪而导致的繁荣和萧条能到什么程度很难说，但是肯定会比人们推想出来的程度要大。

法国经济学家皮古已经详细讨论过心理错误和它们与经济繁荣和萧条的关系。他认为，错误的乐观会使整个社会产生一定程度的心理互相依赖，直到它引起一场危机。然后乐观的错误消失了，悲观的错误又产生了。

我想阐明的是，这些现象的发生，不仅在躁狂抑郁症患者的循环中，在经济循环中也具有很大的规律性。看起来所有人都受不断变化的情绪的支配，在美国尤其如此。

晴雨表会对即将发生但还不能证实的变化给出预告。我开发了一个关于

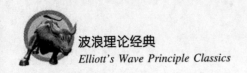

大众经济心理的股市晴雨表，它能够提前数月对即将发生的变化提出预告，并指出反转点。它不是像道琼斯工业股平均指数那样的价格指数，不过仍需用到股市的记录。

六年中，下列指数第一次按波浪理论的定义来看是"合拍的"：

纽约	伦敦
工业股	工业股
铁路股	铁路股
公用事业股	
公司债券	

No. 10

(1943 年 5 月 25)

循环的周期

1. 对循环的兴趣迅速提高。一个非营利性的"循环研究基金会"坐落于纽约市西 118 大街 400 号，其委员会成员是来自英国、加拿大和美国的杰出教育工作者。该基金会的董事爱德华·R·杜威先生，在 1943 年 4 月的科学文摘杂志中发表了一篇文章："循环所预言的未来"，是应通用电气公司的邀请所做的一个广播节目的再版。我建议您向他索要名为《循环》的小册子和名为"1943 年度奖"的公报。该基金会值得大家热情地支持。

2. 在这期杂志的第 23 页有两位医生撰写的一篇文章，第 3 段摘录如下：

"生命远远要比地球和太阳这样的天体复杂得多，但是像天体一样，人的生命循环是由自然法则所统治的。在可靠性和精确性方面，其发展的法则堪比万有引力定律。"

在 1943 年 5 月期的科学文摘中有一篇文章名为"节奏预示早期和平"，记述了堪萨斯大学的研究结果，令人印象深刻。

3. 该基金会发行的小册子中提到很多图，并且描述了很多事物在波峰和波谷之间的周期性，如流感和肺炎的泛滥，猞猁毛皮、天幕毛虫和大马哈鱼的产量等，其所述每一事物在波峰和波谷之间的周期性是相当一致的。

4. 经过多年的研究，我发现下面的数列包含着人类活动的周期性和波浪的自然法则：

$$3 \quad 5 \quad 8 \quad 13 \quad 21 \quad 34 \quad 55 \quad 89 \quad 144$$

任何两个相邻数字之和等于接下来的那个大数。例如，5 + 8 = 13。每个数字大约是下面那个大数的 0.618。

下面是股市在大顶部和底部之间的周期的几个例子：

从	到	周期性
1921 年	1929 年	8 年
1929 年 9 月	1932 年 7 月	34 个月
1929 年	1937 年	8 年
1932 年	1937 年	5 年
1937 年 3 月	1942 年 4 月	5 年
1937 年 3 月	1938 年 3 月	13 个月
1942 年 4 月	1943 年 5 月	13 个月

5. 市场持续不断地出现波浪模式，这些模式在我的波浪理论《波浪理论》中都有描述。

6. 一个完整的循环会用到第 4 段所述数列中的所有数字，如下所示：

波浪个数			
	牛市	熊市	完整的循环
大浪	5	3	8
中浪	21	13	34
小浪	89	55	144

在金融活动中，循环不是均匀间隔的，但是周期性和波浪相互关联。第 4 段提及的比率 0.618 常常是有用的。

7. 最近我开发了一个晴雨表，它可以对即将到来的心理反转给出充分的预告。

8. 这份公告的复印件可以送给你想到的任何人。欢迎质询。

No. 11

(1943 年 9 月 9 日)

专利权、股票和气温

下一页的图分为两个系列，期间均为 1850 – 1942 年。上面的是 X 系列图，反映每年专利权申请的数目，下面的是 Z 系列图，反映股票。上行至 1929 年，两个系列的图都展示出同样的 5 浪模式，其中的第 5 个浪延长了，如我在《波浪理论》中的图所示。

政治、战争、金融、经济和股市都带有情绪和大众心理的色彩，但是专利权不是。一项发明的成功与否从来都与发明的日期无关，也与任何特定时间段的发明数量和发明者数量无关。

下图描绘了纽约城 110 年间每 10 年的平均气温的变动情况，为 5 浪。

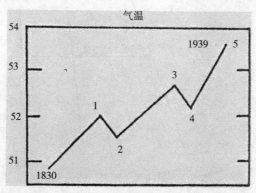

专利权、股票和气温这三个主题有着完全不同的特点：

气温：不是人类活动；

股票：一项与情绪有关的人类活动；

专利权：一项人类活动，但与情绪无关。

这论证了自然法则适用于各种活动。

下面的图 X1 是 1850 年至 1929 年专利权的轮廓。第 5 个浪延长了，其细节反映在图 X2 中，也是由 5 个波浪组成。

图 Z1 是 1850 年至 1929 年股票的轮廓。第 5 个浪延长了，其细节反映在图 Z2 中。

图 Z2 中的第 5 个浪的细节反映在图 Z3 中。同样，图 Z3 的第 5 个浪也延长了。

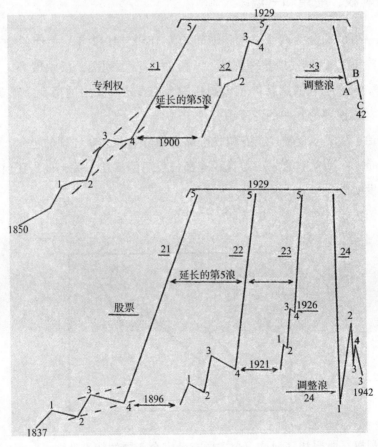

图 X3 是图 X1 的调整浪，有 3 个浪，浪 A、浪 B 和浪 C，结束于

1942 年。

图 Z4 是图 Z1 的调整浪，是一个三角形模式，结束于 1942 年。

上面所有的模式在我的波浪理论中都有图示。

所有的奇数浪，波浪 1、波浪 3 和波浪 5 都由 5 个次级浪组成；所有的偶数浪，波浪 2 和波浪 4 都由 3 个次级浪组成。

专利权 X1 的模式是一条曲线，始终一致。

在 1896 年之前，也就是第 5 浪开始之前，股票 Z1 的模式在上行速度上一直滞后于专利权 X1。图 Z3 反映出其加速度从 1921 年开始增加，特别是在 1926 年之后。最终，股票的总涨幅超过了专利权的总涨幅。

股票的高速上行导致了高速下跌的发生以及随后三角形的出现，就像一个钟摆逐渐停止摆动。该三角形中的第 2 浪、第 3 浪和第 4 浪中每一浪的振幅都是前一浪的 61.8%。请注意该市场各运动的数学精确度。

No. 12

（1943 年 9 月 20 日）

通货膨胀

现在是时候证明波浪理论在股票、商品等的通货膨胀时期的应用了。公众关心生活必需品的通胀，投资者则对证券的通胀感兴趣。商品和股票不是必然同时发生通胀的。

最重要的特点是要能够认识通货膨胀是否开始、何时开始以及何时结束。

一个上升运动由 5 个波浪构成，一般来说，该运动的调整浪（由浪 a、浪 b 和浪 c 构成）会穿透底线，如图 V（下页）所示。

图 W 展示了同样的模式，只是调整浪（由浪 a、浪 b 和浪 c 构成）没有穿透底线，这标志着通货膨胀。

图 X 展示的是在 1921 年至 1929 年通货膨胀期间道琼斯工业股平均指数的变动情况，调整浪没能穿透底线，整个运动表现为一条 1/4 圆的曲线。请注意虚线轮廓。

图 Z 反映的是从 1940 年至今伦敦工业股指数的变动情况。5 个上行浪于 1943 年 1 月 29 日完成。从那天开始至 1943 年 6 月 15 日的调整浪（由浪 a、浪 b 和浪 c 构成）很弱，横向运动，没有穿透底线，并且从 6 月 15 日又重新开始上行。这标志着通货膨胀。

两种方法（同时发生）预示着通货膨胀的结束：

（a）第 5 个浪完成延长，并且整个运动如图 X 所示表现为一条曲线，该图按照算术刻度绘制。

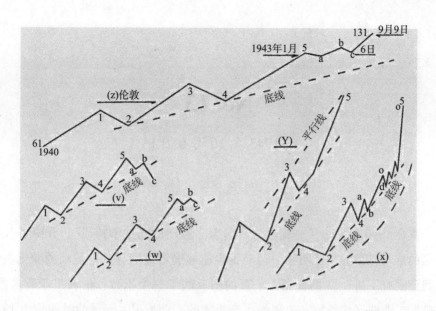

（b）当该指数按对数刻度绘制时，曲线消失，整个 5 浪运动（包括延长浪）如图 Y 的轮廓所示，都限制在一条通道里，其细节见我的波浪理论第 38 页。

No. 13

（1943 年 10 月 6 日）

我在 1940 年发表了一篇公告，名为"运动法则技术特征"，介绍了各种不同的运动，目的是证明某一运动很少能够确实地引导其他运动的变化。现在我已经有了进一步的证据。下页的图反映了三个指数：伦敦工业股指数、道琼斯工业股平均指数和美国的生产指数的变动情况，涵盖的时期均为 1928 年到今天。生产指数数字来自于从克利夫兰信托公司。

图 Y 道琼斯工业股平均指数从 1928 年 11 月（正统的顶部）到 1942 年 4 月呈现出一个 5 浪三角形。术语"正统"在我波浪理论中有所阐述。三角形中的第 2、第 3 和第 4 个波浪每一个的波动幅度都大约是前一个的 61.8%。下列情况证实三角形的存在：（a）它的轮廓，（b）时间因素，（c）每个波浪的组成，和（d）每个波浪对前一浪的比率相同。从 1921 年到 1929 年（8 年）的高速通货膨胀使该指数快速下跌，直至 1932 年。这些情况反过来导致该三角形的形成，它模拟了一个钟摆逐渐停止摆动的情况。（见波浪理论第 21 页第 3 段，类型"C"，"对称三角形"。）该三角形无视这 13 年间发生的下列事件：

从共和管理到新政管理的转换；

美元的贬值；

拒不承认政府债券的黄金条款；

美国总统两届任期的惯例被打破；

开始于 1939 年的第二次世界大战；

1938 年生产指数开始上行，并于 1941 年 6 月结束了其 5 浪模式。

　　图 X　伦敦工业股指数在 1929 年 6 月筑顶 140 点，在 1936 年 12 月筑顶 143 点。1932 年和 1940 年的最低点相同，都是 61 点。从 1940 年开始，该指数上行至 131 点，现在正在距 1936 年最高点 12 点的范围内波动。据说英国已从一个债权国变成了债务国。伦敦股票在 1720 年、1815 年和 1899 年升至最高点位区，但是 1929 年没有。

　　图 Z　生产指数在 1929 年 6 月筑顶 116 点，在 1936 年筑顶 112 点，在 1938 年出现最低点 63 点。从 63 点开始，一个完整的 5 浪上行模式于 1941 年 6 月完成，而道琼斯工业股平均指数却是在 1942 年 4 月其三角形的终点处才开始启动上行。

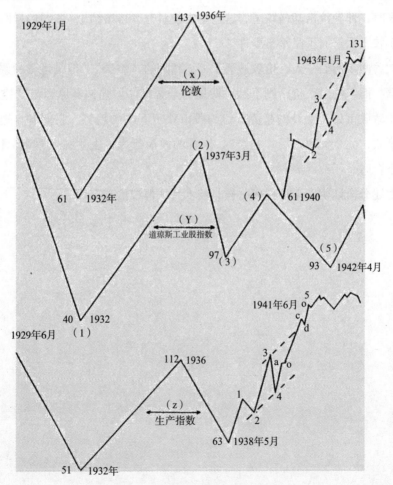

在 1857 年至 1929 年这段期间，我们参加了三次战争：南北战争、西班牙战争和第一次世界大战；尽管如此，超级循环浪运动的模式也是完美的，正如最近名为"专利权、股票和气温"的公告中所描述的。

即使现在英国的股价虚高，也不等于说我们的股价也会跟着虚高。股票价格和商品价格也从不一起通胀。因此，如果现在商品挺进最高价位区，那么不代表股票也会这样。

新闻毫无价值，这在我的公告"新闻的价值"里已经证明了。一个金融记者最近写道：

"证券价格因萨勒诺登陆的好消息而上涨，而类似的好消息 8 月份从西西里传来时，证券价格却暴跌了，这些事实使研究者得出结论，8 月的暴跌主要是由于技术因素而不是军事事件。"

大约两年前的一天，伦敦遭遇了一场猛烈的"空袭"，但是伦敦股票价格却上涨，而纽约股票价格则下跌。两地的金融媒体均强调其原因是"空袭"。那时伦敦股市处于上升的趋势，纽约股市处于下跌的趋势，它们各自遵循自己的模式，完全无视这场"空袭"。同样的波浪行为也发生在 7 月 25 日墨索里尼下台时。

上述分析证明，无论任何时候，技术特征都统治着市场。

No. 14

（1943 年 11 月 1 日）

黄　金

下一页的两幅图是关于黄金价格的变动，其循环模式跨越了七个世纪，具有特殊的意义。所有细节与我在《波浪理论》中的图示一致。

两幅图中下面那幅曾在 1935 年 11 月 16 日刊登于伦敦的经济学家杂志第 970 页，它反映了从 1250 年到 1935 年的 685 年间每盎司纯黄金的市场价值，用英国先令表示，是按算术刻度绘制的。

我在波浪理论中提到，3 个上行浪，波浪 1、波浪 3 或波浪 5 中只有一个会延长。延长的波浪由 9 个次级浪组成，如第 17 页第 3 段中的图示。波浪③延长了（波浪 a 到 i），因此波浪⑤就不会延长了。

延长浪的"双重折回"分别在波浪理论第 17 页和第 18 页加以描述并图示。波浪 3 延长的部分是由波浪④和⑤"双重回调的"。

调整浪 2 和 4 通常是不一样的，也就是说，一小一大，或者说"简单"或"复杂"更好一些。在此图中，波浪（2）是"简单"的，波浪（4）是"复杂"的。注意波浪④的字母（A）、（B）和（C）。

在波浪理论中我描述了"底线"和"平行线"的使用，它们形成了一个通道。在这张按算术刻度绘制的图中，"平行线"在 133 点与价格线交叉。

当这张图在 1935 年刊登在经济学家杂志上的时候，波浪⑤已涨至 140 先令。从 1935 年至 1939 年，波浪⑤继续上涨至 168 先令，现在（1943 年 11 月）它也正处于这个价位。

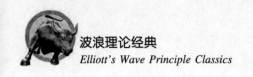

当一个 5 浪的上涨在算术刻度的通道之内完成时，就表示没有通货膨胀。

下一页上面那幅图：当该价格线超越 133 时，就标志着通货膨胀，有必要采用对数刻度绘制。

有下划线的数字表示年份；带圆圈的数字标示波浪；其余数字代表先令。上面那幅图是对数刻度的，下面那幅图是算术刻度的。

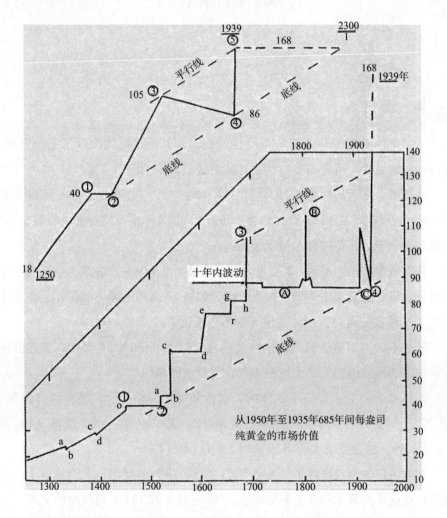

从1950年至1935年685年间每盎司纯黄金的市场价值

对数刻度图中的"平行线"表示任何人类活动通货膨胀的最后顶部。这在我的波浪理论第 37 页、第 38 页以及名为"通货膨胀"的公告中的图里都有演示，该公告的最后两段说明了何时预示着通货膨胀以及通货膨胀结束的时间。

在下面那幅图中，波浪①的逐渐上行提示黄金在那个时期的市价是"自由的"，也就是说，不由任何权威定价。从那以后的几次上涨都很急速，并且调整浪是横向移动的，这表示该价格是受某种权威支配的，大概是政治权威，比如最近政治权威使美元通胀。

调整浪可能横向移动，或向下并横移，如上一页下面那幅图中的波浪④。一个已完成模式的调整浪当然比模式内的任何调整浪的持续时间都更长，并且（或者）价格更高。

基于波浪理论中描述的法则，当一个模式完成时，如上一页上面那幅图中波浪⑤和"平行线"的交点所示，直到价格线在某一点上穿透"底线"之后，价格才会有进一步的上涨。

因此，黄金现在的价格168先令，可能至少在2300年左右触及"底线"之前将保持不变，如上面那幅图最右边虚线的交点所示。

我们已经观察到波浪理论所描述的法则在七个世纪中的应用情况，我们完全有理由预计它们将会继续并无限期地有效。

No. 15

（1943 年 12 月 13 日）

独裁与官僚主义

本文讨论两个阶段，1906 年之前和 1906 年之后。

第一个阶段：很久以前人们主要从事农业生产。农民也可能拥有一家店或者手工作坊作为副业。在家里手工生产单件产品。雇员和雇主彼此熟悉，互相直呼其名。

专利权的出现和机械的引进逐步改变了一切。工厂开始出现，而这需要资金投入。接着合伙企业、公司相继出现，工头、主管和经理也随之而来。以前雇员和雇主之间的熟识关系消失了，但之后工人和工头之间却并不融洽。当雇主给工头施加压力，希望产量更大质量更好时，工头只知道用一种不是正确的方法来完成任务。

"路易斯安那购地"、加利福尼亚的占领、德克萨斯和俄勒冈的兼并以及与墨西哥和加拿大的边界划定，使我们增加了一块广袤并非常有价值的国土，然后"铁路"也出现了，随后南北战争的爆发则解决了一个长期且复杂的问题。

"公司"为修建铁路以连接起广袤的国土提供了资金。然而公司的管理层开始在公众、下属面前不可一世。

公司的管理层用"免费票"和其他"好处"控制着政治家；公司的雇员也受其恫吓。亨廷顿掌管的南太平洋公司控制着加利福尼亚州，直到参议员海勒姆·W·约翰逊担任该州州长时，这种压制才被打破。

这些条件滋生出了很多新的"可怕但是合法"的做法，例如铁路公司之间的"价格战"，铁路的运价建立在"任何流量都可以承受"的基础上，员工每天工作 10－12 个小时没有休假，还有野鸡证券交易所，以及证券交易所里的股票操纵。

要想了解当时的流行做法，我建议您看看下列图书：

《标准石油公司的历史》，艾达·M·塔贝尔著；

《章鱼》，弗兰克诺里斯著；

《尔虞我诈和石油》，厄普顿辛克莱著。

第二个阶段：1906 年，西奥多·罗斯福总统签署了赫本法案，授权国际商会控制铁路公司，情况开始发生改变。一切变得好起来了，现在这代人可能很难体会。据说赫本法案是官僚主义的开始。我建议您看看"官僚主义的流毒"这篇文章，它刊登在 1940 年 10 月的读者文摘上。

随着赫本法案的通过，政治家和工会领导开始联起手来。那时到处都在成立工会。当然，工会做了大量好事，因为从昆雇主不得不人道地对待员工。人事经理也开始出现了，他们广受欢迎。

独裁政府推动钟摆向上，在 1906 年达到顶点。官僚主义反转了钟摆并于 1940 年触顶，当时约翰·L·里维斯反对罗斯福先生的再次当选，罗斯福的劳工政策开始反击并终结了第一个时期的独裁。从 1906 年到 1940 年，总共是 34 年。

No. 16

（1944 年 1 月 6 日）

自然法则

> "发挥你的想象力，今天纷繁复杂的一切都只是在重现过去，排
> 演未来。"

——马库斯·奥勒留斯

进步是用创新的发展来衡量的。一个好想法经常必须等待其他领域的发展。比如要是没有内燃机，怀特兄弟的新想法就没有用。是股票平均指数的日最高－最低走势图帮助我发现了人类活动的模式。

建于 4000 年前的埃及大金字塔，是解释波浪理论的最古老的实物证据。据估计，这个金字塔最初的尺寸是：底部 756 平方尺，高 481 英尺。比率是 0.636。金字塔有 5 个面，8 条边线，这两个数字的比率是 0.625。这些数字以及它们的比率是自然法则的基础。

当毕达哥拉斯（公元前 500 年希腊的哲学家）参观完埃及回来，他画了一个金字塔，并且用隐秘的题字"宇宙奥秘的钥匙"加以强调。历史证明，希腊人对结构设计的贡献是艺术的、对称的。

杰伊·汉比奇先生花了很多年的时间来研究希腊的艺术，并写了一本书：《动态平衡的实践应用》。其中一章的标题是"叶序法则"（叶子排列的系统或次序）。汉比奇先生证明希腊艺术建立在一个"求和数列"上。13 世纪的意大利数学家斐波那契，揭示了这一数列。

汉比奇先生是一个艺术家，他讨论的内容是对称设计和叶序。我建议你仔细重温他的书。

我的发现揭示了人体、人类活动、时间、音乐和颜色等遵循着同样的自然法则，因为它们符合斐波那契求和数列，该数列是万能钥匙，重要又可靠。

我在 1940 年 10 月 1 日名为"波浪理论基础"的公告中提到了毕达哥拉斯、斐波那契和汉比奇等作为参考。

在讨论著名的英国经济学家威廉姆．贝弗里奇爵士的研究时，伦敦经济学家杂志在社论中说：

"威廉姆爵士的研究再一次表明：对经济循环研究的越多，就越会发现它像是受到某种力量的控制，这种力量有着不可动摇的本性，很大程度上已经超出人类控制的范围，它使政府的经济政策就像陷于潮汐的鱼儿一样艰难挣扎。威廉姆爵士指出：经济循环不受政治的影响。他本可以再加上一句：它凌驾于经济政策之上。"

No. 17

《动态平衡的实践应用》摘选

植物学家使用向日葵的圆盘作为叶序法则的一种综合演示，它以几乎二维的形式展示了这个现象。

种子分布于向日葵圆盘上的长菱形孔中，这些孔的集合体形成一个交叉曲线的图案，有些像表壳上的老式螺纹。

曲线的这种模式是向日葵种子排列的有趣特征。

首先，曲线本身是有其特征的，事实上它很像贝壳生长的曲线，有规律、并且具有一定的数学特征。这些特征是均衡生长的必然结果，对此我们马上就会解释。

其次，当清点曲线的数目时，你会发现在一个直径 5 或 6 寸的向日葵圆盘上这种曲线有 89 条。向一个方向盘旋的曲线有 55 条，另一个方向上就有 34 条。也就是说，正常的花头显示 55 条曲线穿过 34 条曲线。这两个数字可以写作 34 + 55。在主茎顶部的花下面通常有第二层花盘，尺寸上小一些。它们的曲线 – 穿越数字通常是 21 + 34。在主茎上更低位置可能有晚发的第三层花盘。它们的曲线 – 穿越数字是 13 + 21。

英国的牛津大学已经培育出了异常花盘的向日葵，其曲线 – 穿越数字从 34 + 55 增加到了 55 + 89。亚瑟 H · 丘奇教授是这一迷人领域的现代权威，他告诉我们，一个特别大的花盘已经在牛津大学诞生，其曲线 – 穿越数字是 89 + 144。

在花盘种子的复合体周围还有小花排列，它们像种子一样也显示了曲线－穿越数字，通常是 5＋8。

如果我们从向日葵主茎底部开始绕着主茎向上一片一片数叶子，一直数到花盘，就会发现，在数到第一片叶子正上方的叶子之前所数到的叶子数和绕主茎的圈数是确定的，它们也是一个数列，与向日葵种子和小花显示的曲线－穿越数字相同的数列。

上面提及的数字属于求和数列，这么叫是因为每个数字都是该数列中前两个数字之和。

这个数列是：1、2、3、5、8、13、21、34、55、89、144 等。

这个数列的每个数字都可以用前面两个数字求和得到。如果我们从数列中取出两个，用其中一个除以另一个，如 55/34，得到一个比率，这个比率在数列中是不变的，也就是说，任何一个大数字除以相邻的小数字都得到同样的比率，这个比率是 1.618 加上一个除不尽的小数。

如果我们倒过来做，用 34 除以 55，我们会得到数字 0.618 加上一个除不尽的小数。请注意两个结果的差是 1。当我们做这些除法时有一个小错误。这是因为该数列用整数表达不是很准确，会产生一个非常小的小数。在观察植物时，保留整数会方便查看。

1.618 或 0.618 的比率同样使古希腊人极为着迷，这是非凡的巧合，它还同植物结构有紧密的联系。它被古希腊人称为极端平均比率。在中世纪，它被命名为"神赐分割"，最近则被叫做"黄金分割"。

No. 18

（1944 年 2 月 14 日）

动态平衡

动态平衡是一项自然法则，因此也是所有形式的活动，包括股市循环和变换模式的基础。

字典中"循环"这个词的定义：

一段时期；

一个完整的周期；

一个螺旋形的叶子结构；

一个自身重复的序列；

自从发现地球是圆的，循环就成了许多研究的主题。循环有三类：

（A）波峰、波谷间周期固定的循环，如日夜、一年四季、潮汐、流行病、天气和昆虫群。读者可能对唐纳德 G·库尔利的文章"循环预测未来"感兴趣，它刊登于《机械图解》1944 年 2 月期。

（B）天文方面引起的各种周期。

（C）模式、时间和比率，与 13 世纪意大利数学家斐波那契的数列一致。该数列如下：

1 - 2 - 3 - 5 - 8 - 13 - 21 - 34 - 55 - 89 - 144

这一数列在很多领域起作用，例如：

（1）机械定律。A·H·丘奇先生写了一本非常有趣的书，名为《叶序和机械定律的关系》。

（2）叶序，或者说植物的叶子排列。杰伊．汉比奇先生花费了数年时间研究希腊艺术的记录，著作有《动态平衡的实践应用》，其中有一章名为"叶序法则"。汉比奇先生证明，希腊艺术是基于上面所述的求和数列。我的发现揭示了该数列在以下领域的应用。请将这些数字与求和数列比较。

（3）几乎所有动物的身体都是由一个躯干和其上的 5 个凸出物组成的：头和四条腿。鸟躯干的凸出物有 5 个：头、2 个翅膀和 2 条腿。

（4）人的身体由一个躯干和其上的 5 个凸出物组成：头，胳膊和腿。胳膊和腿各被分成 3 部分。胳膊和腿的末端有 5 个手指或 5 个脚趾。它们又被细分为 3 部分。有 5 种感觉。

（5）音乐。最好的例子是钢琴。"八音度"为 8。在每个"八音度"中有 13 个键，8 个白键和 5 个黑键。黑键又被分为两组，2 和 3。一个完整的键盘由 89 个键组成。

（6）化学元素。大约有 89 个主要元素。

（7）人的活动。十年前，我发现股市的走势、收益和很多其他的活动在"图表中闭合的通道"内始终遵从明确的模式，并且每一个序列都会在"一段时间"中"重演"，正如"循环"这个词所定义的那样。

我这些发现的结果都披露在名为《波浪理论》的波浪理论中。模式图、波浪序号和时段都精确地符合斐波那契数列。我是在波浪理论出版之后才得知汉比奇先生的发现和斐波那契数列的。

该数列中任何两个相邻的数字的和等于下一个更大的数，比如：8 + 13 = 21。

每个数字（大于 5 的）与下一个更大数字的比率约为 0.618。该比率在很多情况下成立。比如：在从 1928 年 11 月到 1942 年 4 月股市的 13 年三角形期间，三角形的每个波浪都是其前浪的 0.618。

汉比奇先生在其著作中称该比率使希腊人着迷，他也证明了该比率对希腊艺术施加了决定性的影响。

伊利诺斯大学的病理学教授威廉 F. 皮特森博士有一本非常重要并有趣的著作，名为《病人与气候》，其中有疾病的进程图。受病痛折磨的人数记录的模式正好与其他活动（包括股市）一样也是 5 浪上行。

（8）时间。该数列的数字在上行和下行波浪的计时方面是很有用的。比如，1921～1929 年的通货膨胀时期耗时 8 年。其调整浪是个三角形，从 1929 年到 1942 年，耗时 13 年。整个通货膨胀和通货紧缩的的过程，总共用了 21 年。

波浪理论是股市以及其他人类活动的动态平衡的应用。

No. 19

（1944 年 5 月 3 日）

自然法则

自然法则在人类活动的所有领域都具有实用价值，因而对每个人，包括企业家、投资人和年青人来说都是重要的。其起源的时间可追溯至古埃及金字塔建造时期：公元前3000 年。自然法则的基础及应用我在下面进行证明。

自然法则的数学基础是一个求和数列，由 13 世纪的意大利数学家斐波那契提出。该数列为：

1 – 2 – 3 – 5 – 8 – 13 – 21 – 34 – 55 – 89 – 144

任何两个相邻的数字的和等于下一个更大的数，比如：8 + 13 = 21。任何数字（大于5 的）大约等于下一个更大数字的 61.8%，比如：21 除以 34 等于 61.8%。任何数字（大于5 的）除以其前一个数字大约等于 1.618，比如，34 除以 21 = 1.618。这被称为倒数。任何数字除以其前面第二个数等于 2.618，等等。

我们应该记住这些数字，这样，当它们出现在新闻、事件和你的生活中的时候，你就能够感知到。它不像乘法表那么难记。每个人都知道首蓿有 3 片叶子，但是很少有人知道这也是自然法则的数字之一。

这个求和数列是数学的自然法则。经耶鲁大学出版社许可，我节选了杰伊·汉比奇先生的著作《动态平衡的实践应用》中的第 27 和 28 页。

斐波那契是在参观游览了希腊和埃及回到意大利之后

提出了该数列。古希腊哲学家毕达哥拉斯在公元前 500 年参观了埃及，回去之后他创作了这张图，下面还有隐秘的题字"宇宙的奥秘。"大概这个图形代表一个金字塔，需要特别说明的是，一个金字塔由 5 个面和 8 条线组成；金字塔最初的尺寸是：底部 756 平方尺，高 481 英尺。比率是 63.6%。

向日葵只是自然法则众多的实证之一。必须注意到，最大的曲线 - 穿越数字是 89 - 144。在实务使用中最大的数字就是 144，用到这个数字的时候非常少，用到 89 的机会相对来说多一些。

当将这些数字用于时间时，如果天数接近 144，人们通常将时间单位提高到周，如果周数接近 144，最好就将时间单位提高到月，甚至是年、十年或世纪。如果所有的月份按 28 天或 4 周计算，那么一年将会是 13 个月。

人的身体符合数字 3 和 5。躯干有 5 个凸出物：头、2 个胳膊和 2 条腿。每条腿和每条胳膊又分为 3 个部分。腿和胳膊的末端是 5 个脚趾和手指。脚趾和手指（除了大脚趾和大拇指）又可以分成 3 个部分。我们有 5 种感觉。猴子与人是一样的，只有一点不同，它的脚和手一样，也就是说，它的大脚趾与它的大拇指一样。大多数动物的躯干有五个凸出物：头和 4 条腿。鸟的躯干有 5 个凸出物：头、2 只脚和 2 个翅膀。

音乐：最好的例子是钢琴键盘。"八音度"为 8。每个"八音度"又由 8 个白键和 5 个黑键构成，共 13 个键。一个完整的键盘有 89 个键。

化学元素：大约有 89 个主要元素。

西半球由 3 个部分构成：北美洲、中美洲和南美洲。在西半球，有 21 个共和国，它们全部都是泛美联盟的成员。

北美洲有 3 个国家，加拿大、墨西哥和美国。南美洲有 10 个共和国和 3 个欧洲殖民地，共 13 个。在巴拿马运河之前中美洲有 5 个共和国。

美国起初有 13 个州，现在则有 55 个分部：48 个州、哥伦比亚地区、菲律宾、巴拿马运河区、波多黎各、阿拉斯加、夏威夷群岛和维尔京群岛。

美国独立宣言由 56 个人签署，最初是 55 个，最后一个是后加上去的。

联邦政府的主要分支机构：	3 个
军队的最高鸣礼炮数：	21 响
投票权年龄：	21 岁
权利法案包括：	13 条
国旗上的颜色：	3 种

华盛顿哥伦比亚特区的华盛顿纪念碑于 1848 年 7 月 4 日奠基。

总成本 130 万美元	13
碑身高度 500 英尺	5
顶石高度 55 英尺	55
碑基面积 55 平方英尺	55
碑顶缘 34 英尺	34
底座台阶数 8 级	8
窗户（每边 2 个）	8

顶石是金字塔的形状，底部 34 平方英尺，高为 55 英尺，二者比率为 0.618。

二战时期，轴心国由 3 个国家组成。德国迅速地征服了 13 个国家，但是第 14 个国家俄国阻止了其行进的脚步。墨索里尼独裁统治时间为 21 年。

1852 年，海军司令佩里礼节性拜访了日本并正式请求"天皇"终止其绝对的闭关锁国政策。1907 年，也就是 55 年之后，日本严重威胁到了美国。又过了 34 年，到了 1941 年，也就是距 1852 年 89 年之后，日本袭击了珍珠港。

人类活动也呈波浪形态，用到了求和数列中的所有数字。波浪理论运动用数字 1、3 和 5 标明，但是具有几个不同的级次，比如小浪、中浪和大浪。

部分人类活动列示如下：

- 证券价格，如个股、债券、板块的价格以及价格平均指数；
- 工业产量，包括个别的和国家的；
- 从城市到农村的人口迁移，反之亦然；
- 证券成交量；
- 商品；
- 申请的专利权数；
- 流行病；
- 黄金价格；
- 新保险；
- 租借；
- 气温，等等。

　　波浪都有确定的模式。一个牛市运动会由 5 个波浪构成，其中波浪 1、3 和 5 上行，波浪 2 和 4 下行或横向运动。一个熊市的运动则由 3 个波浪组成。

　　上图显示了道琼斯工业股平均指数运动中的各波浪对求和数列数字的应用，并以比率形式反映了运动的振幅以及各波浪的持续时间。

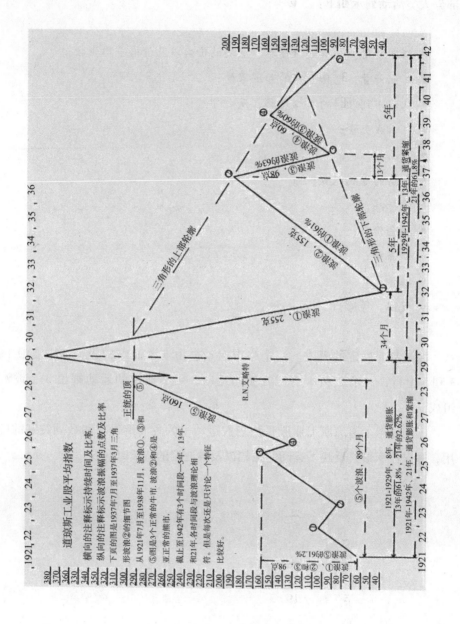

上一页图中横向的注释标示持续时间及比率，而纵向的注释则指示波浪振幅的点数及比率。从1921年7月至1928年11月，波浪1、波浪3和波浪5是3个正常的牛市，波浪2和4是低于正常的熊市。截至1942年有三个时间段，分别为5年、13年和21年，各个时间段与波浪理论是相符的，但是每次还是只讨论一个特征比较好。

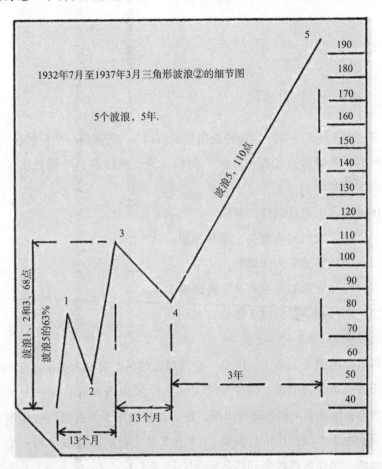

1932年7月至1937年3月三角形波浪②的细节图

5个波浪，5年．

上面是1932年7月至1937年3月期间三角形波浪②的细节图。

No. 20

(1944 年 6 月 7 日)

交　替

交替："两个或一系列事物轮流出现或行动"。交替是一个自然法则。

树叶或枝条经常首先在主干的一侧长出来，然后在另一侧长出来，不断变换它们的位置。

人体的构成也遵从同样的规则：

第一：躯干的凸出物有头、胳膊和腿，共5个。

第二：腿和胳膊分为3部分。

第三：腿和胳膊的末端有5个脚趾或手指。

第四：脚趾和手指分成3部分。

因而规则为 5 – 3 – 5 – 3。

可以引证的例子太多了，但是本论题讨论的是交替在人类活动中的表现。

牛市和熊市交替出现。一个牛市是由5个波浪组成的，而一个熊市却只有3个波浪，因而，5和3交替出现。这一规律适用于所有级次的波浪。一个牛市的运动由5个波浪构成，波浪1、3和5是上行的，波浪2和4是下行或横向运动的。因而奇数数字和偶数数字交替出现。

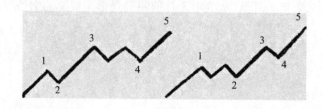

波浪 2 和 4 是调整浪，这两个浪的模式也交替出现，如果波浪 2 是"复杂的"，波浪 4 就会是"简单的，"反之亦然。

在更低级次中的"简单的"调整浪只由一个下行的波浪构成，而"复杂的"调整浪则由 3 个下行或横向运动的浪构成，见前面的图表。

在更高的级次中，例如在完整的牛市中，熊市调整浪相应地会更大，这在我的波浪理论第 17 页图 1 中有示。为最后的下行运动所做的准备通常是冗长沉闷的，首先，会有一个比较重要的下行运动，我用大写字母 "A" 标示。然后会有一个上行运动，标示为 "B"。第三个也是最后一个下行运动是波浪 "C"。波浪 "A" 可能是个 "锯齿形" 模式。在这种情况下，波浪 "B" 会是一个倒置的 "平台形"。如果波浪 "A" 是一个 "平台形"，波浪 "B" 就会是一个倒置的 "锯齿形"。无论如何，波浪 "C" 将会由 5 个下行波浪构成，可能程度比较剧烈并接近于前面牛市的起点，如波浪理论第 17 页第一段的图表 "C" 所示。因而，波浪 "A" 和波浪 "B" 交替出现。13 年三角形就是一个例子。从 1928 年 11 月至 1938 年 3 月 31 日是一个 "平台形。" 从 1938 年 3 月 31 日到 1939 年 10 月是一个倒置的 "锯齿形"。从 1939 年 12 月至 1942 年 5 月是一个 "平台形。"

所谓的 "不规则" 顶是指波浪 "B" 超过了前一个牛市的第 5 浪的顶点，正如我的波浪理论中所解释的。这也会交替出现。1916 年的顶是 "不规则" 的，1919 年的顶点是 "规则" 的。1929 年，顶点是 "不规则" 的，而 1937 年又是 "规则" 的。

一直到 1906 年为止，铁路股引领了股市的上行。从 1906 年到 1940 年的 34 年间，则是工业股领导了上行。从 1940 年开始，铁路股又开始引领上行趋势，这在第 29 封市场通讯中有所阐明。